상담자, 심리치료사, 사회복지사, 교사를 위한

콜라주 미술치료

상담자, 심리치료사,
사회복지사, 교사를 위한

콜라주 미술치료

이근매 · 아오키 도모코 공저

학지사

머리말

최근 들어 상담이나 심리치료가 사람들에게 긍정적인 시각으로 받아들여지고 있으며 아울러 그 필요성과 요구가 증가하고 있다. 이러한 시점에 아동이나 청소년 또는 자신의 갈등 상황을 말로 표현하기 어려워하는 성인들의 경우 친근한 미술매체를 통해 편안함을 얻을 뿐만 아니라 치료적인 유용성이 크다는 점에서 다양한 영역에서 미술치료에 대한 효과를 보고하고 있다.

특히 미술치료에는 다양한 기법이 있으며, 각 기법에 고유성이 있고 독자적으로 또는 여러 치료 기법을 복합적으로 활용하고 있어서 미술치료의 기법 연구는 중요한 영역으로 자리하고 있다. 그중 다양한 매체를 활용하는 콜라주가 오늘날 미술치료의 하나의 기법으로 받아들여지고 있으며, 잡지 사진을 활용하는 콜라주 기법이 치료적인 유용성뿐만 아니라 내담자의 심리 상태를 쉽게 파악할 수 있다는 점에서 현장에서 많이 활용되고 있다. 콜라주 미술치료를 작업치료로서, 즉, 정신병 환자들의 표현활동으로서 받아들이며 오늘날은 심리치료뿐만 아니라 재활치료 장면, 사법 영역, 마음의 건강이나 인간적 이해 등을 주안점으로 하는 자기 성장을 위한 상담이나, 사회적 기술의 발달, 사회성 향상을 위한 자기 개발 훈련 등 다양한 영역에서 새로운 치료적 활용 가능성이 시사되고 있다.

콜라주 미술치료는 내담자가 작품을 제작하고 설명하는 과정 그 자체에 중요성을 두고 있다. 콜라주는 내담자가 그림 그리기를 힘들어하거나 상담의 초기 면접 시에 활용하면 내담자의 방어를 줄이고 정보를 얻는 데 많은 도움을 줄 수 있다. 또한 치료자는 내담자의 작품에 나타난 형태나 내용 등을 분석하고 해석하는 과정에서 내담자를 치료할 수 있다.

그러나 많은 임상연구와 기초연구를 통하여 이미 콜라주 미술치료의 효과성이 검증된 일본과 비교하면 국내의 연구는 미비한 상태이며 전문서가 거의 없는 실정으로 연구의 필요성이 계속해서 강조되고 있다. 이러한 상황에서 2006년 일본의 콜라주 전문가들의 도움을 받아 콜라주미술치료연구회가 결성되었으며, 현재까지 함께 연구에 참여해 온 회원들의 노력의 결실이 바로 이 책이다. 그러한 의미에서 이 책을 한일 공동으로 출판하게 된 것을 뜻깊게 생각한다.

이 책은 현장에서 활동하고 있는 임상전문가들이 응용 가능하도록 이론적인 내용뿐만 아니라 실제 임상사례들을 제시하고 있다. 나아가 현장 중심 임상전문서가 될 수 있도록 가능한 한 쉽게 구성하도록 노력하였다.

이 책은 콜라주 미술치료의 기본적인 이해와 실제, 사례연구를 중심으로 총 6개장으로 구성되어 있다. 제1장에서는 콜라주 미술치료의 개념 및 특징, 종류와 제작기법 등 콜라주 미술치료에 관한 전반적인 내용을 개관하고 있고, 제2장에서는 콜라주가 미술작품의 표현방식에서 미술치료로서 의미를 가지고 활용되기까지의 역사와 일본, 한국을 중심으로 콜라주 미술치료의 연구 동향을 살펴보았다. 제3장에서는 콜라주의 제작기법과 구체적인 실시방법, 제4장에서는 콜라주 작품의 이해 및 분석 방법, 사진조각의 상징에 관해 다루었다. 제5장에서는 자기 성장 및 자기 개발을 위한 콜라주 집단미술치료의 사례들을 제시하였고, 제6장에서는 중학생, 대학생, 성인, 치매노인의 콜라주 미술치료 사례를 통해 콜라주 미술치료의 실제 치료적 유효성을 알아보고자 하였다.

2006년 집필을 계획하고 3년 이상의 기간과 노력이 소요되었음에도 다소 미흡하고 부족한 점이 없지 않다. 한국에서 처음으로 출판되는 콜라주 미술치료에 관련된 저서라는 점에 의미를 두며, 현장에 실질적인 도움이 되기를 간절히 바란다. 이 책의 출간을 시작으로 지속적인 연구를 바탕으로 수정하고 보완해 나갈 것을 약속한다. 콜라주는 실시자의 입장이나 방법론이 명확하면 누구라도 실시할 수 있다. 다만 작성은 간단하나, 그 배경에는 깊은 이론이 있어 간단하게 해석할 수 있는 것이 아니므로 충분한 이론적 숙지와 경험이 요구된다는 점을 다시 한 번 강조하고 싶다.

이 책이 출판되기까지 슈퍼바이저로서 지도해 주신 일본의 스기우라 쿄코 교수님과 이이다 미도리 교수님께 감사의 말을 전한다. 또한 콜라주 미술치료를 통한 자기분석일지와 연구자료를 제공해 준 콜라주 미술치료연구회 회원들에게 감사의 마음을 전하고 싶다.

사례를 제공해 준 내담자들과 '숨어 있는 행복 찾기' 집단상담에 동참해 과감히 자기 사례를 제공해 준 어머니들의 용기에 찬사를 보낸다. 유학 준비로 바쁜 일정 속에서도 자료 정리 및 사진작업에 도움을 준 대전미술치료연구소 연구원 장윤희 선생님과 원고 정리를 도와준 김미진 선생님의 노고에 감사드리고, 마지막으로 출판을 기꺼이 맡아 주신 학지사의 김진환 사장님과 이 책의 편집을 담당한 신경아 님께 감사드린다.

이근매, 아오키 도모코

차 례

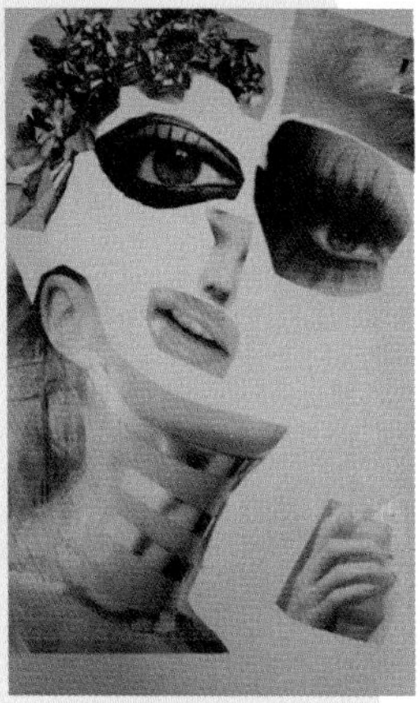

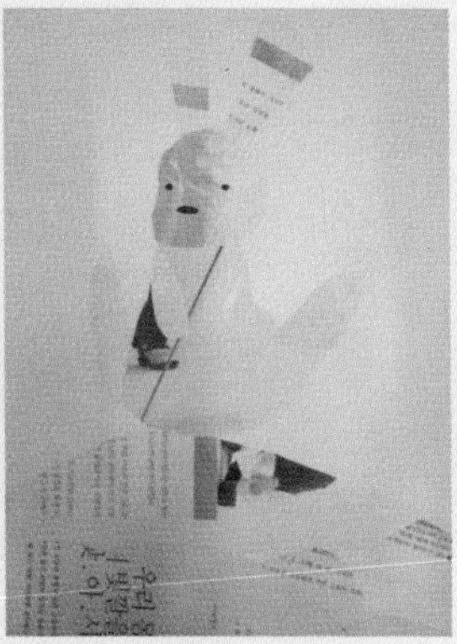

제1장

콜라주 미술치료의 이해

제1장 콜라주 미술치료의 이해

콜라주 미술치료는 일본에서 개발되어 급속하게 보급되고 있는 미술치료 기법의 하나로, 잡지 등 인쇄물에서 오려 낸 조각을 도화지에 붙여서 작품을 완성하는 심리치료 기법이다. 이 기법은 간편하고, 작품의 보존이 가능하며, 내담자에 대해 보다 깊게 이해하는 데 도움이 된다. 이 장에서는 콜라주의 개념과 특징, 종류와 제작기법, 작품의 이해와 분석에 관하여 간략히 살펴봄으로써 콜라주 미술치료를 전반적으로 이해하는 데 도움을 주고자 한다.

1. 콜라주 미술치료란

최근 콜라주 미술치료는 심리치료뿐만 아니라 사법(司法) 영역, 재활치료 장면 등에서 많이 활용되고 있다. 또한 마음의 건강이나 인간적 이해 등을 주안점으로 한 자기 성장을 위한 상담, 사회적 기술의 발달, 사회성 향상을 목적으로 한 자기 계발 프로그램 등에 사용되며 새로운 치료적 활용의 가능성이 여러 연구로부터 시사되고 있다(高江洲, 入江, 2004; 木村, 1993; 杉浦, 1994, 1997; 杉浦 외, 1996, 1997).

콜라주(collage)란 원래 'coller' 라는 프랑스어에서 유래된 말로서 '풀로 붙인다' 는 의미가 있다. 콜라주는 잡지나 그림, 달력, 사진, 헝겊, 단추, 실, 낙엽, 골판지, 투명지 등 우리 주변에서 쉽게 구할 수 있는 재료를 이용하여 찢거나 오리고 잘라서 종이 등에 붙여 하나의 작품으로 완성하는 것이다.

콜라주는 20세기 초에 생겨난 미술표현 방법이지만 그 기원은 오래되었다. 미술 표현에서 잡지나 합판, 천 등의 평면재를 도입하기 시작한 것은 초현실파의 에른스트(Max Ernst)와 입체파의 피카소(Pablo Picasso)였다. 이와 비슷한 방법으로 파피에 콜레(papier colle)라는 기법이 있는데, 이것은 우표나 상표, 신문지, 벽지와 같은 종이 등을 붙여 작품을 만드는 것이다. 피카소나 브라크(Georges Braque)는 화면의 미적인 구성을 위한 조형의 수단으로 여러 매체를 사용하였다.

1960년대에 유행한 팝아트는 매스미디어와 광고 등 대중적인 시각이미지를 미술 영역 속으로 적극적으로 수용하면서, 몽타주(montage)나 콜라주 기법 등을 사용한 다양한 작품을 선보였다. 콜라주의 미술사적인 의미는 미술이 실생활의 물체와 만남을 가짐으로써 우리가 흔하게 사용하고 있는 물건들이 예술품으로 간주될 수 있다는 예술의 대중화를 이끌게 되었다는 점이다.

콜라주 기법은 그동안 모래놀이치료사들이 많이 애용해 왔으며, 직감이나 감각 등의 비합리적 기능을 이용한 현대적인 치료기법이다. 이 기법은 자신을 개방시켜 주고 자신의 심상을 발견하거나 개발시킬 수 있다. 또한 내담자의 관심과 흥미를 분명히 해 주며, 이상과 현실의 차이를 이해하는 데 유용한 치료기법이라 하겠다.

오늘날 미술치료 기법으로 활용되고 있는 잡지그림 콜라주 기법은 1972년 벅(Buck)과 프로밴처(Provancher)가 미국 작업치료지에 평가기법으로 게재하면서 정식으로 소개되었고, 이후 일본의 스기우라(杉浦, 1994)에 의해 치료기법으로서 연구 · 개발되었다. 1920년경 초현실주의자들에 의해 미술 표현에서 하나의 스타일로 확립된 콜라주 기법은 그 후 미국 작업치료의 재활 장면에서 치료(Buck & Provancher, 1972)나 평가법(Lerner, 1982)으로 이용되었다. 일본에서 콜라주 기법은 1990년 전후를 기점으로 모래놀이치료를 모체로 하여 상담 및 심리치료에서 하나의 기법으로 사용되어 왔다.

모래놀이치료(sand play therapy)는 로웬펠트(Viktor Lowenfeld)가 1949년에 개발한 세계기법(world technique)에 칼프(Kalff, 1966)가 1966년 융(Carl Jung)의 이론을 도입하면서 개발한 것이다. 카와이 하야오(河合準雄)는 이를 토대로 일본에 모래놀이치료를 도입하여 널리 보급하였다. 이후 모래놀이치료는 임상실천과 기초연구를 거치게 되었고, 1980년도 후반에 모리타니 히로유키(森谷寬之), 스기우라 쿄코(杉浦京子)의 모래상자의 평면적 활용이라는 발상으로부터 콜라주 미술치료가 개발되게 되었다. 콜라주 미술치료는 '운반할 수 있는 모래상자' '모래상자의 보급판'이라고도 불린다. 콜라주 미술치료는 모래놀이치료보다 간단하게 작품을 구성할 수 있고 장소 제한이 없으며 재료비가 들지 않아서 경제적이다. 도화지, 풀, 가위가 있으면 어디에서라도 실천할 수 있고 작품의 보존이 쉽기 때문에 나중에 내담자가 자신을 깊이 이해하는 데 도움이 된다는 점에서 주목받게 되었다.

이러한 이유로 오늘날 콜라주 미술치료가 널리 활용되고 있지만 종종 치료의 효과가 제대로 검증되지 않은 사례와 충분히 훈련을 받지 않은 실시자에 의한 콜라주 미술치료 사례가 제시되고 있다. 더욱이 작성 과정이나 경향, 특징 등에 관한 기초연구가 미흡하여 앞으로 더욱 활발한 연구가 기대된다.

콜라주 미술치료의 작성 스타일에 대한 정해진 규칙은 없으며, 내담자의 표현의 자유를 보장하는 것이 중요하다. 다시 말하면 콜라주 미술치료는 예술치료로서의 치료적 의의를 중시한다는 임상심리의 경험이 강조된다(岡田, 1984; 杉浦, 1994; 河合, 1982). 이 때문에 교시방법은 실시자에 따라 애매하게 구성되는 경향이 있다. 일본에서는 콜라주를 치료적으로 도입하는 경우가 많으며 진단평가(assessment)를 목적으로 활용하는 경우는 치료자의 역량에 따라 다소 제한성이 있다. 현재 한국에서도 콜라주를 진단평가보다는 치료적으로 주로 활용하고 있다.

2. 콜라주 미술치료의 특징

콜라주 작성 과정은 내담자에게 심리적 퇴행과 카타르시스를 경험하게 한다. 작품 그 자체가 내면을 표현하고, 붙여진 것의 상징적인 의미를 맛보게 하는 것이 치료와 연결된다. 내담자의 콜라주 작품은 치료자와 의사소통하는 것을 도와 신뢰감을 형성하는 역할도 한다. 또 내담자는 자신의 콜라주 작품으로부터 자신의 갈등 상황이나 원인을 알아차리기도 한다. 만약 내담자가 무엇을 표현했는지 모르고, 자신의 갈등 상황을 알아차리지 못한다고 하더라도 자기 치유력이 작용하여, 다음 회기에 어떤 변화가 일어날 수도 있다.

그 밖에 콜라주 미술치료의 특징을 요약하면 다음과 같다.

- 언어표현보다 정확하고 구체적이며 집약적이다.
- 상징표현을 취할 수 있고 다양하게 해석할 수 있다.
- 종이, 풀, 가위, 잡지 등이 있으면 어디서나 가능하다.
- 내담자가 선호하는 잡지를 가지고 할 경우에는 내적 세계를 표출하기가 보다 쉽다.
- 그림을 그리는 것에 저항이 있는 사람에게도 도입이 쉽다.
- 실시가 간단하고 연령층의 적용 범위가 넓다(유아에서 노인까지, 정신지체, 분열증 성인 남성이라도 저항이 적다.).
- 표현방법에 따라 내담자의 성격과 감성, 병리성과 증상 파악 및 지적인 작업으로도 사용이 가능하다.
- 내담자와 치료자의 친밀감 형성이 쉽다. 모자상호법을 통해 모자 간의 의사소통 개선이 가능하다. 치료자, 어머니, 내담자 3자 간의 친밀감 형성 및 의사소통이 쉽다.
- 어떤 심리학파라도 활용이 가능하다.

이상을 요약해 보면, 기존의 이미지를 이용하여 '잘라 붙이는 것'이 곧 자기 표현이며, 이를 통해 자신에 대한 이해가 깊어질 수 있다. 또한 언어로 표현할 수 없는 불안이나 문제점을 표출하고 자신의 상황을 이해할 수 있다. 따라서 콜라주 표현으로부터 자신의 내면을 통찰함으로써 자기 치유력이 생긴다고 할 수 있다.

3. 콜라주 미술치료의 종류와 제작기법

콜라주 미술치료는 특별하게 정해진 구체적인 제작방법은 없고, 대체로 각 실천가가 독자적인 방법으로 실시하고 있다. 콜라주 미술치료는 크게 나누어 내담자가 잡지에서 좋아하는 그림을 자유롭게 잘라 붙이는 잡지그림 콜라주법(magazine picture collage)과, 미리 준비된 사진 조각을 활용하여 작품을 만드는 콜라주 박스법(collage box)의 두 종류가 있다. 또 실시자에 따라 다양한 크기의 도화지를 사용할 수 있는데, 엽서를 이용한 엽서콜라주(藤掛, 2007) 등 아주 작은 크기를 사용하기도 한다.

1) 콜라주 미술치료의 종류 및 실시방법

(1) 잡지그림 콜라주법

✎ 준비물

종이(4절지 또는 8절지), 가위, 풀, 다양한 종류의 잡지나 카탈로그(내담자의 연령이나 성별에 따라 선호하는 잡지를 준비하고, 직접 원하는 잡지를 가져오게 하는 것도 치료 효과를 높일 수 있는 방법이다.)

✌ 실시방법

치료자가 내담자에게 콜라주를 해 보자고 말한 후 준비한 재료를 주고 마음에 드는 사진이나 그림을 자유롭게 잘라 도화지 위에 붙이도록 한다. 이때 사진이나 그림을 원하는 위치에 풀로 붙이도록 하고 제한 없이 자유롭게 활동할 수 있도록 한다(자르는 방법은 내담자에 따라 가위를 이용할 수도 있고, 손으로 찢을 수도 있다. 연령이나 증상을 고려하여 실시하도록 한다.).

내담자가 작품을 완성하면 작품에 제목을 붙이도록 하고 관련 내용을 함께 이야기한다(만약 내담자가 제목이 생각나지 않는다거나 제목이 없다고 말할 경우 그대로 수용한다.). 치료자는 작품에 대해 해석하지 않도록 주의하며, 내담자가 말하고 싶어 하지 않을 경우에는 치료자가 느낀 점을 말하고 종료한다.

잡지그림 콜라주법은 약 30분에서 1시간 정도 소요된다(작품 소요시간 40분 정도, 전후 10분씩 상담).

① 잡지에서 마음에 드는 사진이나 그림을 자른다.

② 자른 사진이나 그림을 도화지에 배치하고 풀로 붙인다.

▲ 잡지그림 콜라주법의 실시 과정

(2) 콜라주 박스법

✎ 준비물

종이(4절지 또는 8절지), 가위, 풀, 다양한 사진 혹은 그림을 오려서 담아 놓은 상자

✌ 실시방법

치료자가 내담자에게 콜라주를 해 보자고 말한 후 사전에 잡지나 카탈로그에서 다양한 사진 혹은 그림을 오려 담아 놓은 상자와 그 밖의 재료를 주고, 마음에 드는 사진이나 그림을 선택하여 도화지 위에 붙이도록 한다. 이때 사진이나 그림은 원하는 위치에 풀로 붙이도록 하고 제한 없이 자유롭게 활동할 수 있도록 한다(내담자의 필요에 따라 사진이나 그림을 추가적으로 가위를 이용하여 자르거나 손으로 찢을 수 있으며, 연령이나 증상을 고려하여 실시하도록 한다.).

내담자가 작품을 다 완성하면 잡지그림 콜라주법과 마찬가지로 작품에 제목을 붙이도록 하고 관련 내용을 함께 이야기 나눈다(만약 내담자가 제목이 생각나지

콜라주 박스에 있는 사진이나 그림 조각 중 마음에 드는 것을 선택하여 그대로 붙이거나 부분적으로 잘라 내어 붙인다.

▲ 콜라주 박스법의 실시 과정

않는다거나 제목이 없다고 말할 경우 그대로 수용한다.). 치료자는 작품에 대해 해석하지 않도록 주의하며, 내담자가 말하고 싶어 하지 않을 경우에는 치료자가 느낀 점을 말하고 종료한다. 콜라주 박스법은 쉽고 간편하게 사용할 수 있는 방법으로 약 15분 정도가 소요된다.

후지카케(藤掛, 1996)는 사법(司法) 및 비행임상(非行臨床) 영역에서 콜라주 박스법을 실시하여 다음과 같은 임상 효과를 보고하였다. 콜라주 박스법은 내담자가 자살의 위험성이 있거나 운동 기능에 문제가 있어서 가위를 사용할 수 없는 경우에 효과적이다. 거동이 불편한 내담자의 가정, 요양시설 등을 방문하여 간편하게 실시할 수 있다. 아울러 잡지를 반입하기 어려운 장면 등에서 많이 사용된다. 가위의 사용이 어려운 유아에서부터 고령자에 이르기까지 폭넓게 적용이 가능하다.

그 외에 주로 정신병 영역의 내담자를 대상으로 실시되는 대(大)콜라주 박스법은 콜라주 박스법을 대규모로 실시하는 것이라고 생각하면 이해하기 쉽다. 치료자가 모래놀이치료나 풍경구성법의 상징을 참고하여, 그림이나 사진 조각을 1,000장 정도 준비한다. 자극을 완화하기 위한 풍경과 자연물을 넉넉하게 준비한다. 내담자가 원하는 사물로 화면을 채울 수 있도록 가능한 한 많은 소재를 준비한다. 여기서 특징적인 것은 사물 조각과 별도로 문자 등의 캡션을 400~500장 정도 준비하는 것이다. 캡션에는 작품을 구성한 사람의 내면이 표현되는 경우가 있다. 자신의 이미지에 적절한 사진 조각을 찾아서 표현하는 것이 곤란한 경우에 캡션으로 표현하는 경우도 있다. 대(大)콜라주 박스법은 주로 B4 크기의 도화지가 사용되며, 5~20분 정도 진행된다(岡田, 河野, 1997a, 1997b). 아오키(青木, 2002b)의 치매성 고령자를 대상으로 콜라주 미술치료를 실시한 연구에서는 '풍경' '음식' '탈것' 등 테마별로 박스가 준비되기도 하였다.

잡지그림 콜라주법과 콜라주 박스법은 서로 방법이 다르지만, 야마다(山田, 2001)는 잡지나 카탈로그 중에서 좋아하는 것을 골라내어, 가위로 자르고, 손으로 찢는 등의 콜라주 활동 과정이 콜라주 박스법에서 생략된 것을 지적하였다. 나아가 양자 간의 치료적 효과의 차이를 POMS(Profile of Mood States)를 사용해 검토한 결과, 동일한 치료적 효과를 보였다고 보고하였다. 아울러 콜라주 표현방법에 있어서 콜라주 박스에 준비된 자른 조각 수와 내용 등이 영향을 미치는 것으로 추측되어 콜라주 박스법에 관한 다양하고 깊은 연구가 기대되고 있다.

2) 콜라주의 제작기법

앞에서 제시한 잡지그림 콜라주법이나 콜라주 박스법 중 어느 것을 선택하든지 간에 다양한 제작방법이 있다. 콜라주 제작기법은 실시자에 따라 다양하게 고안될 수 있고, 연령이나 증상을 고려하여 실시하는 것이 중요하다.

(1) 개별법

내담자가 혼자서 콜라주를 작성하는 방법이다.

(2) 동시제작법

내담자와 치료자가 동시에 각자의 작품을 작성하는 방법으로, 서로의 욕구나 관심을 알아차리게 할 때 유용하다.

(3) 가족콜라주법

어머니와 아이 또는 가족이 동시에 각자의 작품을 작성하는 방법으로, 가족 서로의 욕구나 관심을 알아차리게 할 때 유용하다.

(4) 협동법

집단원이 하나의 작품을 만드는 방법으로 집단의 역동성을 알아보고, 집단원 간의 친밀감 형성에 유용하다.

(5) 자택제작법(숙제법)

콜라주 작품을 자택에서 작성해 오도록 과제를 제시하는 방법이다.

(6) 뒷 콜라주

내담자가 잘라 낸 나머지 부분을 버리지 않고 작품의 뒷면에 붙이게 하는 방법이다. 앞면보다 뒷면이 더 안전하다고 생각하여 앞면에 표현하지 못했던 것을 뒷면에 자유롭게 구성하는 경우가 있다. 곧 내담자의 방어가 감소되는 장점이 있다.

(7) 방문콜라주

방문 면접 때에 콜라주 박스를 지참하여 내담자에게 작성하도록 하는 방법이다.

(8) 색지콜라주

색지를 이용한 콜라주 방법으로 일반적으로 흰 종이를 사용하나, 치료 초기나 치료적 효과를 위해서 많이 사용된다(단, 진단용으로 콜라주를 실시할 경우에는 흰색 종이를 사용한다.).

(9) 집단개별법

집단 내에서 각자 작품을 작성하는 방법이다.

(10) 집단집단법

집단 안에서 4~5명 또는 7~8명이 한 집단이 되어 하나의 작품을 완성하는 방법으로 초·중·고등학생, 대학생 등의 집단 워크숍에 용이하다.

(11) 엽서콜라주법

엽서콜라주법(post card collage)은 엽서 크기 용지에 콜라주를 작성하는 방법이다. 종이 크기가 작기 때문에 작성 시간이 짧고, 한 회기에 여러 개의 작업이 가능하다. 또한 용지가 작아서 의도성이 높은 작품 표현이 용이하다.

화답콜라주(answer collage)는 엽서콜라주에 화답을 해 주는 방식으로, 완성된 엽서콜라주에 엽서콜라주로 답을 하는 방법이 있고 완성한 엽서콜라주를 A4 용지 등에 붙여 상대방과 교환하여 그 위에 콜라주를 작성하는 방법이 있다.

(12) 원형콜라주법

만다라 콜라주라고도 하며 종이를 원형으로 잘라서 원형 안에 콜라주를 실시하는 방법이다. 종이 사용의 다양성으로 인하여 공간 상징을 통한 해석이 어렵기 때문에 개인 작업보다 집단 워크숍 등에서 사용하기 적절하다.

3) 콜라주 실시상의 특성

콜라주의 제작기법과 실시방법에 따라 내담자의 의식성과 무의식성의 표현에 차이가 있다. 내담자의 무의식 표현을 돕기 위해서는 4절지 정도의 백지를 사용하는 것이 좋다. 이와 반대로 8절지, A4지, 엽서 등 종이 크기가 작아질수록 내담자의 의식화에 도움을 줄 수 있다. 또한 콜라주 박스법보다는 잡지그림 콜라주법이, 그리고 풀로 붙이는 작업, 시간제한 없는 자유주제 등이 무의식성을 드러내기 쉽다.

〈표 1-1〉 콜라주 실시상의 특성

큰 종이	······	작은 종이
백지	······	색지
잡지그림 콜라주법	······	콜라주 박스법
손으로 찢음	······	가위로 자름
풀을 사용	······	스테이플러를 사용
자유주제	······	주제 있음
모방 작품 없음	······	모방 작품 있음
시간제한 없음	······	시간제한 있음
무의식성	←――――→	의식성

4. 콜라주 작품의 이해 및 분석

콜라주 작업을 통하여 내담자의 자기 치유 효과를 거두는 것뿐만 아니라 콜라주 작품을 통하여 내담자의 현재 심리 상태를 이해하고 내담자의 갈등을 돕고자 할 때 치료자는 콜라주를 통하여 전달되는 내담자의 메시지를 알아차려야 한다.

따라서 치료자가 내담자의 작품을 이해할 때 다른 그림검사와 마찬가지로 내담자의 작품에 대한 첫인상, 즉 전체적인 평가와 함께 형식 분석, 내용 분석, 계열 분석 등 세 가지 관점에서 이해하고 분석할 수 있다. 아울러 내담자의 증상과 발달사를 참고하여 내담자의 현재 심리 상태를 이해해야 한다.

1) 형식 분석

완성된 콜라주 작품에 대해 반드시 형식 분석을 해야 하는 것은 아니나, 형식을 어느 정도 염두에 두고 분석한다. 어떻게 표현했는지, 얼마나 붙였는지, 공간상의 배치, 공간 도식을 고려한다. 가위로 잘랐는지, 손으로 찢었는지, 사물을 여백을 두고 잘랐는지, 사물의 선을 따라 잘랐는지, 큰 조각을 붙였는지, 작은 조각을 붙였는지, 상하좌우로 구분하여 여백이 어느 쪽에 많이 있는지, 조각을 어느 쪽에 많이 붙였는지 등을 살펴본다.

2) 내용 분석

내담자가 콜라주 작품에 무엇을 붙였는지를 염두에 둔다. 풍경인지, 인물인지, 먹는 것인지, 문자가 있는지, 크레파스나 다른 도구로 글씨를 썼는지, 그것이 어떤 내용인지 등을 파악한다. 상징성은 같은 사물이라도 민족, 지역, 문화에 따라 차이가 있다는 사실을 기억해야 한다.

3) 계열 분석

콜라주는 상담의 초기 면접에 한 번 사용되기도 하고, 매 회기마다 지속적으로 실시하여 계열 분석을 하기도 한다. 20회기 중 5~10회 정도를 콜라주로 진행하며(매 회기 또는 일정한 기간을 정하여 융통성 있게 실시할 수 있다), 이러한 과정을 통해 내담자의 마음의 흐름을 파악할 수 있다.

작품 완성 후 다음의 순서로 내담자와 치료자가 서로 의사소통한다.

① 콜라주 작품을 살펴보는 단계
② 표현물의 확인 또는 질문 단계
③ 작품을 완성해 나가는 과정이나 완성 후의 느낌이나 감정에 대해 질문하는 단계
④ 치료자의 느낌이나 해석을 전달하는 단계(직접적인 해석은 피한다.)
⑤ 통찰한 것을 언어화하는 단계(상호 교류하면서 통찰해 나간다.)
⑥ 이를 반복하여 진행하는 것이 원칙이다.

가장 바람직한 것은 치료자가 해석해 주는 것이 아니라 내담자 본인이 통찰해 나갈 수 있도록 촉진해 주는 것이다.

5. 콜라주 미술치료의 적용

콜라주 미술치료는 잡지, 달력 등 다양한 재료를 잘라 붙이는 작업을 통해서 내담자의 심리적 안정을 도모하며 내담자가 자신을 통찰할 수 있게 도와주는 것이 목적이다. 콜라주 미술치료가 모든 사람에게 적합한 것은 아니지만, 누구에게나 활용할 수 있다. 즉, 병리적 증상이 있는 환자뿐만 아니라 자기 성장을 목표로 하는 내담자에게도 유용하다. 콜라주 미술치료의 대상은 미술치료 대상과 같다

고 해도 무방하다. 단, 대상자의 증상이나 발달 수준에 따라 제작기법을 달리 사용하는 것이 효과적이다.

선행연구나 실제 임상 경험을 종합하여 적용 대상의 예를 제시하면 다음과 같다. 정신질환자(정신분열증, 우울증), 시각장애인을 제외한 심신장애인, 비행청소년, 이혼(별거) 부부, 불화 가족, 성폭행 피해자, 치매노인, 임종 직전의 암환자, 신체질병자 등의 심리 안정을 위하여 콜라주 미술치료가 효과적으로 적용될 수 있다. 최근 들어 학교부적응 아동, 한부모가정, 빈곤가족, 다문화가족도 콜라주 미술치료의 대상이 되고 있다. 아울러 또래관계 개선이 필요한 아동 · 청소년은 물론, 인성 및 창의성 개발과 리더십을 향상시키는 것을 목적으로 일반 아동 · 청소년들도 콜라주 미술치료의 대상이 될 수 있다.

오늘날 콜라주 미술치료는 정신병 환자의 표현활동, 즉 작업치료에서뿐만 아니라 다양한 영역에서 다양한 대상에게 활용되고 있다. 재활치료 장면, 사법 영역, 마음의 건강이나 인간적 이해 등을 주안점으로 한 자기 성장을 위한 상담이나, 사회적 기술의 발달, 사회성 및 의사소통 기술의 향상을 위한 자기 계발 프로그램 등에 효과적으로 실시되고 있다. 과거 콜라주 미술치료의 대상이 대부분 병리적인 증상이 있는 환자들이었던 데 반해 개인의 자기 이해 및 자기 계발 등 자아 성장에 도움을 준다는 연구와 함께 일반인들의 참여가 적극적으로 이루어지고 있으며, 유아부터 노인까지 전 연령층을 대상으로 확산되고 있다.

제2장

콜라주 미술치료의 역사

제2장
콜라주 미술치료의 역사

콜라주 표현은 파블로 피카소(Pablo Picasso) 등의 입체파 예술가(큐비스트, cubist)들이 '파피에 콜레(papier colle)'라고 부르는 회화표현의 하나로서 시도하였으며, 이후 초현실주의자들이 '콜라주'라고 칭하여 미술기법으로서의 표현방법을 확립하게 되었다.

그 후 미술기법의 콜라주는 평가법으로서 1960년 전후에 의료 현장, 즉 작업치료 영역에서 활용되었다. 1985년 이후에는 정상인을 대상으로 자기 계발이나 자기 이해를 목적으로 한 교육 훈련 등에 사용되기 시작하였다. 일본에서는 1990년 전후로 콜라주 기법이 심리치료 기법으로 개발되어 활용되고 있다.

오늘날 한국에서도 콜라주 기법은 미술치료사, 작업치료사, 사회복지사, 교사 등에 의해 다양한 영역에서 활용되고 있다. 그러나 그동안 주로 심리치료에 한정되어 활용되어 왔으며 심리치료 과정 중에도 잡지그림 콜라주를 1~2회기 정도 활용하는 수준에 머물고 있다. 2008년에 접어들어 콜라주의 심리치료적 활용에 관한 사례연구와 기초연구가 소개되고 있다.

1. 미술과 심리치료

예술과 심리치료는 정신분석을 접점으로 하여 깊은 관계가 있다. 예로, 내담자의 정신 상태와 내담자의 작품을 정신의학적 개념에 관련시키는 표현정신병리학 연구가 있다. 이는 체사레 롬브로소(Cesare Lombroso)가 제창한 천재학에서 유래하였다. 정신분석학의 창시자인 지그문트 프로이트(Sigmund Freud)는 레오나르도 다빈치(Leonardo da Vinci)와 요한 볼프강 폰 괴테(Johann Wolfgang von Goethe) 등을 대상으로 천재가 표현한 작품에 대해서 무의식과 그 창조성에 대한 정신분석적 해석을 처음으로 시도하였다.

이러한 연구는 걸출한 인물이나 일반적인 정신장애자의 창조활동을 통해서 그들의 내적 세계나 심적 과정 및 정신병리, 정신역학의 특이성이 창조성이나 이미지 표현의 병리성과 어떻게 관련되어 있는지에 대한 견해를 도출하였다(水島, 上杉, 1986). 또한 역설적으로 병리적인 시점으로부터 인간 이해에 도움이 되고 있다(徳田, 1986).

프로이트(Freud, 1910)는 다빈치의 창조성이 탐구 욕구와 성생활에서 유래한다고 보고, 리비도(libido)를 관찰충동과 지식충동으로 승화시켰다는 독자적인 성(性)이론적 접근방법을 시도하였다. 프로이트는 개인적 무의식 속에 이미지와 창조성이 있다고 보고 그 창조성을 유아기의 체험(독수리공상[禿鷹空想])이나 어머니 콤플렉스(complex), 리비도로 설명하였다.

한편, 노이만(Neumann, 1954)은 융학파의 입장에서 다빈치를 설명하면서 어머니(great mother) 원형, 즉 초개인적인 어머니상이 창조적 인간에게는 지배적이라고 설명하였다. 이는 창조성의 원점을 집단무의식(collective unconscious)으로 보고 이미지도 원형에 관련된다고 한 융의 무의식에 대한 견해를 나타내고 있다.

나아가 프로이트 이론을 도입한 예술가들이 '무의식'을 작품 속에서 표현하기도 하였는데, 정신분석학을 지식으로서 예술 영역에 도입한 운동, 즉 시인 앙드레 브르통(Andre Breton)의 제창으로 시작된 초현실주의 운동에도 주목할 필요가 있다. 의학생으로서 정신의학센터에서 정신병의 치유와 심리치료를 실시한 경험이 있는 브르통은 초현실주의(Surrealism)에 정신분석의 개념을 응용하였다. 초기의 초현실주의에서는 프로이트의 자유연상으로 연결되는 자동서기(自動書記[automatic writing]), 자동기술법(自動記述法, 오토마티즘[automatism])[1], 즉 '무의식'의 세계를 통해 창작을 수행하는 수법이 많이 사용되었다.

2. 미술기법으로서의 콜라주

콜라주라는 말은 여러 의미로 사용되고 있지만, 미술기법으로서 탄생한 콜라주의 역사를 보면 그 경위가 매우 복잡한 것을 알 수 있다. 이리에(入江, 1993)는 1912년 피카소의 〈등의자가 있는 정물〉을 역사상 첫 콜라주(initial collage)로서 중요하다고 지적하고, 병적학적(病跡學的) 견해로부터 검토하였다. 그러나 콜라주의 기법은 이미 피카소 이전에 사진의 표현 형태의 하나인 포토몽타주(photomontage)[2] 등에서 많이 사용되고 있었다. 피카소의 〈등의자가 있는 정물〉은 신문지, 악보, 벽지, 우표, 새털, 모래, 철사 등을 이용해 창작되었으며, 그 후의 작품 〈기타〉(1926)에서는 골판지, 종이, 나뭇잎, 철, 끈 등이 사용되었다.

파피에 콜레라고 부르는 이러한 미술기법은 입체파, 즉 폴 세잔(Paul Cezanne)의 "자연 속의 모든 형태를 원통, 구, 원추로 처리한다."라는 견해에서 나온 새로운 화면기법으로서 피카소, 조르주 브라크(Georges Braque) 등이 개

1) 자동기술법은 초현실주의 작가들이 사용한 표현기법으로 무의식적 자동 작용, 자동서기(自動書記)라고도 한다. 심미적인 선입견이나 기성의 표현기술을 떠난 무의식에서 이루어지는 표현 행위다(세계미술용어사전, p. 387).

2) 사진을 오려 단편적인 각 부분을 재조립하여 새로운 의미를 갖는 합성 이미지로 만드는 기법. 포토몽타주의 영역은 조각난 사진들을 이용하는 데에만 제한된 것이 아니라 사진에 글씨, 그림을 덧붙이는 것도 포함된다(세계미술용어사전, p. 498).

발한 것이다. 이는 명암법, 원근법을 사용하지 않은 독자적인 입체표현이다. 또 입체파의 새로운 방향성으로 이용된 표현방법이 콜라주이며, 붓으로 그리는 것과는 다른 표현 효과를 기대한 것이었다. 이러한 콜라주는 입체파적 콜라주라고 칭할 수 있다.

동시대에 베를린 다다이즘(dadaism) 예술가인 라울 하우스만(Raoul Hausman)은 잘라 낸 사진만으로 그림을 조립할 수 있는 포토몽타주 기법을 창안하였다. 하지만 포토몽타주는 대중적인 그림엽서 세계의 일부로서, 이미 널리 알려진 표현기법(〈독일의 방호〉(1913) 등)이었다. 이 포토몽타주야말로 현재 우리가 콜라주 미술치료에서 많이 사용하는 방법과 유사한 기법으로, 사진 등을 잘라 붙이고 합성하여 작성하는 것이다. 오늘날 포토몽타주라는 말은 맨 레이(Man Ray) 등이 이용한 2개 이상의 네거티브(negative)로부터 프린트 또는 네거티브 프린트(陰畵, negative print)[3]를 만드는 사진적 방법과 관련해서 이용되는 경향이 있다. 다만 넓은 의미로는 콜라주라고 칭해도 지장이 없을 것이다.

다다이즘은 제1차 세계대전 중 중립국이었던 스위스 취리히에서 각국으로부터 망명해 온 예술가들을 중심으로 시작되었다. 뉴욕, 베를린, 쾰른, 하노버, 파리의 각 도시에서도 차례로 시작되었으며, 기법이나 표현방법은 기존의 예술 개념을 크게 뒤집는 것이었다. 마르셀 뒤샹(Marcel Duchamp)은 레디메이드(ready made)[4] 작품으로서 변기에 〈샘〉(1917)이라는 제목을 붙여 전람회에 전시하였다. 또 쿠르트 슈비터스(Kurt Schwitters)는 거리에서 주워 모은 것을 화면에 붙여 〈메르츠(*Merz*)〉[5] 시리즈를 발표하는 등 비약적인 활동을 하였다. 다다이즘은 이 외

---

3) 명암을 실제와 정반대로 표현하는 사진기법. 밝은 빛이 오히려 검게 나타나는 음화 사진은 어둡고 스산하고 기괴한 음성적인 느낌이 강하므로, 그로테스크하고 신비한 분위기를 의도적으로 강하게 표현하기 위해 많이 사용된다(세계미술용어사전, p. 366).

4) 사전적 의미로는 '기성품의, 전시용의' 작품이라는 뜻이지만, 뒤샹이 창조해 낸 이후 예술적 측면에서 깊고 다양한 철학적 의미를 갖게 된 용어다. 레디메이드는 뒤샹이 1913년부터 예술로서 전시하기 위해 임의로 선택한, 양산된 제품에 붙인 말이다. 뒤샹은 소변기나 삽처럼 대량 생산된 물건을 전혀 변형시키지 않고 제목만 첨부한 후 전시함으로써 그 물건을 기성품 조각으로 승화시켰다(세계미술용어사전, p. 111).

5) 하노버에서 활동한 대표적인 독일 다다이스트 슈비터스가 자신의 작품에 붙인 명칭이자, 그의

에도 프로타주(frottage), 오브제(objet) 등의 사용이 특징적이다. 이후 사진작가인 맨 레이는 레이요그램(rayogram)[6], 솔라리제이션(solarization)[7] 등의 기법을 탄생시켰다. 이러한 다다이즘의 관점이나 기법은 초현실주의 활동, 막스 에른스트(Max Ernst)의 콜라주 기법으로 계승되었다.

초현실주의는 앙드레 브르통이 '초현실주의 선언'(1924)을 발표하면서 시작된다. 1916년에 스위스의 취리히에서 트리스탕 차라(Tristan Tzara)가 '다다이즘 선언' 을 하고 나서 1922년에 해산되기까지 시종 다다이즘에 관련되어 온 많은 예술가들은 브르통의 초현실주의 선언과 운동에 힘입어 초현실주의로 이동하였다.

예술 작품은 보는 사람이나 해석하는 사람에게 창작자의 개인적인 의도, 즉 개인적 무의식을 전한다. 작품에 나타나는 이미지의 여러 가지 모습은 넓은 의미로 인격의 투영, 적어도 무의식적 투영을 동반하는 것이다. 그러나 초현실주의자 중에서도 에른스트가 창조하는 것은 개인 역사에 되돌아가는 것을 상정하지 않고, 오히려 본능적으로 집단적 표상화로 향하는 것으로 여겨진다(嚴谷, 1975). 이러한 설명은 에른스트를 시작으로 하는 초현실주의자의 창작 작품은 예술이라고 하는 매개를 통해서 융의 개인적 무의식의 개념을 나타내고 있다는 것을 의미한다.

에른스트가 시도한 실험적 기법인 프로타주, 데칼코마니(decalcomanie) 등과 함께 콜라주는 이미 있는 것을 손질하여 우발적으로 창작된 새로운 작품의 가치

예술을 대표하는 개념이다. 슈비터스는 제1차 세계대전 말부터 병마개, 신문지, 광고 전단, 기차표, 단추, 성냥, 못 등 일상생활에서 버려진 폐품을 이용해 콜라주를 하기 시작했으며, 다양한 재료 간의 조화와 물질의 만남으로 인한 대비 효과를 통해 기존의 회화에서는 찾을 수 없는 가능성을 모색하고자 시도하였다(세계미술용어사전, p. 132).

6) 포토그램, 리히트그래픽과 같은 것으로, 카메라를 사용하지 않고 직접 감광재료 위에 물체를 얹어 거기에서 만들어지는 명암을 이용한 추상 사진이다(세계미술용어사전, p. 112).

7) 사진의 특수기법 중 하나로, 현상 과정에서 필름이나 인화지 등의 감광재료에 극단적인 노광이 주어지면, 현상에 의해 최대 농도가 저하되어 밝은 부분이 부분적으로 반전되어 보이는 현상이다. 솔라리제이션은 일종의 부조 같은 표현 효과를 가지며, 특히 피사체에 강한 윤곽선이 나타난다(세계미술용어사전, p. 254).

를 찾아내는 목적도 가지는 것이었다. 에른스트의 작품으로 대표되는 이러한 기법은 무의식의 '표현'이라고 하기보다는 오히려 창작자가 이미 있는 소재를 선택해서 어떻게 재구성하는지, 어떠한 상상성을 구사하는지 등의 점에서 무의식의 '제작 과정'에 의의를 두는 것이었다.

에른스트와 같은 시기에 르네 마그리트(Rene Magritte), 살바도르 달리(Salvador Dali) 등의 초현실주의자들은 꿈의 이미지, 상반되는 의식과 무의식 등을 의도적으로 표현하였다. 어쨌든 초현실주의자가 정신분석에 바탕을 두고 예술적인 면에서 창작에 영향을 받았던 것은 명백하다. 나아가 종래의 회화표현을 넘어 '마음의 내면'을 작품화하려고 시도한 점에서 예술치료의 기반이 되는 중요한 개념이라고 할 수 있다.

오카다와 고노(岡田, 河野, 1997b)는 콜라주가 창작자의 자아의 무의식으로부터 '부분적인 퇴행'을 적극적으로 촉진시켜서 새로운 창조의 가능성을 가져온다고 보고하였다. 더욱이 소재의 선택과 분리의 과정이 정신분석요법 '자유연상'과 관련하여 생각해 볼 수 있다며 콜라주 작업에 있어 퇴행의 중요성을 강조하였다. 이 자유연상은 초기의 초현실주의자들이 취한 자동기술법의 착상과 완전히 일치하는 것이다.

에른스트는 1919년 콜라주 기법을 고안하고 나서 〈여기 아직 모든 것이 표류하고 있다〉(1920), 〈고기의 노래〉(1920) 등의 작품을 제작하였다. 에른스트는 파리의 다다이스트(dadaist)인 폴 엘뤼아르(Paul Eluard)나 브르통과 연락하면서 1921년 파리의 화랑에서 개최한 전시회에 56점의 콜라주 작품을 출품하였다. 초현실주의의 주창자인 브르통은 자신이 시(詩)로 표현하려고 한 것과 에른스트의 콜라주가 같은 개념의 창작적인 방법임을 알아차렸다. 그의 등장을 계기로, 미술사에서는 1924년 이전의 에른스트의 작품은 다다이즘으로, 그 이후의 것은 초현실주의로 분류하는 경향이 있다.

에른스트는 피카소의 수법과 다른 자신의 기법에 명확한 명칭은 붙이지 않고 콜라주라고 불렀다. 여기서 입체파의 콜라주, 초현실주의의 콜라주의 차이를 검토할 필요성이 있다.

에른스트의 콜라주는 피카소나 브라크 등의 입체파 화가들이 시도한 파피에 콜레와는 근본적으로 그 제작의도를 달리하고 있다. 파피에 콜레 기법은 화면 구성상의 요소로서 신문지, 악보, 그 외의 레디메이드를 도입해, 그것을 화면에 붙여 조형적 효과를 나타내고 있다. 이에 반해, 에른스트의 콜라주는 레디메이드가 가지는 본래의 의미나 목적과 완전히 다른 새로운 개념을 만들어 내기 위한 기법, 즉 데페이즈망(depaysement)에 의존한다.

데페이즈망은 초현실주의자의 키워드 중 하나로 프랑스어 'depayser(나라를 바꾸다)'라는 말에서 유래했다. 데페이즈망이라는 말을 사용하여 초현실주의자들은 일어난 사건이나 말의 본래의 의미를 버리고 새로운 개념을 만들어 내는 일종의 충격을 주는 수법을 설명하였다. 즉, 콜라주 기법은 이미 완성된 것을 파괴하고 재구성된 것이며 충격적인 표현이라고 말할 수 있다(大島, 1982). 그들은 상호관계가 극히 적은 레디메이드를 조합하는 것으로 이러한 물상의 본래의 기능을 무시하였다. 게다가 그 물리적 외관을 바꾸지 않고 전체 중, 또 다른 친화감을 주는 것을 시도하였다(山中, 1971). 즉, 입체파 예술가들은 형식과 추상성을 지향한 기법을 활용하고, 자주 다른 요소를 두드러지게 하는 것을 목적으로 하였으며, 에른스트는 콜라주 기법에 대하여 통합된 전체의 구축과 객관성, 특정의 이미지를 통한 자유로운 상상성을 중시하였다.

원래 에른스트의 콜라주 착상의 계기는 여러 가지 종류의 모형 그림이 게재된 보조교재 카탈로그였다. 카탈로그에는 여러 가지 자연의 요소가 있어, 그것들이 모인 불합리함이 눈과 정신을 혼란시켜서 환각을 낳고, 그려진 것에 매 순간 변화하는 의미를 부여한 것이라고 할 수 있다. 즉, 뿔뿔이 흩어진 다른 것, 불합리한 것을 어떻게 콜라주로 표현할지가 에른스트의 주제였다.

루이 아라공(Louis Aragon)은 입체파의 파피에 콜레와 다른 에른스트의 콜라주에 대해 "초기의 콜라주로부터 매우 다른 범주의 두 작품이 나왔다. 하나는 붙여진 요소가 그 형체에 따라 가치를 정하는 것이며, 또 하나는 그 요소가 질감으로서 가치를 정하는 것이다. 후자의 경우는 단순히 회화적 작품을 구성하는 것이며, 색채라든지 일시적인 생각이 문제가 되는 것에 지나지 않는다. 전자는 에른스트가 발견한 콜라주를 예견하는 것이며, 표현된 것이 언어의 역할을 한다." 라고 기술하고 있다(瀧口, 1962).

즉, 에른스트에게 있어서 콜라주는 시적인 이미지를 표현하는 방법이며, 오로지 현실적인 의도를 가지는 입체파의 콜라주와는 정반대인 것이다. 에른스트의 콜라주에서 재현된 것은 표상된 것(오브제)이며, 말로서의 역할을 한다. 그의 콜라주는 입체파가 목표로 한 새로운 표현기법과는 전혀 다른 것이다. 또 에른스트의 다방면에 걸친 콜라주 작품을 보면, 전체성을 중시하면서도 하나하나의 조각에 강한 애착을 가지고 작품을 완성시켰다는 것을 확인할 수 있다.

1929년 에른스트가 발표한 첫 콜라주(소설)집 『백두녀(百頭女, *La femme 100 Tetes*)』는 150여 장의 연작으로, 『카르멜 수도회에 들어가려고 한 어떤 소녀의 꿈』(1930), 『자선주간(慈善週間[*Une Samaine de Bonte*])』(1934)과 함께 '로망 콜라주'라고 불렸다. 『백두녀』는 '백(百) 개의 머리(頭)를 가진 여자' 또는 '백의 머리를 가지다 = 머리를 가지지 않은 여자'라고도 해석이 가능한 제목으로, 에른스트가 콜라주를 그다지 많이 사용하지 않았을 때 착수되었다. '백 개의 cent'란 어휘는 '목 없는 sans'로도 발음되므로, 졸지에 백 개의 머리를 가진 여인이 목 없는 여인으로 되어 버리는 『백두녀』 이야기는 융의 원형적인 여성상을 이미지화한다. 시작과 끝에 완전히 같은 도판을 둔 이 소설은 마치 끝이 없는 이야기와 같이 표현할 수 없는 신비로움을 자아낸다. 1929년 그는 일찍이 골동품상에서 19세기의 목판화나 잡지를 찾아낸 것을 기억하고, 이러한 소재를 사용하여 비일상적인 조합을 만들어 내는 시기가 도래하고 있음을 깨닫고 제작에 들어갔다(1918~1920년까지 콜라주에 전념한 그는 '불사(不死)되는 것의 불행'을 위한 콜라주를 제외하고, 그 후 순수한 콜라주 제작을 하지 않았다.). 목판화나 삽화책의 카탈로그 조각을 정교하게 접착시킬 수 있었던 콜라주는 손질하였다고 생각되지 않는 완성된 합성화이며 기괴한 어둠과 악마적인 분위기를 발하는 독특한 것이었다.

에른스트의 연작 표현은 콜라주 미술치료의 계열 분석을 연상시킨다. 그것은 콜라주에서, 에른스트의 작품에서 나타나는 흐름과 같은 이미지가 표현됨을 느낄 수 있기 때문이다. 에른스트는 철학, 심리학에 대한 깊은 지식과 연금술 등의 지식으로부터 콜라주를 사용하여 자기실현, 자기표현을 시도했다고도 생각할 수도 있다. 이와타니(巖谷, 1975)는 에른스트의 콜라주를 '시각적 이미지의 연금술'이라고도 불렀다.

실제 콜라주 미술치료에서는 이러한 에른스트적인 발상이 치료로서의 특징을 나타내는 것처럼 생각된다. 또한 최근 콜라주 미술치료에서 많이 쓰는 표현방법의 하나로서 캡션(설명문: 문자표현)에 관한 연구가 진행되고 있다(岡田, 1994). 에른스트는 연작뿐만 아니라 많은 콜라주를 작성하였지만, 그중 1921년에 개최된 '위스키 해저(海底)에서의 진수(進水)' 전시회의 포스터는 완전히 캡션만으로 작성된 콜라주다.

3. 작업치료로서의 콜라주

앞에서 말한 대로 일본에서 개발된 콜라주 미술치료는 모래놀이치료를 모체로 하고 있다. 콜라주는 1960년경 미국 등 여러 나라에서, 주로 정신과를 중심으로 한 작업치료의 활동 영역에서 미국 작업치료 프로그램의 일환으로 도입되었다고 추측된다.

최초의 콜라주 기법은 '평가기법으로서의 잡지그림 콜라주(magazine picture collage)'다(Buck & Provancher, 1972). 의사인 벅(Buck)과 작업치료사인 프로밴처(Provancher)는 1968년부터 정신분석적 견지에서 환자의 인격의 역동적 구조에 작용하고 있는 증상을 평가하기 위해 18~70세까지의 정신병원의 신규 입원 환자 약 500명을 대상으로 콜라주를 실시하였다.

그들은 사전에 준비한 잡지의 그림을 환자들에게 나누어 주고 마음에 드는 부분을 오려 내어 12×18인치의 도화지에 붙이도록 하였고, 30분 정도의 시간을 주었다. 콜라주를 작성한 후에는 잘라 낸 조각을 선택한 이유와 그 의미를 기술하게 하였다. 이러한 콜라주 작업을 통하여 자기 개념, 심리적 에너지와 정신기능 수준, 방어기제와 그 통제의 질 등 성격의 주요 측면과 병태적 특징의 관련성 등의 여부를 연구하였다. 콜라주 작업으로부터 얻은 결론은 환자의 진료기록 카드에 기재되어 있는 진단이나 임상 소견과 일치하여, 의의가 있는 것으로 나타났다. 또 콜라주의 내용은 때로 무의식적 갈등을 드러내고 있어 평가기법으로서의 유효성을 강조하였다.

모리아티(Moriarty, 1973)는 「입원한 만성정신분열증 여성 환자의 집단콜라주 치료」라는 연구에서 자폐적 만성정신분열증을 겪고 있는 20~56세까지의 8명의 여성 환자들을 대상으로 콜라주를 집단으로 실시하였다. 언어 수준이 낮은 환자가 보다 높은 언어성을 획득하는 것이 감정 분리의 극복에 유익하다는 시점에서, 신체적인 활동과 언어적인 표현을 겸비한 기법으로서 콜라주가 유효하다고 보고하였다.

콜라주 작업은 주 1회씩, 1회기 1시간 30분씩 실시하였는데, 약 30분간 다양한 일상생활 잡지로부터 그림이나 문자를 잘라 내어 콜라주를 작성하고, 나머지 1시간은 각자에게 작품의 의미를 묻고 대답하는 언어적 표현활동을 실시하였으며, 마지막 5분 동안은 오늘 배웠던 것에 대하여 서로 이야기를 나누고 종료를 하였다. 치료자는 콜라주를 통해 참가자 각자의 반응과 현실 인식 능력에 주의를 기울인다. 모리아티는 환자가 문제의 해결과 대체가 되는 행동을 배우는 것, 'here-and-now'를 강조한다. 여기에 등장하는 치료자는 어디까지나 활동 중심의 치료자로만 기술되어 있고, 심리치료사, 작업치료사라는 기술은 없다.

이 연구에서는 콜라주 작업에 관한 몇 가지 중요한 시점을 제시하고 있다. ① 환자는 사진을 자유롭게 선택하여 원하는 대로 배치하고, 작품이 무엇을 의미하는지를 다른 사람에게 전하고 피드백을 받음으로써 사회적 상호작용이 향상된다. 또한 자신의 존재감을 확인하고 다른 사람에게 기쁨을 줄 수 있는 능력이 있는 가치 있는 존재로서 자신을 느낀다. 칭찬은 자기 효력감을 높인다. ② 콜라주를 투영법적으로 활용할 수 있다. ③ 언어화를 명확하게 하기 위해서 '전에 당신에게 일어난 최악의 일' '병원' '가장 좋았던 일' '어떻게 하면 좋아하는 일이 생길까?' 등의 테마를 주어 작성하도록 할 수 있다. 이때 환자 중에 누가 리더로서 활동하고 있는지 등 집단원의 행동 관찰도 가능하다.

일본의 콜라주 미술치료는 주로 개인을 대상으로 한 심리치료로서 진단, 치료의 두 가지 측면에서 파악할 수 있고, 시계열적인 작성도 중시된다. 그러나 모리아티의 연구에서는 콜라주가 집단치료(activity)로 적용되어, 작성 후에 현실 인식 능력이나 집단 내의 대인관계를 평가한다.

미국 작업치료에서 콜라주는 평가법, 집단치료라는 시점에서 출발하였다. 미국 작업치료의 콜라주 적용 경위를 감안하면, 현재 심리치료의 주류인 개인에 대한 콜라주 적용뿐만 아니라 다양한 대상자들의 집단에 도입이 가능하리라는 점을 파악할 수 있다.

러너(Lerner)와 로스(Ross)는 임상적이 아닌 실증적으로 콜라주를 연구하였다. 그들은 잡지그림 콜라주의 임상 및 연구 측면에서의 적용과 정신과 환자를 대상으로 한 작업치료의 평가수단 등 세 분야에 걸쳐서 연구하였다. 러너는 헴필(Hemphill)이 편저한 정신과 작업치료 교재인 『정신계작업치료의 평가 과정: 실천기법과 개발원리』에 '잡지그림 콜라주'라는 제목으로 계통적인 연구 성과(1977, 1979)를 게재(1982)하여 콜라주를 평가법의 하나로서 작업치료 분야에 널리 알렸다.

여기에는 그들이 12년 이상 정신과 환자에게 작업치료로서 잡지그림 콜라주를 사용해 온 내용이 실려 있고, 콜라주가 미시간 주 디트로이트 시에 있는 시나이 병원에서 시작되어, 나중에 토론토 시에 있는 마운트 시나이 병원에서 계속되었다고 기재되어 있다. 두 병원에서 모든 환자에게 작업치료를 실시하였는데, 정신과의 치료방침은 정신분석적 접근방법이었다. 또 앞서 언급한 벅과 프로밴처(Buck & Provancher, 1972)의 논문 마지막에는 시나이 병원의 작업치료사 제인 미첼(Jane Mitchell)에 대한 감사인사가 실려 있는데, 이러한 점으로 미루어 보아 최초의 콜라주 작업치료는 디트로이트 시에 있는 시나이 병원을 중심으로 시작되었다고 추측된다.

더욱이 러너는 마운트 시나이 병원의 콜라주 실천은 벅과 프로밴처(Buck & Provancher, 1972)의 이론을 바탕으로 하고 있지만, 이론 및 응용 면에서의 근거를 보강하기 위한 일련의 연구(Lerner & Ross, 1977, 1979)를 실시하였다고 기술하고 있다(Hemphill, 1982).

러너는 콜라주에 관해 다음과 같이 언급한다(Hemphill, 1982). “콜라주는 병원 내의 초기 활동으로서 이용되어 왔다. 새로 입원한 환자는 이미 언어적, 신체적으로 여러 가지 검사에 노출되어 있어, 이 상황이 환자의 불안을 가중시키고 있다. 또한 작업치료 장면에서 언어적 교류뿐만 아니라, ‘활동하는 것’이 중시되는 것은 다양한 증상 때문에 수행 능력이 저하된 환자의 정신적인 긴장을 고조시킬 수 있지만, 콜라주 작성이라는 과제는 불쾌감이나 불안이 증대하고 있는 상황에서 정신적인 고통을 최소한으로 줄일 수 있다. 또 환자는 진열된 다른 콜라주 작품을 관찰함으로써 작업방법을 쉽게 이해할 수 있다. 작업치료사의 입장에서 보면 콜라주는 일반적이고, 재료를 입수하기 쉽고, 비용의 부담도 없으며 작품에의 애착심도 높다. 콜라주에 몰두하는 것이 작업치료에서의 복잡한 작업활동의 최초의 스텝이 된다.”

또한 러너는 아지마(Azima)[8]의 이론적 근거, 슐레진저(Schlesinger)의 제창에 의한 조직적 구조, 벅과 프로밴처의 임상자료, 자신의 선행연구로부터 형식변수, 내용변수, 환자-치료자 사이의 교류변수의 세 부분으로 구별된 콜라주 평점표를 작성하였다.

이 일련의 연구는 모든 피험자에게 동일한 잡지와 도화지를 제시하였다는 점에서 주목된다. 이것은 평가법의 일부가 환자와 치료자 사이의 교류변수의 평가를 따르기 때문이라고 하지만, 평가법 작성을 위해서 동일한 소재를 사용하는 것은 자극을 통일하는 의미에서도 당연하다. 일본에서 이러한 연구는 이마무라(今村, 2006)에 의해서 정리되었다.

벅과 프로밴처의 「잡지그림 콜라주의 객관적인 평가법의 발전」(1977), 「잡지

---

8) 미국 작업치료사로서 1961년에 자유화, 점토 제작, 핑거페인트 등 세 가지를 구성하여 아지마 작업치료도구(Azima Occupational therapy battery)를 개발하였다. 이것은 정신분석이론을 근거로 하여 내담자의 인격이나 심리적 문제를 평가하기 위하여 작성되었다.

그림 콜라주의 임상적 응용과 평가」(1979)는 진단평가를 의식한 기초연구로서 이해할 수 있다. 1977년의 연구는 12명의 정신과 입원환자와 12명의 병원 직원의 콜라주 작품을 비교 실험한 것으로, 피험자에게는 다섯 종류의 동일한 잡지와 12×18인치의 8종의 도화지가 주어졌다. 그 결과 환자군의 특징으로서 전체적인 불균형, 중심 테마의 결여, 소수의 조각, 색채의 미사용, 찢어서 붙임, 풀의 과도한 사용 등이 관찰되었다. 또한 활동적인 사람 사진을 선택하고 붙이기보다 비활동적인 인물 중심이나 동물 중심의 구성이 관찰되었다.

1979년의 연구에서는 의사, 심리학자, 사회복지사 등 6개의 다른 학문 영역의 전문가로 구성된 12명의 정신과 직원에게 12명의 정신과 입원환자와 12명의 통제군의 콜라주 작품을 변별(辨別)하게 하여 콜라주 평가의 타당성을 검토하였다. 그 결과 환자군과 통제군의 콜라주 작품의 변별은 유의미한 차이가 없었지만, 심리 상태를 정확하게 추론할 수 있는 것으로 나타났다. 또한 콜라주의 무엇이 추론의 기초로서 도움이 되는지에 대해서 형식적 특징(붙인 조각 수, 배치나 전체적 균형)과 내용적 특성(인물 사진의 표정, 활동 장면에서 연상되는 감정)을 함께 고려하여 분류하는 방법을 제시하였다.

래트클리프(Ratdcliffe)의 「고전 미술작품의 콜라주: 자기 발견을 위한 예술기법」(1977)에서는 집단원들에게 2,000장의 고전 미술작품의 카드 중 20장를 선택하게 하여, 그것을 3, 4개의 그룹으로 나누어 잘라 붙이지는 않고 단지 설명만 하게 하였다. 래트클리프는 이 기법이 자기 발견에 유효하다고 주장하였다. 아마 콜라주를 활용한 자기 계발이나 자기 발견으로 연결되는 최초의 연구일 것이다. 오스트레일리아의 스터게스(Sturgess, 1983)는 '잡지그림 콜라주'를 작업치료의 임상실습 훈련으로서 사용하였다. 이는 미국에서 연구가 진행된 콜라주가 오스트레일리아로 확대되어, 작업치료로서 활용되어 온 콜라주 기법의 실습훈련과 교육 장면에서의 적용 가능성을 탐색한 흥미로운 연구다.

애들스타인과 넬슨(Adelstein & Nelson, 1985)은 현재도 연구대상으로 활발히 논의되고 있는 흥미로운 주제의 하나인 콜라주의 재료를 배분하느냐 여부에 따라 발생하는 표현의 차이에 대하여 연구를 실시하였다. 그 결과 재료를 배분하느냐 아니냐와 관련해서는 유의미한 차이가 없었으며, 일반 대학생 그룹에서도 거의 영향을 받지 않는다고 결론지었다.

그 후 콜라주 연구는 시모어(Seymour, 1995), 윌리엄스(Williams, 2002)의 간호교육, 호스피스 교육 등에 관한 연구와 같이 주로 집단에서 콜라주를 활용하는 사례를 대상으로 하였다.

시모어(Seymour, 1995)는 간호교육에서 실시한 콜라주의 효과에 대해서 발표하였다. 콜라주 작업을 통해 병원 내에서의 임종 직전 환자 관리나 건강 관리 시스템에 대한 이해가 깊어졌으며, 간호사로서의 직업의식을 고취시키는 데 도움을 주었다고 보고하였다. 콜라주를 통한 교육으로 다른 사람과의 네트워크를 조직하고, 지식을 축적시키는 것이 가능해졌다고 주장하며, 새로운 수업 제안으로서 콜라주를 도입한 사례를 보고하였다.

윌리엄스(Williams, 2002)는 콜라주를 간호교육에서 슈퍼비전에 활용하는 것이 가능하다고 보고하는 한편, 말기치료(terminal care) 환자에게도 활용이 가능하다고 보고하였다.

미술치료사 랜드가튼(Landgarten, 1994)은 콜라주가 드로잉, 페인팅, 종이접기 등 많은 미술치료 기법을 통합한 것으로 자유연상이나 통찰을 얻을 수 있으며 미술치료에 저항을 나타내는 내담자에게 특히 유효하다고 평가하였다. 또한 다문화 상담에서 콜라주의 유용성에 대해 언급하였다. 다문화 상담에 콜라주의 도입은 일본에서도 유사하게 시도되고 있다(鈴木, 1999).

독특한 연구로서 주택 건축에 있어서의 문제 해결이나 상상성을 개발하기 위한 도구로서 콜라주를 활용하는 예도 있다. 포스터(Foster, 1993)는 미국 플로리다 주에서 집을 지으려는 사람들과 전문적인 건축 설비 관련 작업자들을 참가시켜 1회에 3시간씩 10주간의 워크숍을 개최했는데, 출석자는 잡지나 신문을 재료로 하여 콜라주를 작성하고, 완성을 통하여 주택의 콘셉트나 테마에 대해 생각하게 된다. 콜라주에는 작성자, 즉 주택 건축 희망자의 콘셉트, 테마가 투영되기 때문이다. 이 시도는 심리임상과 결합되는 것이 아니지만, 주택 등의 이미지가 콜라주에 투영되어 실제의 설계 장면 등에 활용된다는 점이 흥미롭다. 주택 건축을 희망하는 사람이 업자에게 그 의사를 명확하게 전달하는 도구로서, 이미지를 구체화하는 매체로서 콜라주가 적용된 것이다.

해외의 최근 동향을 살펴보면, 당초 정신과 작업치료에 도입되었던 콜라주는 1990년 전후부터 정신과 영역에서의 연구를 별로 찾아볼 수 없었고, 그 후 주로 정상인을 대상으로 한 교육 장면에서의 활용에 머물고 있는 것을 알 수 있다. 오늘날에는 주로 직업에 대한 이해나 자기 및 타인의 이해 등의 목적으로 활용되고 있다.

한편, 일본 내의 동향을 살펴보면 정신과 병동에서 레크리에이션이나 데이케어(daycare)의 일환으로 진행되는 사회복귀 프로그램에 작업치료로서 콜라주가 활용되고 있다. 알코올 중독자(宮下, 1998), 정신분열증 환자(山本, 1996), 치매성 고령자(石崎, 2000; 佐藤, 2001) 등을 대상으로 한 콜라주의 유효성에 대한 연구가 속속 보고되고 있다. 또 최근에 미국에서 발간된 다양한 작업활동이 상세하게 기록된 *Activity*(2000)에도 콜라주가 정신과 치료에 유익한 활동의 하나로서 소개되고 있어, 향후 미국에서의 새로운 콜라주 연구가 기대되기도 한다(青木, 2005 재인용). 한국에서는 1992년 한국미술치료학회를 통하여 콜라주 기법이 소개되어 임상 현장과 워크숍 등에서 다양한 형태로 활용되고 있으나, 아직 콜라주에 대한 기초 및 임상 연구가 적극적으로 실행되지 않고 있는 실정이다.

4. 일본의 콜라주 미술치료

콜라주는 1970년경부터 벅과 프로밴처에 의해 미국 정신과 작업치료 영역에서 평가법으로 적용되어 왔다. 이후 러너와 로스는 1977년 연구에서 12명의 정신과 입원환자와 12명의 병원 직원의 콜라주 작품을 비교한 결과 임상군의 작품에서 자른 조각 수가 적고, 인물보다 동물 조각이 많으며, 전체적으로 불균형하고, 중심 주제가 없고, 손으로 찢어서 표현한 경우가 많은 등의 특징이 나타났다고 보고하였다. 1982년에는 콜라주 작업이 정신분열증 환자의 미술활동으로서 활용되기도 하였다.

콜라주 기법의 도입은 정신분석을 이론적 배경으로 받아들이고 있으나, 한편으로는 미술기법으로서 시작된 콜라주도 있었다. 카터 등(Carter et al., 1983)은 융의 성격유형이론을 근거로 하여 감각형과 직관형으로 나누어 콜라주 표현 특성을 명백하게 하였다. 애들스타인과 넬슨(Adelstein & Nelson, 1985)은 집단에서 재료를 공유하는지 분배하는지에 따라 콜라주 표현에 차이가 발생하는지를 검토하였지만 대학생 집단에서는 별다른 차이를 나타내지 않았다고 보고하였다.

요약해 보면 오늘날 미술치료 기법으로 활용되고 있는 잡지그림 콜라주 기법은 1972년 벅과 프로밴처가 미국 작업치료지에 평가기법으로 게재하면서 최초로 소개되었고, 이후 일본의 스기우라(杉浦, 1994)에 의해 치료기법으로서 연구·개발되어 활용되고 있다. 즉, 1920년경 초현실주의자들이 미술표현의 하나의 스타일로서 확립한 콜라주 기법은 이후 미국 작업치료의 재활 장면에서 활동(Buck & Provancher, 1972)이나 평가법(Lerner, 1982)으로 이용되었다. 일본에서는 1988년 전후 모리타니(森谷)와 스기우라에 의한 모래놀이치료의 임상실천과 기초연구를 거쳐, 모래놀이치료의 평면적 활용이라는 발상으로부터 콜라주 기법이 개발되었다.

이와 같이 미국에서는 심리적 원조를 위하여 콜라주 연구가 시작되었지만 일본은 다소 다른 흐름으로 현재의 콜라주 기법이 자리하고 있다.

콜라주 기법은 다양한 장면에서 도입되어 약 20년이 경과하였다. 초기의 많은 연구는 심리 임상 장면의 사례연구가 중심이 되어 실시자의 임상적인 경험이 주관적으로 논해졌던 것을 부정할 수 없다.

기초·조사 연구와 사례연구를 중심으로 연구 동향을 살펴보면, 아오키(青木, 2000a)의 연구를 근거로 형식·내용 분석에 관한 연구, 콜라주 제작 행동·과정에 관한 연구, 치료적 의의에 관한 연구, 콜라주 작품의 해석, 진단, 평가에 관한 연구 등으로 구분해 볼 수 있다.

형식·내용 분석에 관한 연구로, 스기우라(杉浦, 1992, 1993)는 콜라주의 표현 특징을 발달적 관점에서 유아부터 고령자까지를 대상으로 형식·내용 표현을 검토하였다. 스기우라(杉浦, 1994)는 콜라주 작품의 형식적 특징, 내용적 특징을 작성자의 연대별로 상세하게 제시하였다. 사례의 표현 특징을 파악하기 위하여 일반인의 특징을 아는 것이 중요하다는 점에 착안하여 일반인을 대상으로 형식 분석과 내용 분석에 관한 기초연구를 실시하여, 일반 초등학생들이 콜라주의 형식과 내용 면에서 반응 특성에 공통점과 차이점을 나타냈다고 보고하였다.

형식 분석에서는 자른 조각의 수, 도화지 밖으로 튀어나온 정도, 중복 붙임, 자르는 방법, 문자의 유무, 여백의 분량, 주된 문자, 채색, 통일감 등을 살피고, 내용 분석에서는 테마성이나 선택한 조각의 내용, 즉 자연, 풍경, 인간, 동물, 음식, 탈것, 물체, 추상적인 것 등, 내담자가 어떠한 내용의 조각을 선택하는지가 문제가 된다.

이 지표를 바탕으로 와타나베와 니시무라(渡辺, 西村, 2006)는 1~6세까지의 유아를 대상으로 콜라주 박스법을 실시하였다. 형식 분석의 측면에서는 연령이 높아짐에 따라 사진 조각을 중첩해서 붙이고 도화지 밖으로 튀어나오게 붙이는 현상이 감소되는 것을 확인할 수 있었고, 내용 분석의 측면에서는 3세 이후 주제가 있는 작품이 급증하였다. 사람 그림(사진)을 붙이는 데 있어 남자아이는 4~6세 때 남성을 많이 선택하고, 여자아이는 2~3세부터 여성을 많이 붙이는 성차(性差)의 경향이 나타났다. 음식의 출현율은 60% 정도이며, 탈것 조각을 붙이는 데에서 현저한 남녀 차이가 나타났다. 3~4세부터 일상생활에서 활동 범위가 넓어지고, 5~6세에 집단생활의 영향 등 환경이나 주위로부터 영향을 주고받고, 성차(性差)를 획득하는 등 발달과제에 관한 내용이 작품에 출현하고 있어 매우 흥미로운 결과가 나타났다.

미와 등(三輪 외, 2002)은 주간보호센터의 재택 고령자와 양로원에 입소한 고령자를 대상으로 연구를 실시한 결과, 재택 고령자 집단보다 입소 고령자 집단에서 작품에 제목을 붙이고, 그림 조각이 도화지 밖으로 튀어나오고, 작품 안에 자신을 표현하고, 자연, 풍경 조각을 선택하는 경우가 더 많이 나타났으며, 사람 조각을 붙이는 데 있어 재택 고령자 집단은 아동 그림을, 입소 고령자 집단은 아기 그림을 많이 사용한 것으로 나타났다.

2000년 이후에는 콜라주 제작 시에 어떤 감정의 변화가 일어나는지에 대한, 제작자의 정신, 감정의 변화, 성격 경향에 관련한 기초연구가 증가하였다. 이는 콜라주의 치료적 요인, 즉 심리적 퇴행, 자기 표출(기분의 해방), 내면의 의식화, 자기표현과 아름다움에 대한 만족, 언어 상담의 보조적 요소, 진단도구, 신뢰감 · 상호작용 · 의사소통 등을 통해 얻을 수 있는 자기긍정감, 자기수용의 검증을 목적으로 하는 연구와 성격 경향이나 감정에 대한 콜라주 표현과의 관련성을 검토하는 연구로 나누어 살펴볼 수 있다.

사토(佐藤, 1998a, 1999)는 일반인과 지적장애인군의 콜라주 제작 과정의 분석과 소재 관련 분석을 실시하였다. 이 연구는 VTR로 행동해석법을 이용해, 콜라주 작품의 제작 방침에 차이가 있을 것으로 예상되는 일반 성인군과 지적장애인군의 제작 행동의 비교연구를 실시하였다. 그 결과 제작 행동 과정이 4개의 행동 요소에 의한 특정한 변이 양식으로 나타났으며, 소재 선택 행동의 분석 비교로부터 두 집단군의 제작의도의 차이가 나타났다. 고시(越, 1997)는 정신분열증 환자의 표현 특징을 형식적 특징, 내용적 특징, 제작 과정의 분석에 따라 제시하였다.

고시와 구로다(越, 黑田, 1998)는 일반 성인과 정신분열증 환자의 콜라주 작품을 사토의 방법을 사용해서 검토한 결과 일반 성인은 창조적 퇴행을 즐기는 자아의 힘과 건강함을 갖추고 있는 데 반하여 정신분열증 환자는 자아의 유연성이나 탄력성이 부족한 것으로 나타났다고 보고하였다. 이러한 연구는 종래 회화 등 표현요법으로 중시되어 온 작품 그 자체의 분석 검토가 아니고, 작성 과정을 대상으로 하는 것이다. 나아가 개인 특성과 작품 내용의 경향이나 특징에 관한 연구들이 있는데, 예를 들어 주로 YG 성격검사 등의 표준화된 테스트를 사용한 콜라주 작품과 성격 분류에 관한 연구(寺西, 2000; 佐野 외, 2000; 青木, 2001c) 등을 들 수 있다.

이 밖에 치매노인을 대상으로 한 콜라주 미술치료 사례를 검토하여 치매노인의 표현 특징에 관하여 형식적, 내용적 특징을 분석한 연구(石崎, 2000, 2001)가 있고, 정신분열증 환자와 일반인의 콜라주 표현의 형식적, 내용적 특징을 비교하였을 뿐만 아니라, 신경증, 우울증, 인격장애 등 기타 정신질환자의 콜라주 표현에 따른 특성을 보고하는 연구 등이 있다(青木, 2005).

콜라주 작업의 치료적 의의의 하나인 자기 표출(기분의 해방)에 관계하는 기분 변화를 검토한 마스다와 오야마(增田, 小山, 2006)의 연구에서는 POMS(일본판 감정프로필검사)를 콜라주 제작 전후에 실시하였다. 제작 후에 '긴장-불안' '억울-침체' '분노-적의' '피로' '혼란' 등이 하강하고 '활기'가 상승한 결과는 도화지 위에 자신의 생각을 표현함으로써 기분이 발산되었기 때문이라고 결론지었다. 이는 다른 연구(近喰, 2000a; 青木, 2005) 결과와도 일치한다. 또 제작 체험을 '자기 이해' '자기해방감' '즐거움과 열중' '제작 저항감'의 네 가지 요소로 분류하여 분석한 결과, 억울, 불안, 권태, 경악 항목이 감소되고, 집중력, 친밀감이 증가되었다고 보고하였다(石口, 島谷, 2006).

제시한 주제로 콜라주를 제작하도록 하여 기분 변화를 검토한 연구도 있는데, 주제를 '자신'으로 한정했을 때는 자기에 관련되는 적극적인 인지 변화, 특히 제작자의 역할에 관한 자기 영역, 자기 가치가 훨씬 수용적이 되었다(赤塚, 2004). 스키가라(鋤柄, 2005)는 고독감을 콜라주의 주제로 설정해 고독한 감정 상태나 고독 이미지가 콜라주 작품으로 어떻게 표현되는지를 검토하였다. 고독감을 주제로 제작된 콜라주 작품의 대부분은 생명력이나 활력 없이 무겁게 가라앉은 느낌을 주었으며, 공허감을 느끼게 하는 고독감을 표출하였다. 이는 고독감의 표출을 통해서 고독감에서 해방된 것으로 검토되었다. 결과적으로 콜라주 제작은 적극적인 감정, 편안함이나 안심, 상쾌한 감각을 향상시킨 것으로 나타났다. 여기서 작품은 제작자의 심리적 공간이며, 거기에 보는 사람과 보이는 대상이라고 하는 거리가 생겨나 스스로 감정을 형태로서 받아들이게 된 것이다. 즉, 자신의 내면을 객관적으로 볼 수 있었으며 적극적인 마음에의 변화는 콜라주 작업에 의한 것이라고 설명하였다.

현재 일본에서는 다양한 영역에서 콜라주에 관한 연구가 활발하게 진행되고 있다. 1987년 스기우라가 심리치료에 콜라주를 도입한 것을 시작으로 2004년 3월 기준으로 보고된 연구논문만 152편에 달한다(高江洲, 入江, 2004). 이후에도 임상 현장에서 정신분열증 환자에 대한 콜라주 반응 특성 연구(今村, 2004), 콜라주 과정에 대한 연구, 상담 과정에서의 콜라주 활용에 관한 연구, 콜라주 표현활동을 통한 고독감의 내적 체험 변화에 관한 연구(鋤柄, 2005; 中島, 岡本, 2006) 등 많은 연구에서 콜라주 미술치료의 효과를 보고하고 있다.

다음에서는 콜라주 미술치료를 개인치료 및 집단치료에 적용한 사례연구들을 중점적으로 살펴보고자 한다. 개인치료에 초점을 맞춘 콜라주 미술치료의 선행 연구는 크게 등교 거부 및 학교부적응, 섭식장애, 우울증, 신경증, 정신분열증, 범죄 · 비행 등 연구대상별로 분류해 볼 수 있다. 콜라주 미술치료가 어떻게 활용되어, 어떠한 치료적 의의를 지니는지를 검토해 보도록 한다.

1) 개인치료에의 적용

(1) 등교 거부, 학교부적응

곤지키, 스기우라, 핫토리(近喰, 杉浦, 服部, 1993)는 소아과에서 부모와 자녀 관계를 이해하고 아동의 심리 상태를 진단하는 데 유용한 기법으로서 가족콜라주법을 개별법, 동시제작법, 협동법으로 나누어 소개하고 있다.

또한 가족콜라주가 상호작용에 불안장애가 있는 13세의 등교거부 사립여중 학생에게 효과적이었다는 사례(언어화: 상대의 콜라주를 보고, 자신의 마음을 말로 표현함으로써 상대의 내적 변화를 얻을 수 있다)와 두통이 심한 13세의 등교거부 여학생에게 효과를 보였던 사례(도입: 상대의 콜라주 내용을 보고 자신의 상태를 알아차리게 한다)를 통하여 '언어화' '도입' 에 있어 가족콜라주가 상호작용에 유효성이 있다고 보고하였다.

시모야마(下山, 1992)는 중학교 2학년 등교거부 여학생의 집에 방문하여 콜라주 박스법을 실시한 과정을 검토하였다. 그 결과, 상담 과정 중 언제 콜라주를 사용하는것이 좋은지, 콜라주 박스에서 어떤 조각을 선택하는지에 관해 보고하였다. 나아가서 시모야마는 많은 일반 중학생을 대상으로 작품을 분석한 결과, 콜라주 박스법에서 어떤 조각을 선택하는지에 관한 연구 결과를 보고하였다. 즉, 일반 중학생은 '인간' '동물' '자연' '음식' '복식' 분야를 중심으로 선택한다는 결과를 보고하였다.

콜라주 박스법을 사용한 사례연구는 많이 있지만, 어떤 '그림 조각'을 선택하여 잘랐는가에 대한 연구는 적다. 과거의 사례를 검토한 결과로부터 대상별로 특징적으로 나타나는 '자른 조각'의 종류를 분석한 것은 흥미롭다. 또한 콜라주 박스법은 잡지를 넘기는 작업조차 부담으로 느끼는 내담자에게 유익하다고 제언하였다.

사토(佐藤, 1994)는 복통으로 소아과에서 진찰을 받은 후 무기력해져, 그다음 달에는 학교 가는 것이 힘들고, 숙제가 손에 잡히지 않게 되었다고 호소하는 초등학교 4학년 여자아이의 등교 거부 사례(총 31회의 모자병행면접)를 보고하면서 동시제작법을 통한 콜라주 작업의 의의를 검토하였다. 이 내담자는 첫 회기에 모래놀이치료에서 분화된 마음의 상태를 나타내는 미발달 작품을 작성하였다. 치료자는 내담자가 가정, 사회에서 안심하지 못하고 스스로 상실감과 고립감을 갖고, 다른 사람과 관계하지 못하는 모습을 보았다. 따라서 그림을 중심으로 한 표현기법을 면접에 도입하였다.

면접에서는 여러 가지 표현기법이 함께 사용되며 장기간에 걸쳐서 콜라주가 이용되는 것은 아니다. 치료자는 치료 장면에서 내담자의 바탕에 있는 아직 이해되지 않는 자신의 내면, 즉 미성숙의 성장에 대한 지원과 대인관계 기술의 향상을 위해 노력했다고 보고하였다.

동시제작법의 효과는 "콜라주의 도입에 저항이 적으며, 회기가 진행되면서 서로 비슷한 작품이 나오는 것도 치료적 의의가 있다."(杉浦, 1993) 또 콜라주의 도입이 내담자의 자기표현을 돕고, '자아의 발달' '자기와 자아와의 관계 개선' '사회성의 발달' 에 현저한 변화를 가져왔다고 보고하였다.

또한 동시제작법에서는 내담자에게 자유롭고 보호된 공간을 부여하기 위해 치료자도 같이 작성함으로써 내담자는 치료자가 자신과 같은 입장에 있다는 안심을 하게 된다. 서로를 보고 느끼며, 받아들이고 받아들여지는 체험을 반복할 때 격리된 감정과 사고가 연결되며, 자기의 기반이 확립된다. 나아가 자유롭게 자기를 표현할 수 있게 되는 '자기표현의 과정'에서 치료의 촉진 효과가 있다고 지적한다. 콜라주는 내담자에게 알맞은 수준으로 자기 통찰을 진행시킬 수 있으므로 회피성이 높고 안전성도 인정된다고 제언하고 있다.

마키타, 다나카(牧田, 田中, 2001)는 8세의 피학대 여아에게 주 1회, 총 7회의 콜라주 미술치료를 실시하였다. 첫 회 방문에는 저항을 나타냈지만, 콜라주 박스의 포켓몬 사진 조각에 흥미를 나타내, 이 이미지를 통한 만남이 치료관계의 구축에 도움이 되었다. 하지만 작품은 완성시켰으나 감상을 기술할 수 없었다. 알에서 부화된 병아리의 콜라주를 완성시켜 탈피나 변신의 의미를 느낄 수 있도록 하였다. 이날 아동은 화난 얼굴의 여자아이와 아기의 사진을 가지고 돌아갔다. 그다음 회기에는 '~하면 죽을 거야!' 등의 캡션으로 학대를 표현하는 작품을 완성시켰으며, 4회기에는 콜라주 안에 스스로 그림을 그려 처음에는 화난 얼굴을 표현한 후에 바로 비에 젖어 웃는 얼굴로 여자아이를 표현하였다. 계속해서 어머니에게 안겨 안심하는 자신과 동일시되는, 어미 여우에게 안기는 아기 여우의 작품을 만들었다. 마지막 작품으로 '이것은 나!'라고 하는 소녀의 그림(이상적 자아상이라고도 할 수 있는 만화의 주인공)을 붙여 자기상의 형태로서 정착시켰다. 콜라주에 긍정적인 어머니상이 표현된 후, 격렬한 공격 충동, 폭발적인 분노 등의 문제행동은 소실되었고, 애매하고 과장되어 있던 자기상이 정리되었다. 이는 언어 상담을 통한 접근보다 콜라주를 통한 비언어적인 접근이 피학대아에게 유효하다는 것을 시사해 주고 있다.

이 밖에도 등교 거부 남자 중학생을 대상으로 한 콜라주 사례연구(原 외, 2002), 초등학교 3학년 등교 거부 여자아이를 대상으로 4분할 통합법과 콜라주 미술치료를 함께 실시한 사례연구 등이 있다(仲, 2006).

(2) 섭식장애

모리타니 등(森谷 외, 1990)은 사춘기 식욕부진증이 있는 중학교 1학년 여학생에게 9분할 통합회화법과 콜라주 미술치료를 병행해서 실시한 결과를 보고하였다. 여기에서는 성적 동일성 장애를 지닌 내담자가 동일화 대상이라고 할 수 있는 여성 모델을 취득하여 회복해 나가는 모습이 콜라주에 반영되었다. 특히 표현 의욕이 부족했던 초기에는 조각의 이미지가 내담자의 심리 상태를 안정시키는 데 유효하였다. 콜라주 표현 속에서 치료자가 특히 주목한 것에 대해서는 9분할 통합회화법을 사용하여 한 단계 높은 분석을 시도하였다. 여성성과 남성성은 융학파에서도 많이 사용되는 키워드지만, 이 연구에서도 융적인 해석이 시도되었다.

(3) 우울증

오카다, 고노(岡田, 河野, 1997a)는 우울증을 앓고 있는 내담자의 상황을 관찰한 다음 기법을 구조화하고 변경하여 '대(大)콜라주 박스법' 을 실시하였다. 이 방법은 콜라주 박스법을 발전시킨 것으로, 조금 큰 상자에 치료자가 잡지 등에서 미리 잘라 낸 사진 조각을 약 1,000장 정도 준비한다. 이 상자는 기본적으로 상담실에 '설치' 해 놓는다.

우울증으로 진단된 27세의 여자 회사원은 7개의 콜라주를 작성하였는데, 비교적 평범한 것이 많았다. 자기가 좋아하는 것이 주제화되는 경향에 있어, '따뜻함' '안락함' '집 안' 등 안심감을 바라고 나타내는 것이 대다수였다. 또 비상과 낙하, 위아래, 계절에 따른 감정 등에 기분 변화가 투영되었다. 일반적인 우울증 환자들은 흑백사진을 사용하고 싶어 하는 것으로 알려져 있으나 이 내담자의 경우에는 예측과 달리 흑백사진은 사용되지 않았다. 이 밖에 우울증 환자의 대다수가 얼음이 얼어 있거나 눈 내린 풍경 사진을 선택한다고 보고하고 있다.

구사카베 등(日下部 외, 1999)은 우울증 환자의 전형적인 발병 전 증상 중 하나인 멜랑콜리(melancholy, 친화형의 발병 전 성격) 혹은 이에 가까운 증상을 나타내는 환자에게 콜라주 박스법을 사용하여 콜라주 표현에 대한 병리적인 증상을 검토하였다. 특히 회복기의 콜라주 표현의 변화를 검토하여, 다음과 같은 결과를 보고하였다. ① 우울증 상태에서 회복기로 접어들며 공백이 많고 색채적으로 가라앉은 작품에서 점차 공백이 감소하고 역동적인 작품으로 변화한다. ② 조울증의 상태에서는 중첩하여 붙이기가 많고 화려하고 시점이 분산되어 정리되지 않은 작품이 나타났던 반면, 회복기에는 안정되고 조화로운 작품으로 변화한다. ③ 임상증상의 변화에 약간 선행해서 콜라주 표현에 변화를 나타낸다. 이는 그림과 마찬가지로 콜라주 표현이 환자의 정신 상태를 예민하게 반영하고 있기 때문이라고 설명하고 있다. 또 회복되기 시작한 우울 상태의 재연이나, 조증의 반복 등 증상의 변화 전에 콜라주 표현에 변화를 나타낸 여러 사례를 통하여, 콜라주 표현의 변화에 주목하는 것으로 병상의 변화를 재빨리 알아차려 치료에 활용할 수 있다고 결론짓고 있다.

오가타와 니래기(緒方, 楡木, 2008)는 51세 우울증 남성을 대상으로, 16회의 언어면접 종료 후 10회의 콜라주 미술치료를 실시한 사례연구를 소개하였다. 대상자의 전체 작품은 거의 캡션으로 제작되었다. 언어로 말할 수 없는 것이 작품으로 표현된 것은 내담자에게 있어 안전이 보장되었기 때문으로 여겨지지만, 오히려 이야기를 시키지 않고 콜라주로 기분을 표출시켜, 자기 통찰을 재촉한 것처럼 보인다. 내담자가 잘라 낸 조각들은 마음에 와닿거나 걸리는, 신경이 쓰이는 것들이었고, 문자 자극을 통해 스스로의 생각을 이해하고 정리할 수 있었다. 게다가 말로 표현할 수 없는 것을 콜라주를 통하여 표현하였는데, 이는 치료자가 내담자에게 물어 주었으면 하고 바라는 것을 캡션으로 나타내 보인 것이다. 의사소통의 도구라고도 생각할 수 있으며, 이러한 캡션이 많은 콜라주는 해석이나 심정의 이해, 그 메시지에 대해서 주의해야 할 것이다.

(4) 신경증

핫토리와 스기우라(服部, 杉浦, 1992)는 대인공포를 호소한 학생의 콜라주 미술치료를 보고하였다. 약 1년의 상담 과정에서 콜라주 작성을 실시한 경과를 3기로 나누어 검토하였다. 1기에는 옷감으로 얼굴을 가린 여성, 모자를 쓴 남성, 아래나 뒤를 향한 사람, 얼굴 표정이 어두운 사람 사진을 선택하여 붙였으며 작품 전체의 이미지가 어두웠다. 2기에는 얼굴의 덮개나 가면, 선글라스를 쓴 사람으로 바뀌고 유머러스한 인상의 사진도 증가하였다. 3기에는 밝은 표정의 사람이 등장하였으며, 마지막 작품에서는 정면을 향한 남성을 붙였다. 핫토리는 내담자가 잘라 붙인 '마스크' 사진 조각에서 내담자의 대인관계에 대한 방어적 자세를 파악할 수 있었다고 보고하고 있다. '마스크' 사진은 회기를 거듭할 때마다 작품에서 사라졌고 이와 함께 현실 생활에서도 인간관계가 확대되고 자유로워지는 모습을 볼 수 있었다. 또 이 사례에서는 동시제작법을 사용하였는데, 치료자의 작품에는 항아리나 컵, 상자 등 모성성이 표현되는 일이 많았다. 이에 대하여 연구자는 치료자가 내담자에게 모성을 주고 있었던 것으로 정리하고 있다. 핫토리는 콜라주 미술치료를 중심으로 한 이 사례에서 대인공포증의 특징적인 표현이 두드러진다고 하였다. 즉, 얼굴을 전부 하얗게 칠하고 있는 인물, 목이 없는 인물, 인물의 뒷모습 등이 자주 등장하고 사진 조각을 중첩하여 붙임으로써 여성을 숨긴 점 등을 지적하였다.

모리타니(森谷, 1988)는 우울신경증이 있는 33세 남성 내담자를 대상으로 꿈분석, 콜라주, 모래놀이치료, 9분할 통합회화법 등을 사용하고, 회복할 때까지 17회 면접의 치료 과정을 보고하였다(青木, 2005 재인용). 내담자가 우울 상태가 된 계기는 자기가 정말로 원하는 세계와는 다른 인생을 살고 있다는 데 의문을 가지기 시작했기 때문이었다. 인생의 의미나 가치를 상실하면 사람은 우울 상태가 될 수 있다. 이러한 관점으로부터 치료자는 내담자가 정말로 자신이 원하는 인생을 향하여 나아갈 수 있도록 지원하고자 하였다. 면접 때마다 회복의 조짐이 보였으며, 중도에 우울 상태가 악화되는 회기도 있었지만 치료자는 내담자가 인생의 전환기를 앞둔 일시적인 행동이라고 판단하고 내담자의 아내와 면담하여 회복의 계기를 마련하였다. 특히 치료자는 내담자가 인생의 전환에 대한 일대 결심을 '번개' 라는 주제의 작품으로 표현한 것이 인상적이었다고 말하였다. 또 이 사례로부터 콜라주는 지상적 세계를 잘 표현할 수 있을 뿐 아니라, 특히 천상적 세계(번개, 햇빛, 하늘, 비행기)나 추상적 세계를 표현하는 데 뛰어남을 지적하고 있다.

사사키(佐佐木, 1995)는 동아리 활동의 불안, 초조함, 짜증을 호소하는 대학교 3학년의 여대생을 대상으로 총 13회기의 상담사례를 보고하였다. 첫 회기부터 6회기까지는 언어면접을 실시하고, 그 후 7회기에서 13회기까지는 콜라주를 도입하였다.

사사키는 콜라주 매체를 통하여 창작을 즐기면서 은유를 통해 간접적, 비유적인 형태로 자신의 문제를 표현한다는 관점에서 콜라주를 시도하였다. 예술치료의 문제점으로서 내담자의 해석이 어디까지 그 내담자에게 타당한 것인가 판단하기 어려운 점이 있다. 작품에 내담자의 문제가 표현되는지 아닌지를 정확히 파악하기 어렵기 때문에 내담자에게 작품의 내용을 이야기하도록 하는 것이 중요하다. 이 사례에서는 작품을 완성한 후 내담자가 작품에 대해 설명하는 형태로 인지의 공유화를 도모하였다. 동시에 콜라주 작성이 내담자 자신에게 문제의 언어화, 즉 자기 이해의 과정이 됨을 지적하였다. 이 사례는 콜라주가 표면상의 의식적 지향성이 전면에 나오거나 내담자가 알아차리기 쉬워 성인 내담자에게 적절하다는 것을 시사하고 있다.

(5) 정신분열증

카미벳부(上別府, 1999)는 종래에는 전혀 검토되지 않았던 정신분열증 환자의 콜라주 작업에 있어서 종이 바깥으로 벗어나게 붙이는 위험성에 착안하여 정신분열증 환자의 '붙이는 과정'에 관한 재검토를 실시하였다. 스기우라(杉浦, 1994)는 정신분열증 환자의 콜라주 작업 과정을 분석한 결과, 내용이 빈약한 작품이 많았다고 보고하였다. 또 이리에 등(入江 외, 1992)은 정신병 환자의 콜라주 작품에서 겹쳐 붙이기가 적다는 사실을 보고하였는데, 이는 겹쳐 붙이기가 의식의 중층성(重層性)과 관계가 있기 때문에, 정신병 환자는 의식의 층이 희박하다는 점을 시사하고 있는 것이다. 다만 이것은 정신분열증이라고 해도 다양한 환자가 포함되며, 병형이나 발병 후의 경과 기간 등에 따른 견해의 차이일 것이라고 하였다. 다만 도화지에서 벗어나 있는 콜라주에 관해서는 도화지에 테두리를 쳐주거나 가능한 한 도화지에서 벗어나지 않도록 격려하고 지지하며 촉구하는 것이 치료적이라고 하였다.

후지타(藤田, 1997)는 가족이 없는 72세의 만성분열증 남성 환자에 대하여 59회의 면접을 실시하고, 콜라주 내용의 변화를 4기로 나누어 보고하였다. 내담자의 콜라주를 계열적으로 살펴본 결과, 혼돈된 상태인 초기에서 점차 분화하여 자아의 남성상이 나타나고, 여행을 하고, 결혼을 하고, 가정을 가지고, 고향에서 산다는 방향으로 정리해 나가는 모습을 확인할 수 있었다. 내담자가 망상 속에서 자신이 '일본의 남자신'이라고 말하였으나, 콜라주 작품을 통해서 상징으로 자신이 가족이 없다는 것을 표현하였다. 그리하여 내담자의 망상의 의미를 알 수 있었다. 병적 세계에 있는 정신분열증 환자와의 쉽지 않은 상담 과정에서 앞을 내다볼 수 없는 치료자를 몇 번이나 도와 준 것이 콜라주였다고 한다. 또한 다케노(武野, 1994)의 "개인적인 신화(망상)와 현실과의 결합 없이는 건전한 성장이 있을 수 없다."라는 의견을 인용하고, 확실히 분열증 환자의 치료 과정은 원형(元型)적인 것을 현실적인 것에 묶어 두는 것이 중요하다고 하였다. 이 견해는 콜라주를 융에 근거하여 이해하고 있다.

이마무라(今村, 2004)는 정신분열증 환자의 콜라주 작품에 대한 특징을 검토하였다. 평정 내용이나 평가의 신뢰성에 대해 충분한 검토가 이루어지지 않은 채 평정되고 있는 것을 염려하여, '안정성' '표출성' '창조성'의 세 가지 척도에 근거하여 콜라주의 CISS(인상판정척도)를 작성하였다. 일반 성인군과 환자군과의 인상평가치를 비교한 결과, 환자군은 평정치가 낮을 뿐만 아니라, 안정이 없고 통합되지 않으며, 소극적인 인상을 주는 작품이 많은 것으로 나타났다. 게다가 창조성이 두 집단의 콜라주 작품에 본질적인 차이를 나타내고 있다고 지적하였다. 이러한 연구로부터 콜라주 작품을 통하여 정신분열증 환자의 공간 인지나 표현, 대인관계에 대한 병리적인 상태의 특징을 알 수 있다는 점이 시사되고 있다.

가와바타 등(川端 외, 2000)은 3년 이상의 입원 경력이 있는 정신분열증 환자를 대상으로 집단정신치료에 집단콜라주를 실시하여, 그 효과를 SANS(음성증상척도)를 통해 통제군과 비교 · 검토하였다. 여기에서는 대인관계 기술 훈련을 목표로 잡지그림 콜라주법, 콜라주 박스법을 병용하였으며, 평균 8명의 참가자를 대상으로 주 1회, 총 45회 진행하였다. 제작 과정의 관찰이나 작품의 솜씨 등에 대한 설명은 없었다. 대인관계 기술 훈련이라는 시점에서 참가자 사이에 언어 교류를 재촉하는 목적으로 가위나 풀을 참가자의 수보다 의도적으로 적게 준비하는 등의 방법도 도입되었다. 결과적으로 감정의 변화, 의욕 결여, 즐거움 상실, 비사교성 등의 측면에서 개선된 양상을 보였으며, 집단콜라주가 SST(생활

기능 훈련)로 습득된 대인 기능을 정착시켜, 일상생활에 반영하는 데 도움이 되었다고 보고하였다. 콜라주 제작에 참가하며 대인관계를 통해 생기는 타인과의 교류를 원활히 할 수 있었던 즐거운 감정은 역할극(role playing) 등의 연습 장면보다 크게 의욕이나 감정의 활성화에 기여하기 쉽다고 하였다. 또 "마음에 드는 사진을 선택하세요." "붙이세요." 등의 간결하고 구체적인 과제가 단계적으로 주어지기 때문에, 제작 과정에서 뒤처져 혼란되는 것이 없고, 제작에 대한 의욕이나 동기 부여에 도움을 주었다. 다른 참가자와 함께 작품을 제작하는 데 있어서 행동모델이 있어 고립감과 실패감을 막는다고도 기술하고 있다.

그 외에도 콜라주 미술치료를 음악치료와 병용한 정신분열증 환자에 대한 사례연구(山本 외, 2007) 등이 있고, 오카다(岡田, 2001)의 연구에서는 정신분열증 환자의 표현 경향이나 콜라주 활동의 시행방법에 관해 상세히 기술하고 있다.

(6) 범죄, 비행

후지카케(藤掛, 1996)는 정신장애자인 어머니밖에 의지할 사람이 없고, 시설이나 직장에 적응하지 못하고 방랑 생활을 하면서 빈집털이를 반복하는 문제를 안고 있는 19세 소년이 소년원에서 작성한 콜라주의 사례를 검토하였다. 소년에게 원하는 그림이나 사진을 선택하여 자르고 싶은 부분에 펜으로 선을 그리게 하여, 면접관이 가위로 자르는 방법으로 콜라주를 실시하였다. 콜라주에는 소년원에서 나오더라도 천애 고아나 마찬가지이며 대인관계에도 문제를 안고 있는 소년의 꿈이나 환상 등 비현실적인 것이 표현되었다. 그러나 네 번째 작품에는 화면의 여백 처리가 안정되고, 내용도 현실적으로 표현되었다. 다섯 번째 작품에서는 치료자가 콜라주에 주제를 부여하여, 현실과 환상이 타협할 수 있는 지점을 모색할 수 있도록 하였다. 마지막 회기에서는 '1년 후의 나의 생활'이라는 콜라주를 작성하고 소년원에서 출소하게 되었다. 콜라주 도입 후에는 별다른 문제나 폭력사건을 일으키지 않고 행사에도 참가하는 등 적극성을 보였다.

이치이(市井, 1999)는 상해, 기물 파손, 공갈 등의 비행으로 소년원에 입소한 소녀에 대한 사례연구를 보고하였다. 소녀의 콜라주에는 어머니에게 충분히 응석 부리고 싶고, 무조건 자신을 받아들였으면 좋겠다는 메시지가 나타나고 있었다. 이러한 표현을 근거로 소녀를 소년원에서 어떻게 지도하면 좋을지 지도계획을 세웠다. 특히 개별지도에서는 그녀의 응석을 충분히 받아 주고 편안하게 해주어 사람을 신뢰할 수 있도록 하였는데, 기숙사의 지도 담당자와 개별지도의 담당자가 역할을 분담하여 대처하였다. 반 년 후 소녀는 어리광을 부리는 자신의 모습을 표현한 콜라주를 작성하였다. 교정시설에서의 콜라주 도입은 ① 검사하는 경우와 달리 강요당한다는 의식이 적고, ② 개별, 집단의 어느 쪽이라도 실시 가능하고, 계속적인 실시로 깊은 자기 통찰을 기대할 수 있다. 집단에서는 여러 가지 실시방법을 고안할 수 있고, 레크리에이션 활동의 일환으로서 사용할 수도 있다. ③ 정서불안정, 긴장감, 경계심이 강한 대상자에게도 적절한 실시방법을 고안하면서 도입이 가능하다. 특히 교정시설에서는 콜라주가 심리 사정, 처우기법으로 많이 사용되고 있는 것을 알 수 있다.

후지카케(藤掛, 2007)는 소년감별소에서 한정된 시간에서의 평가를 목적으로 '지금의 기분' '비행(非行)' 등을 주제로 하는 엽서콜라주나 치료를 목표로 한 연작의 사례를 소개하였다. 이는 의도적인 이미지 표현의 기회를 마련하는 것으로, 과묵한 내담자의 표현이나 설명을 촉진한다고 설명하였다. 연구자는 각성제 사용으로 소년원에 입소한 18세 여성에게 엽서콜라주를 실시하여 교육 성과를 평가하였다. 즉, 엽서콜라주를 통하여 교정교육 종료 후 사회 복귀 준비 상황을 파악하고자 하였다. 내담자에게는 '지금의 나의 기분' '지금까지의 나' '소년원을 되돌아보며' '앞으로의 나' 등의 과제가 주어졌고, 작품마다 구체적인 제목을 붙였다. 마지막의 자유 과제에서는 '내가 하고 싶은 것과 좋아하는 일'이라는 제목으로 총 5개의 작품을 제작하였다. 아버지를 잃고, 어머니와의 언쟁으로부터 가출, 원조교제를 반복한 내담자는 과거의 문제행동을 자신의 말로 이야기하며 되돌아봄으로써 자기 통찰을 하게 되었고 가족들에 대해서도 이야기할 수 있게 되었다. 이 밖에 후지카케(藤掛, 2005)는 형무소에서 실시한, 콜라주 박스법을 활용한 집단콜라주법 사례를 소개하기도 하였는데, 여기에서는 엽서콜라주를 면접 시간 내에 연속하여 제작하는 방법도 제시되어 있다.

2) 집단에의 적용

오기노(荻野, 1999)는 고등학교 한 학급에서 콜라주 체험수업(집단개별법)을 실시하고 다른 두 학급에서는 일반적인 수업을 실시하여 그 차이를 비교하였다. 콜라주 작성 전후에 실시한 자기긍정도 기록부, 일본판 STAI(State Trait Anxiety Inventory, 상태-특성 불안 척도)에서 콜라주 수업을 받은 학생은 받지 않은 학생보다 자기긍정도가 유의하게 높아졌으며, 상태불안점수가 유의하게 낮아졌다고 보고하였다. 개개인의 콜라주 작품과 검사의 점수를 보면, 각자가 작품 작성 과정에서 충분히 생각하고 망설인 후에 독자적인 표현을 선택해 나가는 모습을 확인할 수 있다. 그 개성적인 선택이 자기 자신을 표현하는 체험이 되어 자기긍정도의 득점에 영향을 주었고, 평소보다 집중하여 작업에 몰두한 후의 해방감과 달성감이 상태불안점수를 감소시킨 것으로 보고하고 있다.

스기우라(杉浦, 1997)와 스기우라 등(杉浦 외, 1996, 1997)에서는 콜라주 작성이 심리치료를 목적으로 할 뿐만 아니라, 자기 계발에도 큰 영향을 주는 데에 주목하고, POMS(Profile of Mood States, 기분상태검사), 나무그림검사(Tree Test), 앙케트를 사용하여, 19명의 피험자를 다섯 집단으로 나누어 '노인' 이라는 주제로 실시한 집단콜라주 작성(집단집단법)의 효과를 보고하였다. 집단에서 콜라주를 작성하고 서로 이야기를 나눈 다음 실시 전과 비교해 '긴장-불안' '억울-침체' '분노-적의' '피로' '혼란' 이 낮아지고 '활기' 가 상승한 것으로 나타났다.

이 결과는 집단콜라주가 심신의 스트레스 해소, 정신 위생(mental hygiene)에 좋은 영향을 준다는 것을 시사한다. 실제 콜라주 작성에서는 '노인' 이라는 주제를 표현하기 위해 먼저 이미지를 조각으로 구현화하는 것부터 시작(이미지의 방출)하였고, 다음에 각각의 이미지를 보고 서로 이야기를 나누어 봄으로써 공유가 깊어졌다. 다른 사람과의 이미지 공유, 최종적으로 다른 사람의 이미지를 자기에게 도입하는 것으로 자아의 변용, 충실, 확대에 도달하며, 나아가 이것이 자기 계발로 연결되는 것이다.

아오키(青木, 2000c, 2001d)는 스기우라 등(杉浦 외, 1996, 1997)의 연구를 근거로 집단콜라주의 제작기법, '집단집단법' '집단개별법'이 작성자에게 어떠한 '기분 변용'을 가져오는지 POMS를 사용해 검토하였다. 스기우라 등(杉浦 외, 1996, 1997)의 연구방법을 답습하여 POMS를 실시한 후 '대학생'이라는 주제로 콜라주를 작성하고 집단원 간에 이야기를 나누었다. 재차 POMS를 실시하고 마지막에 설문지를 작성하였다. 그 결과 집단집단법에서는 '긴장-불안' '우울-침체' '분노-적의' '혼란' 영역에 유의차가 있었으며 '활기' '피로'에는 유의차가 없었다. 한편 집단개별법에서는 '긴장-불안' '우울-침체' '분노-적의' '혼란' '피로' 영역에서 유의차가 있었지만 '활기' 영역에는 유의차가 없었다. 결국 두 제작기법 간에는 유의차가 없었으며, 유사한 효과를 가지는 것으로 나타났다.

나아가 집단집단법은 '긴장-불안' 저하에 현저한 변화를 기대할 수 없었을 뿐만 아니라, '피로' 영역에서도 변화가 없는 것으로 나타나 공동의 콜라주 작성이 집단원 간의 갈등이나 스트레스를 일으키게 된다고 추측하였다. 또 개인상담 등의 도입 형태와 유사한 집단개별법은 자기 자신을 되돌아보는 작업을 하여 '피로' 감소에 도움을 주었는데, 작업 형태에 있어서 집단집단법보다 집단개별법이 효과적이었다고 결론지었다. 그렇지만 콜라주 그 자체가 적극적인 기분 변용을 가져오는지, 아니면 서로 이야기를 나눈 것에 의한 효과인지 의문이 남았다.

이 밖에 아오키(青木, 2001e)는 집단개별법 콜라주를 사용하는 경우 콜라주 작성과 작성 후 이야기를 나눈 것 중 어느 쪽이 치료적 의의가 있었는지 검토를 실시하여 그 결과를 보고하였다. 그는 콜라주 자체가 기분 변용의 효과를 가져오고, 이후 이야기를 공유하는 것이 변용을 이룬 기분의 정착에 도움이 되고 있는 것으로 보인다고 언급하였다. 이를 통해 콜라주 작성을 집단에서 실시하는 것의 유용성을 분명히 하였다.

사토(佐藤, 2003)는 간호교육에서 대인관계에 관한 효과적인 학습을 위하여 대학의 수업에 콜라주를 도입하고 있다. 이를 통하여 학생들은 자기 이해, 타인 이해, 상호 이해를 촉진하였다고 밝혔다.

최근에는 학교교육 장면, 특히 복지와 간호, 장기 요양 등의 분야에서 콜라주의 활용이 매우 활발하다. 그 밖에 콜라주를 간호교육(白石, 則包, 2001; 佐藤, 2005, 2006)에 활용하거나 의사소통 향상을 목적으로 한 연구(金田 외, 2003; 谷口, 原野, 2004) 등도 있다. 또 다이와 등(大和 외, 2001)은 교육상담에서의 콜라주 도입의 가능성과 한계를 검토하면서 학교상담에서 교직원이나 보호자를 대상으로 한 자기 이해, 타인 이해에 관한 연수에 콜라주를 도입하고 있다.

5. 한국의 콜라주 미술치료

앞서 밝혔듯이 콜라주 미술치료는 일본의 스기우라 교수에 의해 개발된 이후 연구가 활발하게 진행되고 있다. 콜라주의 형식 분석과 내용 분석을 바탕으로 한 기초연구와 다양한 콜라주 사례연구에 관한 서적들이 소개되고 있으며, 2004년 3월 기준 사례연구와 기초연구를 포함한 콜라주 미술치료에 관한 책과 논문은 152편에 달하고 있다. 이러한 일본의 콜라주 미술치료 연구에 비교하면 국내의 연구는 턱없이 부족한 실정이다.

한국에 콜라주 미술치료가 처음으로 소개된 것은 1992년 한국미술치료학회 창립 특강에서였다. 일본 나고야 대학 가토(加藤) 교수가 '콜라주에 의한 미술치료' 라는 주제로 성인 사례를 통하여 잡지 사진을 이용한 콜라주 기법을 소개하였다. 이후 1993년 한국미술치료학회 초대 회장이었던 김동연 교수가 한국미술치료학회 제1회 연수회에서 '콜라주에 의한 심리치료' 라는 주제로 연수를 시작한 것을 필두로 콜라주 미술치료가 알려지기 시작하였다. 1994년에는 콜라주를 통한 가족상담 사례가 연수회에 소개되면서 콜라주 미술치료에 치료자들의 관심이 쏠리게 되었다.

그리하여 1997년에 한국미술치료학회에서 일본의 콜라주 미술치료 개발자인 스기우라 교수를 초빙하여 '콜라주 치료 이론과 실제' 라는 주제로 워크숍을 개최하였다. 그는 회화적인 기법과 구별하여 잡지그림 콜라주의 실습과 함께 반응 특성에 관한 연구 및 효과적인 사례연구를 소개하여, 치료자들에게 콜라주가 심리 진단 및 치료적 기법이라는 인식을 갖게 하는 계기가 되었다. 즉, 콜라주 기법을 개인치료에 도입하여 내담자의 불안이나 문제점을 이해하고 치료 효과를 증진시킬 수 있다는 인식을 갖게 하였다.

이후 오늘날까지 콜라주 기법은 미술치료 기법의 하나로 한국미술치료학회 연수회에서 미술치료사들에게 소개되어 활용되어 왔으며 사례연구들이 보고되고 있다. 그러나 치료 과정 중에 부분적으로 활용되는 정도이며, 2008년에 접어들어 순수하게 잡지그림 콜라주 기법만으로 치료의 효과를 도출한 연구들이 보고되고 있다.

다음으로 한국의 콜라주에 관련된 연구 동향을 살펴보고자 한다.

2007년 2월 국회도서관 자료를 기초로 한 국내 콜라주 관련 연구는 총 103편으로, 박사논문은 없고 103편 모두 석사논문이었다.

논문 주제에 따라 미술의 회화 장르와 관련되어 현대 회화에서의 콜라주 관련 논문 38편, 콜라주 기법 관련 본인의 작품을 분석한 논문 12편, 그 외 건축 및 디자인 분야에서 콜라주 기법을 적용한 논문이 28편이었다. 또한 최근에는 미술교육 및 미술치료에서 콜라주 기법을 활용한 연구들이 진행되어 미술교육 관련 논문이 10편, 미술치료 관련 논문이 15편으로 조사되었다. 이를 좀 더 상세히 살펴보면 다음과 같다.

미술에서 순수 회화 장르와 관련된 논문은 38편으로, 주로 콜라주가 미술사에 등장하기 시작한 19세기부터 현대에 이르기까지 입체주의(1907~1914년)와 파피에 콜레, 미래주의(20세기 초)와 콜라주, 다다이즘(1915~1922년)과 콜라주, 초현실주의(1920년대 이후)와 프로타주, 팝아트(1960년대 이후)와 오브제와 같은 콜라주 기법의 변천사적 흐름을 개관하고, 현대 회화에서 콜라주 기법이 갖는 조형성에 관해 연구한 논문이 대부분이다. 논문 주제를 살펴보면 「현대 미술에 있어서 콜라주의 조형성에 관한 연구」(이진아, 2001), 「현대 미술에 있어서 콜라주 변모에 관한 연구」(정남영, 1990), 「현대 회화와 콜라주의 상관성에 관한 연구」(최명현, 1986), 「Collage에 관한 연구: Cubism에서 Pop-Art까지」(안은지, 1997) 등이 있다. 또한 콜라주 기법의 조형적 특성에 관한 연구로 공간성에 대한 연구가 가장 많이 나타났다. 관련 논문 주제로는 「콜라주 기법을 이용한 화면 구성」(박윤영, 1995), 「콜라주(Collage)에 의한 심층적 회화 공간에 관한 연구」(박경주, 1995), 「데이비드 호크니(David Hockney)의 시공간 표현에 관한 연구」(엄지훈, 2001) 등이 있다.

미술 회화적 측면에서 본인의 작품을 분석한 논문은 12편으로, 콜라주의 조형적 특성 중 형태, 색채, 재료 및 기법 등과 관련하여 자신의 작품을 표현하고, 그 작품을 무의식적, 자아의 주관적 표현임을 설명 · 해석하는 논문이 대부분이었다. 형태와 관련해서는 「원의 형상화를 통한 종이의 Collage 기법 연구」(권영숙, 1990), 색채와 관련해서는 「색채 Collage에 의한 조형공간 연구」(안명옥, 1990), 재료 및 기법과 관련해서는 「탁본 Collage의 해체적 방식을 통한 회화적 표현 연구」(김명진, 2001), 「분해와 재결합을 통한 Collage 기법에 관한 연구」(문석주, 2005) 등이 있었다. 형태, 색채, 재료 및 기법과 관련한 논문은 골고루 두세 편씩 발견되었다.

이 외에도 건축 및 디자인 분야에서 콜라주 기법과 관련한 논문이 28편으로 많이 연구되었다. 건축에서 콜라주 기법을 적용한 논문은 8편 정도이며, 연구 주제를 살펴보면 「환경디자인에서의 콜라주 표현 적용에 관한 모형사례연구」(최원희, 2003), 「콜라주 기법을 이용한 복합빌딩 계획: 데칼코마니 기법을 중심으로」(공희종, 2002), 「건축공간 구성방법으로서 콜라주(Collage) 기법의 적용에 관한 연구」(김정희, 2001) 등이 있다. 디자인 분야에서는 의상디자인에 콜라주 기법을 적용한 논문이 10편 정도로 가장 많았고, 그 외에 상품디자인에 콜라주 기법을 적용한 논문 등이 발견되었다. 연구의 주제로는 「POP ART 경향과 패션일러스트레이션의 표현기법에 관한 연구」(문혜경, 1997), 「콜라주(Collage)를 응용한 패션 일러스트레이션」(노윤선, 1995), 「콜라주를 이용한 문화상품 개발에 관한 연구: 작품 제작을 중심으로」(황복희, 2003) 등이 있었다.

앞서 밝힌 바와 같이 최근에는 콜라주 기법을 미술교육 및 미술치료 분야에 적용하는 연구가 확대되고 있다. 일반 아동 및 청소년의 미술교육 및 창의성 발달을 위해 콜라주 기법을 적용한 논문이 10편, 장애아동 및 청소년을 대상으로 미술교육뿐 아니라 문제 특성을 감소시킬 수 있는 미술치료의 방법으로 콜라주 기법을 적용한 논문이 15편 정도 있었다.

미술교육 관련 논문 10편 중 아동을 대상으로 한 논문이 6편으로 가장 많았고, 중학생을 대상으로 한 논문이 2편, 고등학생을 대상으로 한 논문이 2편 연구되었다. 10편의 논문 대부분이 미술교육에서 콜라주 기법을 적용함으로써 대상 아동 및 청소년의 창의성을 중심으로 한 표현력을 높일 수 있다는 주제를 드러내고 있었다. 구체적 논문 주제를 살펴보면 「초등학교 고학년 미술지도에 있어서 정체성 극복에 관한 연구」(이은주, 1997), 「콜라주의 기법과 표현성을 이용한 아동미술 지도방안 연구」(김혜련, 2005), 「콜라주(collage) 기법을 통한 중학생 창의력 신장 방안」(차경대, 1995), 「창의적 사고를 돕는 교수-학습전략이 예술고등학교 감각교육에 미치는 영향」(박성미, 2000) 등이 있었다.

미술치료 관련 논문들을 살펴보면, 정신지체 아동 및 청소년 관련 논문이 4편, 정신지체 아동 어머니의 스트레스 관련 논문이 1편으로 정신지체와 관련된 논문이 많았다. 또한 자폐성 아동 관련 논문이 3편, ADHD 아동 관련 논문이 2편, 뇌성마비 아동 관련 논문이 2편, 기타 아동 관련 논문이 3편으로 나타났다.

이 논문들은 대부분 연구대상의 문제 특성을 감소시키거나 발달을 촉진시키는 주제를 지니며, 구체적으로 살펴보면, 「미술치료에서 콜라주가 정신지체아동에게 미치는 영향: 11~13세 아동을 중심으로」(주성미, 2006), 「'콜라주' 협동학습을 통한 정신지체아의 표현력 신장」(박인숙, 2004), 「콜라주에 의한 미술치료가 정신지체 아동 어머니의 양육스트레스에 미치는 효과」(윤현주, 2002), 「콜라주가 자폐성 아동의 어머니, 형제, 또래와의 관계에 미치는 효과」(최미숙, 2002) 등이 있었다.

이 밖에 「콜라주 기법이 ADHD 아동의 주의집중과 충동성에 미치는 효과」(박상근, 2003), 「콜라주 활동이 뇌성마비 아동의 상지기능과 행동 변화에 미치는 영향」(백재영, 2002), 「콜라주 집단미술치료가 저소득층 아동의 자아개념과 문제행동에 미치는 효과」(강경래, 2005) 등이 있다. 이상과 같이 콜라주 기법이 성인뿐만 아니라 아동의 문제행동을 감소시키는 데 유효한 것으로 보고되고 있으나, 대부분 아동의 문제 특성을 감소시키거나 발달을 촉진시키는 임상사례 연구논문이었다(이근매, 2009). 그러나 이상의 연구논문 모두 미술기법의 콜라주를 주로 사용하면서 잡지 사진을 활용한 콜라주 기법을 부분적으로 활용한 임상사례연구다. 내용도 콜라주 활동 위주이고, 잡지 사진을 활용한 콜라주 기법도 하나의 활동으로 회기 중 일부분 활용된 정도이며, 콜라주 미술치료의 효과를 제시한 연구는 거의 전무하다고 해도 과언이 아니다.

2007년에 접어들어 이근매(2007)는 잡지그림 콜라주 기법의 유효성을 소개하고, 미술기법으로서의 콜라주와 혼동되는 점을 들어 스기우라가 개발한 콜라주 기법을 콜라주 미술치료로 구별하여 보고하고 있다. 이후 성인을 대상으로 한 임상사례연구(공정이 외, 2008; 유옥현, 2008)와 회상법을 주제로 치매노인을 대상으로 콜라주 박스법을 실시하여 콜라주 미술치료에 관한 효과를 검증한 연구(정진숙, 2009)가 보고되고 있어, 앞으로 다양한 대상을 중심으로 콜라주 미술치료의 효과를 검증한 임상사례연구가 보고될 것으로 예측된다.

홍순이(2008)는 초등학생 고학년을 대상으로 아동의 성격 유형에 따른 콜라주 반응 특성의 상관연구를 통하여 아동의 기질적 성격 유형에 따라 콜라주의 형식과 내용이 달리 표현된다고 지적하였다. 이는 일반 아동의 발달단계에서 나타나는 특성인데도 불구하고 자칫 문제가 있는 것으로 잘못 평가될 오류가 크다는 점을 시사하고 있다.

이근매(2009)는 일반 아동의 보편적인 콜라주 표현 특성 양식을 안다면, 그 양식에서 벗어난 작품으로 자신의 심리 상태를 표현한 아동을 주의 깊게 살펴봄으로써 아동의 부적응 행동을 예방하는 데 도움을 줄 수 있을 것이라는 관점에 착안하여 연구 결과를 보고하였다. 일반 초등학생 1~6학년 총 587명을 대상으로 콜라주 기법을 실시하여 공간 구성, 사진 사용 방식, 조화성의 세 영역에서 설정된 12개의 형식 분석의 각 항목을 체크하고 학년별 표현 특성을 제시한 결과 다음과 같은 결론을 보고하였다.

첫째, 콜라주의 공간 구성에 있어서 대부분의 초등학생은 학년 간의 큰 차이 없이 7개 이상의 사진 조각을 선호하여 붙이고 여백을 두고 도화지의 뒷면을 사용하지 않고 작품을 구성하는 것으로 나타났다. 그리고 초등학생의 1/3 이상이 사진 조각을 도화지 밖으로 벗어나게 붙이고 사진 조각을 겹쳐서 붙이는 것으로 나타났다. 다른 학년에 비해 1학년의 경우 많은 조각을 붙이는 것을 선호하고 종이 밖으로 벗어나는 비율이 높은 것으로 나타났다. 특히 1, 2학년보다 3, 4, 5, 6학년이 사진 조각을 겹쳐서 붙이는 비율이 비교적 높게 나타났다.

둘째, 사진의 사용 방식에 있어서는 학년별 차이 없이 대부분의 초등학생은 부정형이나 복합 형태로 사진 조각을 자르는 것을 선호하는 것으로 나타났다. 특히 사진 조합은 1, 2학년에는 거의 나타나지 않는 데 반하여 3학년부터 현저하게 증가하였다. 또한 아동은 친숙한 문자나 사진을 선호하며 고학년으로 올라갈수록 의미 있는 문자를 통하여 자신을 드러냈다. 또한 대부분의 초등학생이 흑백사진보다는 컬러사진을 선호하고, 많은 수의 학생이 3~6색의 색채를 사용하는 것으로 나타나 색채를 사용하는 것이 일반 아동의 경향성으로 사료된다.

셋째, 작품의 조화성에 있어서 초등학생의 절반 이상이 고루 분포된 공간 배치를 사용하는 것으로 나타났으며, 2/3 이상 학생의 작품이 균형 잡혀 있고 종이를 가로로 사용하는 것으로 나타났다.

이 연구는 초등학생에게 콜라주를 실시하여 형식적인 면에서 그 표현 특성을 알아보고자 하였다. 그러나 연구의 방대함과 분석의 어려움으로 인하여 대상을 초등학생으로 한정하였으며, 내용 분석을 배제하고 형식 분석만으로 결과를 도출하여 향후 내용 분석에 따른 반응 특성 연구에 대한 기대도 시사하고 있다. 한국에서 처음으로 시도한 연구로서 후속연구를 위한 기초자료를 제공했다는 점에서 연구의 의의를 찾을 수 있다. 현재 한국에서는 성인보다 아동에게 콜라주 기법의 활용도가 높다는 점에 착안하여, 초등학생을 대상으로 콜라주 표현의 형식 특성을 분석하는 것은 콜라주 기법의 기초연구를 제공하는 데 의미가 있는 것으로 사료된다.

일반적인 표현 특성이 아닌 작품을 구성한 아동을 주의 깊게 관찰할 수 있는 기회를 가짐으로써 학교부적응 아동을 예방 또는 선별할 수 있는 도구로 활용할 수 있는 가능성을 시사해 주고 있다.

이와 같은 연구에도 불구하고, 많은 임상연구와 기초연구를 통하여 이미 콜라주 미술치료의 효과성이 검증된 일본과 비교하면 국내의 연구는 턱없이 부족한 실정으로 앞으로 연구의 필요성이 더욱 강조된다. 콜라주 관련 국내 논문 동향을 살펴봄으로써 향후 콜라주 연구의 대상과 주제 등에 대한 방향을 가늠해 볼 수 있으리라고 본다.

제3장

콜라주 제작기법과 실시방법

제3장

콜라주의 제작기법과 실시방법

실시자에 따라 다양하게 수행될 수 있는 콜라주 미술치료는 목적이나 대상에 부합하는 다양한 콜라주 제작기법이 제안되고 있다. 개별치료 사례를 개관해 보면 콜라주와 모래놀이치료, 9분할법, HTP 등 다른 심리진단 기법을 병용하는 사례도 많다. 이 장에서는 콜라주 제작기법과 구체적인 실시방법을 제시한다.

1. 콜라주의 제작기법

1) 개별법

개별법은 내담자가 혼자서 콜라주를 작성하는 방법으로, 콜라주 작성에 어려움이 있어 보조가 필요한 내담자나 아동, 노인을 대상으로 실시할 수 있다. 즉, 치료자의 도움을 받으며 내담자가 작품을 구성할 수 있도록 하는 방법이다.

개별법은 다음과 같은 방법으로 진행한다.

✎ 준비물

도화지, 가위, 풀, 다양한 잡지 및 사진, 콜라주 박스, 사인펜 등의 채색도구 등

✌ 실시방법

① 치료자가 내담자에게 콜라주를 해 보자고 말한 후 준비한 재료를 주고 마음에 드는 사진이나 그림을 자유롭게 잘라 도화지 위에 붙이도록 한다. 이때 사진이나 그림은 원하는 위치에 풀을 이용하여 붙이도록 하고 제한 없이 자유롭게 활동할 수 있도록 한다(자르는 방법은 내담자에 따라 가위를 이용할 수도 있고, 손으로 찢을 수도 있다. 연령이나 증상을 고려하여 실시한다.).

② 내담자가 작품을 완성하면 제목을 붙이도록 하고 관련 내용을 함께 이야기한다(만약 내담자가 제목이 생각나지 않는다거나 제목이 없다고 말할 경우 그대로 수용한다.).

③ 치료자는 작품에 대해 해석하지 않도록 주의하고, 내담자가 더 이상 말하고 싶어 하지 않을 경우 치료자가 느낀 점을 말하고 종료한다.

치료자가 내담자를 촉진하여 작품을 구성할 수 있도록 도와주고 있다.

▲ 개별법으로 콜라주를 제작하는 과정

2) 동시제작법

동시제작법은 내담자와 치료자가 각자 콜라주를 제작하는 방법이다. 동시제작법을 통한 치료자의 콜라주는 내담자의 이해를 깊게 해 준다. 즉, 치료자와 내담자 간 치료상의 관계를 보다 깊게 하는 열쇠가 된다(佐佐木, 下山, 1998).

시모야마(下山, 1999)는 동시제작법을 통한 치료자의 콜라주 표현에는 자각한 감정에 따라 표현한 것과 자각 없이 표현된 것이 있다고 하였다. 특히 후자에 관한 통찰이 치료자와 내담자의 관계성을 나타내고, 그러한 치료자의 통찰이 면접 과정을 전개시키는 계기가 된다고 하였다. 나아가 치료자가 내담자에게 대립하는 표현을 할 때 내담자의 변화, 개성화의 과정을 촉진한다고 지적한다.

동시제작법은 난화와 유사하여 치료자의 콜라주가 내담자의 내면을 비추는 동시에 치료자와 내담자의 관계성과 치료자의 내면을 비추게 된다. 동시제작법을 통한 치료자의 콜라주는 항상 내담자에게 개방되어 있어서 그 영향력이 크다. 따라서 치료자는 내담자의 콜라주뿐만 아니라, 항상 자신의 콜라주를 검토하여 자신에게서 무엇이 일어나고 있는지를 알아차리는 것이 필요하다.

스기우라(杉浦, 1993)는 사례연구를 통하여 치료자와 내담자가 동시제작법으로 콜라주를 실시하는 것은 저항감을 지니는 내담자에게 안심감을 줄 수 있다고 보고하였다. 치료자와 내담자는 작품 사이에 표현되는 의미를 서로 주고받음으로써 전이, 역전이가 일어나 치료의 전개를 앞당기게 된다.

동시제작법은 다음과 같은 방법으로 진행한다.

✎ 준비물

도화지, 가위, 풀, 다양한 잡지 및 사진, 콜라주 박스, 사인펜 등의 채색도구 등

✌ 실시방법

① 개별법과 마찬가지로 내담자에게 주제나 시작을 알린다.

② 치료자와 내담자 각자 자신의 작품을 구성한다.

③ 완성되면 제목을 붙이고, 치료자가 먼저 자신의 작품을 설명하고 내담자에게 치료자의 작품에 대한 느낀 점을 묻는다.

④ 내담자가 작품을 설명한 후 작품에 대한 느낀 점과 궁금한 점에 대해 치료자와 내담자가 서로 이야기하고 종결한다. 진행에 있어서의 유의점은 개별법과 동일하다.

내담자와 치료자가 각자 자신의 작품을 구성하고 있다.

▲ 동시제작법으로 콜라주를 제작하는 과정

3) 가족콜라주법

가족콜라주법은 내담자와 어머니 등 가족이 동석하는 상담 장면에서 많이 사용된다. 스기우라(杉浦, 1990b)는 가족콜라주법이 문제행동을 지닌 아이와 어머니 상담에서 부모와 자식 간의 신뢰관계 회복에 유효하다고 하였다. 곤지키와 스기우라(近喰, 杉浦, 1994)는 등교를 거부하는 초등학교 1학년 여자아이와 어머니가 함께 콜라주를 작성하도록 한 결과, 안심감과 모자일체감이 생기고 서로를 인정하게 되었다고 보고하였다. 아동과 어머니가 함께 실시한 가족콜라주법은 상대의 콜라주를 보고 상대에게 자신의 마음을 언어로 전달함으로써 상대의 내적 변화를 얻을 수 있으며, 상대의 콜라주 내용을 자신의 콜라주 내용에 도입함으로써 상대에게 깨달음을 준다. 아울러 아동과 어머니의 상호작용이 치료에 중요한 영향을 미친다.

가족콜라주법은 집단개별법과 협동법 두 가지 방법으로 실시할 수 있다.

✎ 준비물

도화지, 가위, 풀, 다양한 잡지 및 사진, 콜라주 박스, 사인펜 등의 채색도구 등

✌ 집단개별법의 실시방법

① 개별법과 마찬가지로 내담자에게 주제나 시작을 알리고, 가족 집단원 각자가 콜라주 작업을 할 수 있도록 준비한다. 내담자의 상태에 따라 자유 주제로 진행할 수도 있다.

② 각자 자신의 작품을 구성한다.

③ 완성되면 제목을 붙이고, 서로 작품에 대한 설명과 느낌을 이야기한다. 진행에 있어서의 유의점은 개별법과 동일하다.

✌ 협동법의 실시방법

① 개별법과 마찬가지로 내담자에게 주제나 시작을 알리고, 가족 집단원 전체가 한 장의 작품을 구성하도록 준비한다. 내담자의 상태에 따라 자유 주제로 진행할 수도 있다.

② 가족이 함께 한 장의 작품을 구성한다.

③ 완성되면 함께 제목을 붙이고, 서로 작품에 대한 설명과 느낌을 이야기한다. 진행에 있어서의 유의점은 개별법과 동일하다.

▶ 가족콜라주-집단 개별법으로 콜라주를 제작하는 과정

어머니와 자녀가 각자 자신의 작품을 구성하고 있다.

▶ 가족콜라주-협동법으로 콜라주를 제작하는 과정

어머니와 자녀가 한 장의 도화지에 함께 작품을 구성하고 있다.

4) 집단개별법과 집단집단법

최근 들어 콜라주 미술치료가 일반인들의 자기 계발이나 치료자들의 역량 강화뿐만 아니라, 아동·청소년들의 인성교육에 집단워크숍 형식으로 활용되는 경우가 많다.

아오키(青木, 2001d)는 집단에 대한 제작기법을 집단개별법과 집단집단법으로 분류하여 정의하고 그 효과를 검토하였다. 집단개별법은 집단에서 각자가 개별 작품을 작성하는 것으로 비교적 자주 사용되고 있다. 집단집단법은 집단을 3~8명의 소집단으로 나누어 집단원들이 합동으로 하나의 작품을 작성하는 것이다. 도화지의 크기와 콜라주 작성의 목적에 따라 집단원 수를 결정할 수 있다. 두 기법 모두 자주 사용되며 의사소통이나 다른 사람에 대한 이해를 목적으로 실시되는 경우가 많다. 학교상담 현장(中山, 2000) 등에서 많이 활용되고 있으며(荻野, 1999; 芝, 1999; 青木, 2002a), 집단역동을 활용하는 집단상담에서도 사용되고 있다.

2. 콜라주 작성 과정의 이해

콜라주의 작성 과정은 '잘라 내기'와 '붙이기'로 대표되지만, 잡지나 카탈로그 등에서 좋아하는 것을 골라 내는 과정, 그것을 가위로 자르고 손으로 찢는 과정, 도화지에 붙일 위치를 생각하고 사진 조각을 풀로 붙이는 등의 모든 활동이 심리적 퇴행을 촉진한다. 스기우라(杉浦, 1991)는 이것을 놀이적인 감각이 생겼기 때문이라고 설명한다.

위니콧(Winnicott, 1971)은 "노는 것은 본질적인 만족을 준다." "노는 것은 그 자체가 치료다."라고 말하는데, 놀이적인 감각은 동심의 여유로운 기분을 가지게 해서 내담자를 동심으로 이끄는 계기가 된다. 오카다와 고노(岡田, 河野, 1997b)는 콜라주의 작성이 작성자의 일상적 자아의 무의식으로부터 '부분적인 퇴행'을 촉진시켜 새로운 창조의 가능성을 가져온다며, 콜라주 표현 시점에서의 퇴행을 지적한다. 이미 소재의 선택과 분리의 과정, 그 자체가 정신분석치료의 '자유연상'에 해당한다고 강조한다.

타네무라(種村, 1976)는 잘라 내기, 붙이기에 대해서 가위의 사디즘(sadism)과 풀의 에로티시즘이 서로 보충하고 있으며 가위는 본래의 이미지를 잘라 내고 풀은 그것을 재통합한다고 하였다. 모래놀이치료에서 모래를 통해 이끌리는 심리적 퇴행은 콜라주 작업에서 책이나 카탈로그의 페이지를 잘라 내고 찢는 등의 행위와 자른 조각을 풀로 도화지에 붙이는 행위에 해당한다고 하였다. 이와 같은 견해는 자르고 찢는 남성성과, 정리하고 고정하는 여성성의 통합을 시사하는 것으로 매우 융(Jung)적이지만, 콜라주 작성 과정 그 자체가 치료적 의의를 가진다고 이해할 수 있다.

다만 오카다와 고노(岡田, 河野, 1997b)가 지적하듯이, 잡지에 있는 원래 이야기로부터 소재(사진 조각)의 분리는 우리에게 친숙한 본래의 질서나 일상성, 합리적인 의식적 판단의 정지를 강요하는 경향이 있다. 한편으로는 파괴적인 작용을 포함하고 있다. 나카이(中井, 1993)는 "이것(헌 잡지의 그림)에 가위를 넣어 절단하는 행위는 대상에 대한 일종의 폭력이다."라고 언급하였다. 이와 같이 통상 "가위질을 해서는 안 되는 페이지인 공간에 감히 가위질을 한다."라는 파괴적 행위도 놀이의 맥락에서는 창조활동의 하나의 과정이다. 즉, "한 번 절단해도 다시 통합할 수 있는 전망이 있으므로 정화작용이나 그 이상의 치료적 의미를 기대할 수 있을지도 모른다."(上別府, 海老澤, 1996)

또한 이케다(池田, 1987)는 "잘라 붙임은 그림 위를 자유롭게 이동할 수 있으며, 몇 번씩 이동하면서 결정적인 장소가 정해진다. 그렇게 자른 조각은 풀로 붙이게 된다."라고 콜라주 작성 과정을 설명하면서, "소재를 선택해서 하나의 작품을 구성하는 과정에서 소재를 음미하고, 무의식 가운데 자른 조각을 선택하는 등의 시행착오를 한다. 더구나 싫은 소재는 배제해서 굳이 위험한 것에 직면하지 않아도 된다는 안심감이 치료 중이나 그 후의 행동화(acting out)를 완화시켜 주며 완만한 치료 경과를 기대할 수 있다."(市井, 1999)라고 언급하였다. 즉, 안전이 보장되는 가운데 자른 조각을 어느 장소에 배치할지는 개인의 무의식적인 힘에 따라 결정할 수 있으며 행위 자체가 자기표현, 나아가 치료에 결합되는 것이다.

콜라주의 '자른 조각'은 기존의 이미지를 그대로 사용하여 자기를 표현하기 때문에 내담자의 이해를 깊게 하고 언어로 표현할 수 없는 불안이나 문제점의 표현에 도움이 된다. 그 작성 과정은 모래놀이치료의 표현과 유사하며, 공간 자체가 안정성을 더해 주어 내담자가 편안하게 자기표현을 할 수 있도록 도와주고, 나아가 카타르시스(katharsis) 효과도 줄 수 있다. 그 구체적인 예로서 나카이(中井, 1993)는 콜라주 기법이 융(Jung)학파에서 중시되는 '꿈'과 유사하다고 지적한다. 마음속에서 일어나는 다양한 갈등은 꿈으로 나타나는 경우가 많아 심리치료로서의 꿈 분석이 존재한다. 꿈은 의지가 움직이는 경우는 드물다. 꿈에서 무엇을 보려고 해도 그것을 보는 자유는 없다. 위험에서 피하는 경우에 작용하는 의지도 그 자체가 꿈의 일부분에 지나지 않는다.

이에 반해 콜라주는 대낮의 의지적 행위이기 때문에 이러한 수동성은 없다. 오히려 초능동적(超能動的)이다. 통상 파괴해서는 안 되는 잡지를 가위로 자르고 잘라서는 안 되는 페이지인 공간을 감히 가위로 자르는 것이다. 그러나 규범을 일탈해도 단순한 파괴가 아니라 새로운 의미를 주는 자르는 방법으로 자신이 사진을 선택할 때의 본래의 의미와 완전히 별개의 의미 속에 두는 것이다.

또한 콜라주로부터 출발하여 고찰해 보면 꿈이란 '일상'이라고 하는 삽화의 헌 잡지를 훨훨 넘겨 여기저기—변덕스럽게—잘라 낸 영상이 콜라주적으로 조합되어 있다고 할 수 있다. 꿈의 공간도, 콜라주의 공간도 내적 공간인지 외적 공간인지 명확한 부동적 공간이다. 꿈과 콜라주의 편성과 전개는 예상외로 이루어지며 시간적 과정이다. 차이점은 꿈에서는 의지의 작용이 적으며 콜라주는 의식적인 행위이자 초능동적이라는 점이다. 그러나 콜라주 미술치료에 꿈의 자연치유적 의미와 유사한 것이 있다고 할 수 있다. 요코야마(横山, 1991)도 꿈, 그림, 모래상자 등을 통해서 표현된 이미지가 그 대상자에게 직접 말을 걸어 의식적 태도의 변용을 촉진하는데, 그것을 이미지가 가지는 치유력이라고 설명하고 있다.

야마나카(山中, 1986)는 콜라주를 사용한 치료 과정에 관한 논문에서 "해석하지 않고 표현된 이미지를 깊게 음미하면서 공상의 세계와 현실의 세계 양면의 희미한 움직임에 마음을 움직여서 한편으로는 냉정하게 응시하는 치료적 태도를 일관시키는 것이 중요하다."라고 말한다. 콜라주에 나타난 무수한 상징에 대해 신화, 옛이야기, 동서고금의 이미지 유산에 관한 열린 호기심과 탐구심으로 접근하면 한층 이해하기 쉬울 것이다.

콜라주의 작성 과정은 내담자에게 심리적 퇴행과 카타르시스를 맛보게 하는 것이 분명하다. 또한 작품은 치료적 의미를 가지고 내면이 표현된다. 완성된 작품은 치료자와의 의사소통을 촉진시켜서 치료로 연결된다. 치료자가 표현행위에 개입하는 것은 치료적인 영향을 가질 수 있다(伊集院, 1995)고 하지만, 콜라주라고 하는 매개는 공통의 기회를 가지는 것으로, 치료관계는 깊어져 가는 것이다(藤田, 1997). 또 내담자는 자신의 콜라주 작품으로부터 무언가를 감지하여, 만약 밸런스가 나쁘면 자기 치유력이 작용하여 다음번에는 반드시 변화가 나타난다는 견해(杉浦, 1994)도 있다.

구체적인 콜라주 미술치료의 치료적 요인으로 스기우라(杉浦, 1990b)는 ① 심리적 퇴행, ② 자기 표출(기분의 개방), ③ 내면의 의식화, ④ 자기표현과 아름다움에 대한 만족, ⑤ 언어 상담의 보조적 요소, ⑥ 진단도구, ⑦ 신뢰감 · 상호작용 · 의사소통의 매개 등을 들고 있다. 이는 미술치료나 모래놀이치료가 가지는 치료적 요인과 거의 일치한다.

3. 콜라주의 집단 적용

최근 콜라주는 개인을 대상으로 한 임상심리뿐만 아니라 교육, 의료, 복지, 작업치료 등 다양한 분야에서 활용되고 있다. 따라서 자기 계발, 집단심리치료, 집단상담이나 구조적 집단, 참만남 등의 집단 시행에 관한 논문이나 보고서 등도 발표되고 있다. 콜라주에 관한 해외의 연구들을 살펴보면, 1960년 전후 미국의 작업치료에서 많이 활용된 콜라주가 1985년경부터 자기 계발이나 직업 훈련 등 주로 집단을 대상으로 하는 활동 영역에서 활용되며 발전해 왔다. 또한 의사소통 도구로서 집단 등에서의 활용 가능성이 보다 넓어졌다. 곧 콜라주 실습을 통해 발표를 하도록 하거나 서로 이야기를 나누게 하는 등의 집단작업으로 실시하는 것도 가능하다. 집단 실습에서 의사소통의 원조, 자기 발견, 촉진으로 연결해 나갈 수 있다.

1) 집단개별법

집단개별법은 집단 속에서 개인이 각자의 콜라주 작품을 완성하는 것이다. 개인을 대상으로 한 상담, 교육, 의료, 복지, 사업, 작업치료 관련 장면 등에서 활용되고 있다. 작품 완성 후 긍정적인 피드백이 상당히 중요하며, 긍정적인 피드백으로 마음을 편안하게 하는 동시에 통찰력을 높일 수 있다. 나아가 콜라주가 언어소통의 도구로 사용되었는지 생각해 보고, 경우에 따라서는 작품 속의 갈등을 다루어 주는 것이 좋다.

의식적으로 작성한 작품은 무리하게 분석하지 말고 있는 그대로 수용하고 마무리한다. 또한 검사가 아니라 재미있고 즐거운 작업이라는 느낌을 주며 도입하는 것이 중요하다. 준비가 되어 있지 않은 내담자의 경우 분석하는 것이 싫어서 방어적인 태도를 취할 수 있기 때문이다. 작품에 대한 분석은 아주 민감한 부분이다. 캡션(문구)이 나올 때는 물어보는 것이 좋으나 콜라주 작업을 시도할 때 가능한 사진에 관심을 가지도록 유도한다. 콜라주에서 색채심리는 치료적 관점에서 표현 자체에 의미를 두며 심리 진단에 참고하는 경우는 있으나 크게 비중을 두지 않는다.

다음에서는 자아 성장을 목적으로 하는 집단워크숍(참여자: 16명)에서 콜라주를 개별법으로 실시한 40대 여성의 작품과 작품을 통한 느낀 점을 소개한다. 자신의 마음에 걸리는 부분을 콜라주 주제로 하였는데, 이 여성은 작업 후 작품의 제목을 '진실'이라고 붙였다.

〈40대 여성의 집단개별법 콜라주〉

내용 및 느낀 점

집단 속에서 개별작업을 진행하며 나에게 걸리는 부분이 입이었다. 먼저 작품 설명을 하면, 중앙의 나는 여러 사람과 어울려 대화하기를 좋아하며 그들과의 관계 속에서 에너지를 얻고 활기찬 모습으로 생활한다. 그러나 항상 그런 것만은 아닌 것 같다. 때로는 그 관계에서 갈등이 생기곤 한다. 갈등의 원인을 나는 의사소통에서 찾았다. 콜라주 작업을 통해 내게 맛있어 보이는 음식이 어떤 이에게는 싫어하는 음식이 될 수도 있음을 통찰하였고, 그 맛있는 음식을 빈 그릇에 맞게 담는 것은 당연하다는 것을 느꼈다(타인을 인정해 줘야 한다.). 또한 많은 말, 행동, 의미, 느낌 등에서 거슬리는(초록색, 빨강색, 주황색) 것은 그것이 설령 타인의 눈에는 아름다움으로 비칠지언정, 아직 고지식한 감정(진실, 특히 일적인 부분이 아닌 인간관계)을 끌어안고 벗어던지지 못하는 나를 발견한다.

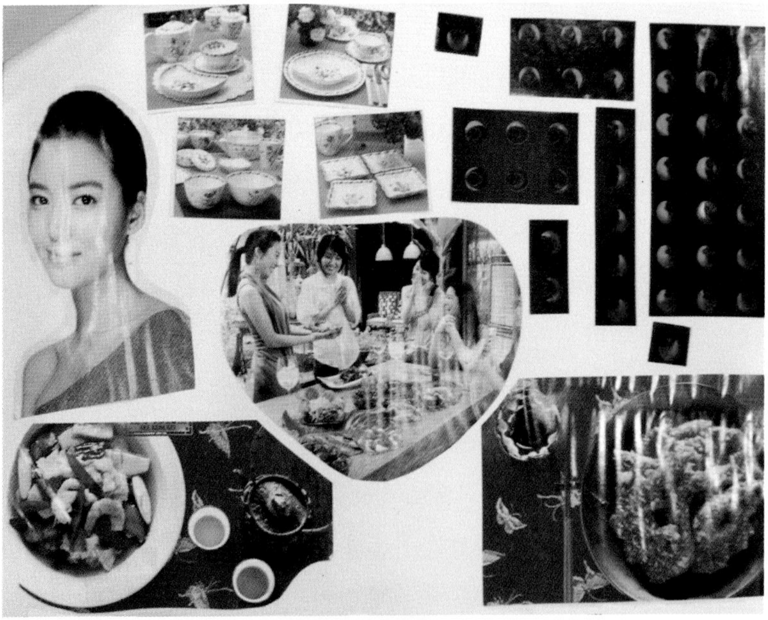

▲ 제목: 진실

2) 집단집단법

집단(학교나 학급 또는 집단 미술치료)에서 콜라주를 실시할 때 개인으로 작품을 구성하는 것이 아니라 3~8명(종이 크기와 콜라주 작성의 목적에 따라 집단원 수를 정할 수 있다)의 집단원이 하나의 작품을 작성하는 것을 집단집단법이라고 부른다. 이 방법은 집단으로 작성한다는 것 이외에도 여러 가지 의의와 목적이 있다. 집단집단법은 콜라주라는 표현작업을 통해 집단역동성과 사회성, 타인과의 관계를 중시하고, 콜라주 작품의 분석, 해석은 그다지 중요하지 않으며 큰 의미를 부여하지 않는다.

개인으로 콜라주를 작성하는 경우에는 도화지 사용방법, 사진 조각의 선택 등을 스스로 자유롭게 결정하지만 집단집단법의 경우에는 작성하는 타인과의 관계가 중요하다. 집단원과의 대화나 교류를 즐기면서 작성할 수도 있지만(친한 사람끼리 작성하는 경우에는 이와 같은 경향이 강하다), 자신이 하고 싶은 대로 작성할 수 없는 어려움이나 타인의 주장을 이해하고 양보하는 등의 사회성을 요구하기 때문에 스트레스를 받을 수도 있다.

특히 처음 만난 사람과 집단으로 콜라주를 작성하는 경우에는 자기 소개 등을 하고 집단원 전원이 서로를 알려고 노력하며 집단원의 눈치를 살피면서 자기주장을 하게 된다. 또한 집단원이 싫어하는 행동을 피하기 위해 상대를 존중하고 과도하게 자신을 억누른 상태로 무난한 작품을 작성하는 경우도 많다. 반대로 콜라주 작품이 만족스럽지 않아도 집단원 각자가 서로 잘 모르는 상태이기 때문이라는 이유를 붙일 수도 있다. 아주 친하지는 않으나, 안면이 있는 정도의 집단원끼리 콜라주를 작성할 경우 공동작업으로 일상의 인간관계가 드러나면서 자신을 통제하지 못하는 갈등과 타인과의 작업으로 감정을 억제해야 하는 등 스트레스가 부가되기도 한다.

콜라주 작성 시에 주제가 있을 경우 그 주제를 단서로 어떤 하위 주제(목적이나 표현의 방향성)를 작성할 것인가, 어느 정도의 주장과 양보가 필요한가, 어떠한 작업을 할 것인가, 어떠한 방법으로 작업할 것인가(붙일 장소를 정하고 나서 풀로 붙이는 사람도 있으며, 사물을 잘라서 바로 붙이는 사람도 있다) 등 미리 충분히 대화를 하지 않고 작성하는 집단도 출현하게 된다. 이런 경우 좋아하는 것을 자유롭게 자르고 붙이는 장소조차 서로 의논이 되지 않았기 때문에 각자가 원하는 대로 도화지를 사용하기도 하며, 결국 작품으로서 균형이 잡혀 있지 않거나 표현되어 있는 것에 대해 일관된 주제를 찾기 곤란해지기도 한다.

다음은 자기 성장을 목적으로 하는 집단워크숍(참여자: 16명)에서 콜라주를 집단법으로 실시한 40~50대 여성 3명의 작품과 작품을 통해 그들이 느낀 점을 소개한다.

집단집단법 콜라주 WORK Ⅰ

전지와 콜라주 준비물을 건네주고 '사랑'이라는 주제로 집단원이 함께 작품을 완성하도록 하였다. 집단집단법의 의의 및 필요성에 대한 설명 등 사전 정보는 제공하지 않았다.

진행 과정

- 선후배관계로 친근감이 있으면서도 조심스러운 관계였다. 서로를 배려하며 진행하다 보니 아무 말도 없이, 지도자도 없이 각자의 생각으로 사진 조각을 자르는 작업을 시작하였다.
- 리더의 역할을 C가 몇 차례 시도하였지만 잘 이루어지지 않았고, A는 눈치만 살피다 결국 서로 상호작용을 할 수 없었다.
- 사진 조각을 다 모은 후 협동 작품을 만들면서도 의견을 모으지 못하고 서로 조심하다 각자 위치에서 붙이면 좋겠다는 의견에 동의하였다.
- 사진 조각을 모두 붙인 후 각자의 사랑에 대해 이야기를 하였다. 제목 역시 서로를 배려하며 자신의 역할을 회피하다가 결국 의견을 모아 제목을 정하였다. 서로 양보하여 '사랑은 모양이다.'라고 정하고 작품을 완성하였다.

▲ 제목: 사랑은 모양이다

작품 후 느낌

다음은 대상자들이 직접 설명한 내용을 그대로 기록한 것이다.

⏭ 대상 A

- 붙인 내용: 시계를 쌓아 사랑을 쌓아 가는 것을 표현하였다. 사랑은 예의와 함께하는 것, 챙겨주는 것임을 와인 잔으로 표현하였다.
- 느낀 점: 사람이 같아 보이나 모두가 다르듯 사랑도 하나인 것 같지만 다른 향기를 가졌다고 느꼈다. 여러 명이 함께 작업함에 있어 지도자와 팀원이 구별되지 않아 각자의 사랑을 표현하는 데 급급했다는 생각이 든다. 서로의 의견을 표현하는 데 부족했음을 느꼈다. 그럼에도 '사랑이란 겉은 똑같지만 그 안에 모습은 정말 다르구나!' 라고 느끼면서 내가 아닌 다른 사람의 생각을 알 수 있었다.
- 좋은 점: 각자의 사랑 개념이 다양함을 알게 되었다.

* 불편한 점: 서로의 눈치를 보며 협동작업이 잘 이루어지지 못한 것을 통해 나의 대인관계의 회피성에 대한 문제를 인식하게 되었다. 좀 더 상호작용 기술을 배워야겠다.

⏭ 대상 B

* 붙인 내용: 가족 사랑, 슬픔, 어려운 생활, 사회복지사로 일하면서 장애인과 어려운 사람들에게 많은 관심을 갖고 사랑을 베푸는 것을 표현하였다. 그림 하나는 나의 당당함을 표현하였다.
* 느낀 점: 나의 작업은 소외된 이웃에 사랑을 나누는 내용이다. 사랑의 공동체, 변함없는 사랑에 관한 내용인데, 안타까운 아동 찾기 등은 안쓰러운 느낌이 들었다. 같은 주제로 작업을 해도 각자의 느낌과 생각이 다르기 때문에 작업 시 나의 생각을 표현하는 데에 조금은 주저하였으나 아는 사람들과 한 조가 돼서 편한 느낌으로 대화를 하며 작업을 하였다. 나이가 들어 일상에서 실수한 경험담들을 이야기하며 마음이 더 열리고 집단원 간에 라포 형성이 쉽게 이루어진 것 같다.
* 좋은 점: 내가 생각하지 못하는 다양한 면을 상대를 통해서 알 수 있어서 좋았고 배울 수 있었다.
* 불편한 점: 아무래도 상대를 생각해서 기다리거나 조정을 해야 하는 점이 다소 불편하였다.

⏭ 대상 C

* 붙인 내용: 따뜻한 배려, 갓 지은 밥, 숙성된 오일, 치즈, 냉장고(준비되어 있다)로 숙성된 사랑을 표현하였다.
* 느낀 점: 1년 사이 사랑이란 개념이 많이 달라진 나를 보았다. 눈에 보이는 것보다 눈에 보이지 않는 것도 찾아낼 수 있고 하나보다 더 복합적인 것, 숙성된 것을 찾는 스스로를 느꼈다. 그런 마음이 만족스럽게 느껴졌다.
* 좋은 점: 얼굴을 마주 보고 같이 이야기를 나누는 것이 기분이 좋았으며, 상대방이 가지고 있는 사랑에 대한 개념을 알 수 있는 것도 호기심을 자극하였다.

* 불편한 점: 그림을 배치할 때 웃고 떠드는 속에서 역시 서로 각자라는 생각에 실망스러운 느낌을 받았지만 그래도 상대방을 배려하는 점에서 편한 쪽으로 끌려갔다. 공간 배치에서 내 영역이 적다는 생각이 들어 잠시 마음이 불편하였다. 사진을 작게 줄이면서 내 영역 내에 붙였지만 하나는 상대방의 그림을 침범할 수밖에 없었다. 미안함보다 내 영역이 작다는 것을 알아주기를 바라는 마음이 앞섰다.

집단집단법 콜라주 WORK II

앞서 집단콜라주를 작성한 집단원들에게 집단집단법의 의의 및 필요성에 대해 설명을 하고 다시 작업을 실시하였다. 주제는 '일'이었다.

진행 과정

- 조원이 함께 모였다. 서먹했지만 한 사람이 먼저 나서서 일에 대한 의견을 제시하며 리더 역할을 하였다. 서로 각자의 일에 대한 느낌을 이야기하였다. B는 사회적인 일에 관심을 표명하였고 C는 어머니의 역할에 대해 제안하였다. A는 B와 C의 의견에 반갑게 동의하였고 자연스럽게 공통점을 모았다. 결론적으로 주제인 일에 대해서 개인적인 일과 사회적인 일로 나누어서 작업하기로 하였다. 개인적인 일은 '역할'로 나타내고, 사회적인 일은 '일'로 작업하는 데 모두가 동의하였다.
- 합일점을 찾은 후 리더 역할 없이 사진을 오리는 작업을 수행하였는데 B는 사회적인 일에 관심을 가지고 작업하였으나 의외로 개인적 일에 대하여 많은 사진을 오려서 의견을 제안하였다. C는 양쪽을 배려하듯 작업을 하였고, A는 개인적인 일에 많은 비중을 두었다.
- 사진을 모은 후 붙이는 작업에 들어갈 때 C가 리더 역할을 하였다. 개인적인 일에 관해서는 A가 오린 사진이 많이 붙여졌고, 사회적인 일에 대해서는 B가 오린 사진이 많이 붙여졌다. C는 자신이 오린 사진을 가운데에 붙이기를

원했는데 A와 B는 모두 이에 동의하였다.

- 붙인 후 제목을 정하는 데 갈등이 있었다. 개인적인 일에 대한 작품의 제목은 세 사람이 모두 동의해서 '역할' 로 정했고 사회적인 일에 대한 작품의 제목은 B가 '할 수 있다' 라고 용기 있게 썼다. A는 B의 제목에 동의했지만 C는

▲ 제목: 역할(개인적인 면)과 일(사회적인 면)

'할 수 있다' 는 것은 반대로 말하면 할 수 없다는 의미도 있으므로 다른 제목이 어떻겠냐고 말하면서 순간적으로 백지를 오려 제목을 가렸다. B의 안 좋은 표정을 본 A가 B에게 "의견이 다르면 표현해 주세요." 라고 말하였고 B는 자신의 제목이 좋겠다고 표현하였다. 그동안 리더 역할을 하던 C가 자신의 의견을 양보하고 B의 의견을 존중하여 작품을 완성하였다.

작품 후 느낌

다음은 대상자들이 직접 설명한 내용을 그대로 기록한 것이다.

⏭ 대상 A

이전 작업에서 어색한 분위기로 서로의 의견을 회피했던 모습에서 조금은 적극적인 표현을 하였지만 여전히 어색함이 느껴졌다. 그러나 이전 작업보다 집단원들이 자신의 의견을 적극적으로 표현하는 가운데 상대의 의견을 존중하고 양보하는 모습을 엿볼 수 있었다. 조금씩 자신을 표현해 가는 것이 어색했지만 조화를 이루려는 노력이 느껴졌다. 작품을 끝낸 후 상호작용의 중요성을 깨달았다.

⏭ 대상 B

먼저 개인의 역할에서는 오디의 향과 풍성함을 가족들에게 나누어 주는 역할, 아이들을 돌보는 역할, 부부의 역할에서 편안함, 그리고 쾌적하고 아름다운 환경을 가꾸는 역할, 아이들이 마르지 않도록 영양식, 준비물에 대한 섬세한 배려 등을 잊지 않는 부모의 역할 등에서 일치점을 보았다. 일(직업)에 관해서는 내담자와 눈높이를 맞추어 보는 자세와 틈틈이 자신을 비추어 보는 거울이 필요하며, 공기를 청정하게 하는 환경과 더불어 거듭나는 치료자가 되는 것을 표현하였다. 그렇게 하기 위해 끊임없이 공부하는 열정이 필요하다. 그리고 능력 있는 치료자가 되어 축복받는(꽃다발) 사람이 되고 싶다. 집단원과 이야기를 나누면서 서로 다른 생각을 수용하는 가운데 사람의 소중함을 깨달았다. 보다 폭넓은 인간관계의 필요성을 느꼈다.

⏭ 대상 C

이전 작업 때와 마찬가지로 불편함은 여전하였다. 왜냐하면 약간의 자기 통찰과 작업방법을 익혔다 해도 집단원의 인성은 크게 달라지지 않기 때문이다. 한 사람은 의도적으로 흐름을 타려고 노력했으며 또 한 사람은 자신보다 타인의 행동에 민감하게 반응하였기 때문이다. 의견을 내놓고 수렴하는 방법에서 어제보다 훨씬 자신감은 있었지만 감정으로 일치를 보는 경우는 드물었다. 내 것을 의도적으로 양보하려는 것과 침묵으로 일관된 상대편의 의도에 신경이 쓰였다. 자기표현에 인색하면서도 자신의 것이 수용되기를 원하는 과정에서 나 자신의 모습에 대해 답답함을 느꼈다. 내가 좋아하는 사람과만 관계하는 틀에서 벗어나 폭넓은 인간관계의 필요성을 느꼈다.

3) 집단활동의 방법 및 특징

(1) 집단활동의 방법

앞서 제시한 바와 같이 콜라주 미술치료는 일대일로 개인 또는 가족이 함께 실시하는 가족콜라주법, 나아가 3~8명의 타인과 함께 집단 속에서 개인의 작품을 구성하는 집단개별법과, 공동으로 작업하는 집단집단법 등이 있다.

집단집단법의 경우에는 다음의 두 가지 실시방법이 있다.

① 3~8명의 집단에 인원 수보다 종이를 1장 적게 주고, 주제를 제시하여 작품을 완성하도록 한다. 즉, 집단원들의 의사소통을 촉진하고 싶은 경우에는 도화지를 집단원 수보다 1장 적게 준비하고 자유롭게 작성하도록 한다. 예를 들어, 4명일 경우 4절 도화지 3장을 건네준다. 이 경우 도화지가 사람 수보다 적기 때문에 처음에 도화지를 어떻게 사용하고 표현할 것인가를 상의하고, 작업 과정과 콜라주 완성까지 서로 의논하는 것을 가능한 한 빨리 진행한다.

② 3~8명의 집단에 1장의 종이와 주제를 건네고 콜라주를 완성하도록 한다.

(2) 집단활동의 특징

집단활동으로 진행되는 경우 그 의도나 목적에 있어 다소 차이가 있으므로 실시자가 집단원의 목적에 맞게 실시하는 것이 좋다.

집단집단법의 실시에 있어서 실시자는 다음의 내용을 숙지할 필요가 있다.

첫째, 개별치료와 달리 집단으로 진행할 때에는 규칙이 필요하다. 둘째, 조 편성이 필요하며 다양한 방법으로 분류할 수 있다(예: 생일별, 가위바위보 등). 셋째, 치료자는 집단원들이 작업하는 행동이나 상태를 관찰할 뿐 관여하지 않는다. 넷째, 집단으로 완성된 콜라주는 분석하지 않으며 집단개별법에서 완성된 작품도 개인 분석에 사용하지 않는다. 다섯째, 함께 작업함으로써 집단원 간의 상호작용에 대한 이해를 높일 수 있다. 타인의 직업, 성격, 좋아하는 것, 싫어하는 것, 대인관계 성향, 의사소통 패턴 등에 대한 이해가 가능하다. 또한 자신을 타인에게 표현하고 타인으로부터 들은 내용을 통하여 자기 이해를 높일 수 있다. 여섯째, 치료자는 집단 특성에 따라 적절한 주제를 정하는 것이 좋다. 예를 들면, 학생일 경우에는 공부나 학교생활, 사회인 집단일 경우에는 일 또는 직업, 유치원생 또는 초등학생일 경우에는 자신이 좋아하는 것 등의 주제가 적절할 수 있다.

집단활동 시 관찰해야 할 부분은 다음과 같다.

① 대인관계 및 의사소통 방법이 원활한가?

② 집단원 간에 친밀감이 형성되고 있는가?

③ 자신의 역할과 위치를 이해하고 있는가?

④ 타인에 대한 이해가 있는가?

⑤ 자기 통찰이 이루어지고 있는가?

작품 완성 후 치료자는 각 집단에 관찰된 사항과 다음과 같은 주제를 건네주어 집단원들이 함께 토의하고 자신의 대인관계 및 의사소통 방법 등에 대해서 통찰하도록 도와준다.

① 집단원끼리 서로 의논하여 결정하며 작업하였는가?
② 역할 분담을 하였는가?
③ 누가 리더를 하였는가? 반대로 리드를 당할 때의 기분은 어떠했는가?
④ 자신의 그림이 선택되지 않았을 때 기분은 어떠했는가?
⑤ 같이 작업하였을 때의 좋은 점과 나쁜 점은 무엇인가?
⑥ 주제에 대한 다른 사람과의 인식 차이를 이해하고 받아들였는가?

집단활동은 친밀감 형성에 도움이 되며 재미있을 뿐 아니라 자기 노출에 덜 방어적이고 위험성이 적은 장점이 있다. 이와 반대로 감정을 억압당하거나 행동을 제지당할 수 있어 긴장감을 유발하며 스트레스가 생길 수도 있다. 또한 자신의 공간 활용도가 낮아서 불편한 단점도 있다.

4. 콜라주의 변용방법

1) 엽서콜라주

후지카케(藤掛, 2007)가 고안한 엽서콜라주는 엽서 크기의 도화지에 제시된 주제를 표현하는 개인 엽서콜라주와, 엽서콜라주를 보고 답을 해 주는 화답콜라주가 있다. 화답콜라주는 ① 다른 사람이 만든 엽서콜라주에 답을 하여 다시 돌려주는 방법과, ② 다른 사람이 한 엽서콜라주를 좀 더 큰 종이에 붙여 엽서콜라주 주변에 주고 싶은 것을 꾸미는 방법이 있다.

엽서콜라주의 특징은 실시 시간이 짧고, 연작이 가능하며, 주제를 정하는 것이 자유롭다는 점이다. 또한 의식적인 작업이 용이하고 메시지 전달력이 강하다.

이와 같이 엽서콜라주는 다양한 작성방법과 특징을 가지고 있다. 자기 소개를 위한 엽서콜라주나 편지와 같은 메시지를 전달하는 엽서콜라주는 교육 분야에서 활용이 가능하며, 자기 계발이나 타인에 대한 이해에 도움이 된다.

(1) 개인 엽서콜라주

✎ 준비물

엽서 크기의 도화지, 가위, 풀, 콜라주 박스, 사인펜 등의 채색도구 등

✌ 실시방법

① 내담자에게 주제를 제시하고 시작을 알린다.

② 엽서 크기의 도화지에 콜라주를 작성한다.

③ 완성되면 작품에 대한 느낀 점을 묻는다.

치료자가 내담자를 촉진하여 작품을 구성하는 것을 도와주고 있다.

▲ 개인 엽서콜라주를 제작하는 과정

다음은 '나의 과거, 현재, 미래'라는 주제를 가지고 일반 성인 여성과 ADHD 청소년이 수행한 개인 엽서콜라주 사례를 소개한다.

〈일반 성인 여성의 개인 엽서콜라주〉

내용 및 느낀 점

* 과거: 높고 아찔한 구두는 나의 공격성과 앞만 보고 열심히 달렸던 나의 과거의 모습을 나타낸다. 또한 보이는 것에 신경을 쓰고 그만큼 꾸몄지만 남들이 쉽게 다가오지 못하도록 차가운 모습을 하고 있던, 사회성이 부족한 나의 모습을 표현하였다.
* 현재: 꽃과 카메라, 하트 무늬는 내가 지난번까지 항상 붙였던 것을 다시 표현하였다. 지금까지는 왜 그랬을까 궁금해했지만 이제는 있는 모습 그대로 나를 이해하게 되었다. 다른 사람들의 시선을 의식하고 잘 보이려고 하는 모습이 나의 모습이었다. 그리고 공부를 열심히 하고자 책을 붙였는데, 그 위에 장난감들이 어수선하게 널려 있어 다른 것들에도 관심을 많이 가지고 있다는 것을 알았다.
* 미래: 꽉 차 있는 곡선형의 냉장고는 다른 사람들의 욕구에 맞는 것을 제공해 주는 사람이 되고 싶고, 좀 더 부드러운 내면으로 그들에게 다가가고 싶은 마음을 표현한다. 나의 모든 것을 보여도 부끄럽지 않고 싶다. 미래는 앞으로 나아가는 모습이기 때문에 자동차의 뒷모습을 붙였고 언젠가는 나의 자동차를 끌고 다니고도 싶다. 나비는 좀 더 탐색해 보고 싶은 대상인데, 자유롭게 날아다닌다는 것이 꿈을 향해

과거

현재

미래

◀ 제목: 나의 과거, 현재, 미래

도약하는 것 같기도 하고 경쟁에 대한 것 같기도 하다. 가방은 가장 마지막에 붙인 것인데, 옆 사람이 버린 명품가방 사진이었다. 항상 내 안에 그런 욕심, 욕구가 있지만 난 아니라고 하며 억눌렀었는데, 이제는 나의 모습을 인정하며 그대로 표현하고 싶고 나를 드러내고 싶다.

〈ADHD 및 학교부적응 청소년의 개인 엽서콜라주〉

▲ 제목: 멍 때리는 과거(과거)

▲ 제목: 지금 요리를 하는 것(현재)

내용 및 느낀 점

내담자는 ADHD 진단을 받고, 학교부적응 및 학습부진을 호소하여 미술치료를 받고 있는 중학교 1학년에 재학 중인 남학생이다. 치료 회기 중 엽서 크기의 종이를 이용하여 '나의 과거, 현재, 미래' 에 대한 작품을 제작하였다. 나의 과거는 '멍 때리는 과거' 였다고 말하면서 그림에 'X' 표시를 하고 싶다고 하였다. 'X' 표시를 작게 하다가, 과거에는 무엇을 했는지 모르겠고, 흐렸고, 꿈도 없었다고 하였다. 하지만 현재는 '요리사' 의 꿈을 가지고, 집에서 요리 연습을 조금씩 하면서 공부도 하고 꿈을 이루기 위한 준비를 하고 있다고 하였다. 미래에는 돈을 많이 벌고, 훌륭한 사람이 되어서 내가 가고 싶은 곳에 다 가고 싶다고 하며 '가고 싶은 것' 이라고 썼다.

▲ 제목: 가고 싶은 것(미래)

작품 설명을 마치고 나서 지금 영어와 수학 학원을 다니는 것이 힘들기는 하지만 영어는 꼭 해야 나중에 훌륭한 사람이 될 것이기 때문에 잘 다녀야 된다고 하였다.

(2) 화답콜라주

〈방법 1〉

✎ 준비물

엽서 크기의 도화지, 가위, 풀, 콜라주 박스, 사인펜 등의 채색도구 등

✌ 실시방법

① 다른 집단원이나 치료자 등 타인에게 주고 싶은 엽서콜라주를 작성한다.

② 작성된 엽서콜라주를 상대방에게 선물한다.

③ 각자 받은 엽서콜라주에 답을 하는 엽서콜라주를 작성한다.

※ 집단워크숍에서는 2인 1조로 짝을 정하여 실시할 수 있다. 개별치료에서는 치료자와 내담자가 함께 실시하여 서로 선물처럼 건네준 뒤 각자 받은 엽서콜라주를 보고 별도의 엽서에 마음을 담아 콜라주를 완성한다. 완성된 콜라주는 상대방에게 전달한다.

〈방법 2〉

✎ 준비물

엽서 크기의 도화지, A4 용지, 가위, 풀, 콜라주 박스, 사인펜 등의 채색도구 등

✌ 실시방법

① 엽서 크기 도화지에 콜라주를 작성한다.

② 다른 집단원이나 치료자 등과 작성한 콜라주를 주고받은 후 A4 용지 가운데 받은 콜라주를 붙인다.

③ 받은 엽서콜라주 주변에 더 꾸며 주고 싶은 것이나 주고 싶은 것 등을 붙여서 상대방에게 돌려준다.

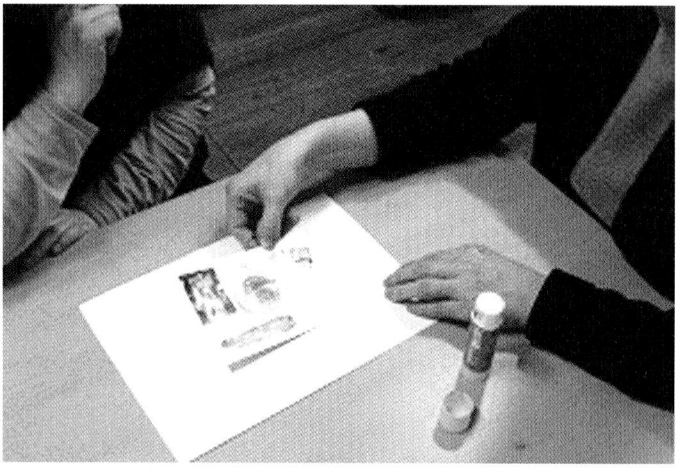

① 내담자가 작성한 엽서콜라주를 치료자가 A4 용지에 붙인다.

② 치료자가 A4 용지 주변에 내담자에게 화답하는 콜라주를 작성한다.

▲ 화답콜라주를 제작하는 과정

다음은 집단워크숍에서 2명의 일반 성인 여성들이 서로 화답 엽서콜라주를 작성한 사례를 소개한다.

'현재의 기분'이라는 주제로 엽서콜라주 작업을 하였다. 완성된 엽서콜라주를 상대방과 교환하고 A4 용지 중앙에 상대방의 엽서콜라주를 붙인 후 그 주변에 자신이 전하고 싶은 사진 조각을 붙여 작품을 완성하였다. 완성 후 상대방에게 작품을 설명하고 자신의 마음을 전하였다.

〈일반 성인 여성의 화답콜라주(엽서콜라주)〉

⏭ 대상 A

내용 및 느낀 점

꼬여 있는 스카프는 답답한 '나'다. 작품을 보니 아직 배워야 할 것들이 많고, 내 부족함이 그대로 보인다. 자동차, 음식은 영양분으로 힘을 내어 내 부족한 지식을 채우고픈 마음, 열심히 하고 싶은 마음을 나타낸다.

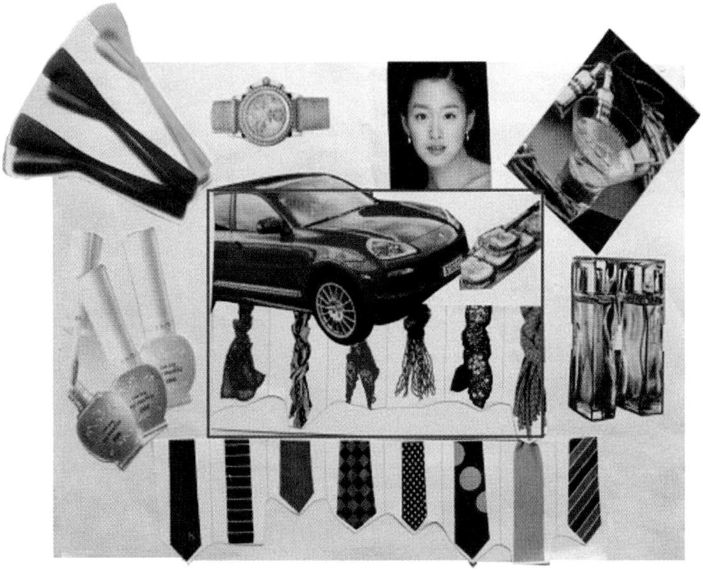

(빨간 테두리 안이 대상 A의 엽서이며, 그 주변이 대상 B의 화답)

▲ 제목: 미성숙

한 과정이 다 끝나 가는 지금 과거, 현재, 미래를 표현해 보면서 내 아픈 과거를 드러내는 작업이다. 그 여운이 남아서인지 후련함과 동시에 답답함이 느껴진다. 미술치료에 관한 이론적인 지식이 부족한 나를 보며 마음이 한층 더 무겁다. 그러나 앞으로 나아가기 위해 열심히 해야 한다는 다짐과 함께 에너지도 생긴다.

화답을 받고 난 느낌은 나름 나에 대한 답답함을 알고 보는 것만으로 시원해지는 사진을 붙여줬고 내가 나아가고자 하는 방향을 지지해 주어 마음이 든든해지고 자신감을 얻었다. 내가 자동차보다 자전거를 붙이고 싶었다고 상대방에게 말했을 때, 오히려 빨간 자동차가 에너지가 넘쳐 보이고 하고 싶은 일을 잘 해낼 거라는 믿음이 간다는 격려를 받고 마음이 편안해졌다. 이때 자전거를 붙이고 싶었던 나도 자동차가 훨씬 낫다는 생각을 하였다.

⏭ 대상 B

내용 및 느낀 점

숟가락이 큰 것이 아니라 내가 작게 느껴진다. 은쟁반의 차가움과 찬바람이 나인 것 같다. 화답의 내용은 발레리나는 내 인생의 주인공을 나타내고, 강아지를 쓰다듬어 주는 장면은 위로해 주고 싶다는 의미라고 하였다. 혼자 외로워하는 것 같아 누군가 함께할 사람을 붙여 주었다고 하였다.

엽서콜라주를 하고 난 뒤 마음이 불편하고 답답하였다. 하지만 화답을 받고 나서 차가웠던 기분이 한순간 녹는 느낌이었고 답답했던 것이 뻥 뚫리는 기분이었다.

(빨간 테두리 안이 대상 B의 엽서이며, 그 주변이 대상 A의 화답)

▲ 제목: 미성숙

2) 원형콜라주

미국의 미술치료사인 카파치오네(Capacchione, 1996)는 현실생활을 반영하는 원형콜라주를 고안하였다. 원형은 중심성이 있으며, 원형콜라주는 현실생활을 통찰할 수 있어 앞으로의 생활에 지침이 될 수 있다. 이후 2004년에 사토 히토미(佐藤)가 집단 원형콜라주를 고안하였다(青木, 2008 재인용). 집단원들이 함께 작성하는 집단 원형콜라주는 상하좌우가 없기 때문에 어느 방향에서든 작성하고 감상할 수 있다.

원형콜라주는 개인 또는 집단을 대상으로 실시할 수 있으며, 콜라주 작업을 실시하기 전 명상을 하거나 자신(self)을 가운데 붙이고 시작할 수 있다.

(1) 개인 원형콜라주

✎ 준비물

4절 도화지, 연필, 가위, 풀, 다양한 잡지 및 사진, 콜라주 박스, 사인펜 등의 채색도구 등

✌ 실시방법

① 치료자는 도화지에 원을 그린 후 오리거나 그대로 내담자에게 준다.

② 원형에 콜라주를 작성한다.

③ 완성되면 작품에 제목을 붙이고, 작품에 대해 느낀 점을 이야기한다.

※ 자신(self)을 가운데 붙이고 그 주변을 꾸밀 수도 있다.

다음은 일반 성인 여성의 개별 원형콜라주 사례를 소개한다.

〈일반 성인 여성의 개별 원형콜라주〉

내용 및 느낀 점

현재 내가 갖고 싶은 것들과 원초적으로 느끼고 싶은 감정을 표현하였다. 앞으로 꿈을 이루기 위해 준비해야 하는 것들이 연상되었고 편안함을 가지고 즐기고 싶은 마음도 표현하였다. 김주하 아나운서는 나의 미래상이고, 책은 꿈을 이루기 위한 과정이자 필수사항이며 항상 즐긴다. 이나영 사진은 깨끗함과 순수함이 좋다. 수분을 머금고 있는 모습이 좋아 오렸으나 붙이고 나니 양가감정은 아닌지라는 생각이 들었다. 송일국은 전문성도 보이고, 유연성도 느껴지는 남자의 모습이 보기 좋다.

막연히 내가 좋아하는 것들에 대해 떠올려 보았는데, 하나둘 오리고 붙이며 앞으로 해 나가야 될 것들이 연상되며 구체적인 나의 미래상을 그려 보게 된 계기가 되었다.

▲ 제목: 원하고, 바라고, 이루고!

(2) 집단 원형콜라주

✎ 준비물

전지, 연필, 가위, 풀, 다양한 잡지 및 사진, 콜라주 박스, 사인펜 등의 채색도구 등

✌ 실시방법

① 치료자는 전지에 원을 그린 후 오리거나 그대로 집단원들에게 준다(집단원이 직접 할 수도 있다.).
② 집단원들이 함께 원형에 콜라주를 작성한다.
③ 완성되면 작품에 제목을 붙이고, 서로 느낀 점을 이야기한다.
※ 자신(Self)들을 가운데 붙이고 그 주변을 꾸밀 수도 있다.

다음은 유학생과 한국 대학생, 결혼이주여성들의 집단 원형콜라주 작품을 소개한다.

〈유학생과 한국 대학생의 집단 원형콜라주〉

내용 및 느낀 점

다른 나라에서 공부하기 위해 유학 온 친구들과 함께 미술치료 기법 중 하나인 콜라주 작업을 통해 서로를 이해하는 시간을 가졌다. 우리는 함께하는 작업을 통해 서로 간의 궁금증과 오해를 풀어 나갔다. 문화와 언어는 다르지만 큰 우주 속에서 하나됨을 느꼈다.

▲ 제목: 우리는 하나

〈결혼이주여성들의 집단 원형콜라주〉

내용 및 느낀 점

한국에 와서 갖게 된 기대감과 희망, 꿈이 여러 가지 잡지 그림을 통해 자연스럽게 표현되었다. 작품 완성 후 서로의 느낌을 교환하며 한국에 대한 새로운 모습을 발견하게 되었다. 모든 사람의 사진이 모여 하나의 작품이 완성되는 과정이 너무 재미있었고 신기했다.

각자 가지고 있는 욕구와 생각을 작업을 통해 공유하고 서로의 상황을 공감하는 기회가 되었다.

▲ 제목: 희망

제4장

콜라주 작품의 이해 및 분석

제4장
콜라주 작품의 이해 및 분석

콜라주는 평범한 사진을 보고 자유롭게 마음대로 선택하는 것이므로 마음에 들지 않으면 선택하지 않아도 된다. 사진을 고른 이후에도 도화지에 붙이기 전에 버릴 수도 있고, 붙인 조각 위에 다른 조각을 붙여 얼마든지 회피할 수 있다. 회피성이 있는 것은 안전성이 높다.

완성된 콜라주는 현재 모래놀이치료나 그림검사, 꿈 해석 등을 참고하여 해석하고 있으나 정해져 있는 것은 아니다. 콜라주 작품은 또한 융심리학이나 정신분석이론을 근거로 하여 해석하고 있다.

콜라주 작품을 해석하고자 할 때는 전체적인 평가, 내용 분석, 형식 분석, 계열 분석, 상징 등을 포함하여 총체적으로 해석한다. 이 장에서는 콜라주 미술치료의 창안자인 스기우라(杉浦, 1994)의 연구와 아오키(青木, 2005), 이근매(2009)의 연구를 정리하여 소개한다.

1. 전체적인 평가

전체적인 평가에서는 먼저 내담자가 작업에 임하는 태도, 즉 적극적인가 소극적인가, 방어적인가 개방적인가, 대충 끝내는가 너무 오래 걸리는가 등의 관찰도 중요하다. 완성 후에는 작품의 전체적 인상을 중시하고 조화를 이루고 있는가, 잘 배치되어 있는가, 밝은가 어두운가, 따뜻한가 차가운가, 동적인가 정적인가, 독창적인가 기묘한가 등 큰 개념으로 살펴본다.

또한 도화지를 균형 있게 사용했는지를 본다. 유아의 경우 도화지를 균형 있게 사용하지 못하는 경우가 대부분이다. 아울러 작품이 주제를 포함하고 있는지 아니면 주제에서 완전히 벗어나 있는지 등도 해석에 있어서 중요한 정보가 된다. 작업 시 주제를 생각하며 작업을 하는 사람이 있는가 하면 주제 없이 작업하는 사람도 있다. 작업 후 주제가 생각나는 경우도 있기 때문에 주제나 제목을 생각해 보게 한다. 작업 후 작품의 내용은 다양한 상징성을 표현하고 있으나, 내용과 전혀 맞지 않는 주제를 말하는 경우도 있다.

2. 형식 분석

완성된 콜라주는 '어떻게 표현되고 있는가?' 라는 형식 분석적 접근으로 이해해 나간다. 그림 조각의 수, 잘라 내는 방법(손, 가위), 여백의 유무, 여백의 분량, 종이 밖으로 벗어남, 뒷면 사용, 중복 붙이기, 자르는 방법(사물의 형태, 사각형, 부정형 등), 주된 문자 등을 중심으로 작품을 분석하며, 색채 등도 고려한다.

여러 조각의 사진을 적절한 여백을 두고 균형 있게 배치하여 작품을 구성하는 것이 일반적인 표현이다. 형식 분석의 항목을 참조하여 지나치게 벗어나 있을 때 그것과 관련된 해석을 염두에 두고 내담자에게 그 이유 등을 질문한다. 아동의 경우에는 발달단계에 따른 반응 특성을 고려해야 한다(이근매, 2009). 구체적인 형식 분석 내용과 해석은 다음과 같다.

1) 조각 수

자른 조각 수를 헤아린다. 정해진 조각 수는 없다. 욕구가 많이 억압된 경우에는 다소 많은 조각 수를 붙이는 경향이 있다. 이러한 경우에는 표현할 수 있는 기회를 더 많이 제공해 주면 치유적인 효과를 거둘 수 있다. 반대로 너무 적은 수의 조각, 대략 3개 이하이면 에너지가 적다고 볼 수 있는데 우울증 환자들의 경우도 이러한 경향이 있다. 초등학생의 경우 대부분 7~10조각 또는 10조각 이상을 선호하여 붙인다는 연구 결과를 볼 때 2, 3조각을 붙인 경우에는 주의를 기울일 필요가 있다. 아주 작은 조각을 붙이는 경우나 큰 조각을 1~2개 정도 붙이는 것 또한 고려해 보아야 할 사항이다.

투사검사의 경우에는 너무 작게 그린 그림을 심적 에너지가 적은 표현으로 해석하고 있다. 콜라주에서도 3개 이하의 아주 작은 조각으로 여백이 많이 표현된 경우에는 심적 에너지가 적은 것으로 본다.

▲ 적은 조각을 붙인 예

▲ 많은 조각을 붙인 예

2) 여백

도화지에 여백이 있는지 없는지를 평가한다. 여백의 유무를 통하여 내담자의 현재 심리 상태를 파악한다.

이근매(2009)의 연구에 따르면 대부분의 초등학생은 여백을 두고 사진 조각을 붙여서 작품을 구성한다. 즉, 초등학생의 작품이 여백 없이 꽉 찬 경우에는 아동의 심리 상태에 주의를 기울일 필요가 있다.

▲ 여백이 거의 없는 예(초 2, 여)

3) 종이 바깥으로 벗어남

사진 조각이 도화지 밖으로 벗어났는지 아닌지를 평가한다. 정신분열증 환자나 병리성이 높은 경우에는 사진 조각을 도화지 바깥으로 벗어나게 붙이는 경우가 많다. 일반인의 경우에는 에너지가 많은 것으로 해석할 수 있다. 그러나 이근매(2009)의 연구에서는 초등학생의 35%, 스기우라(杉浦, 1994)의 연구에서는 40%의 학생이 사진 조각을 도화지 밖으로 이탈하여 붙였다는 연구 결과를 제시하고 있다. 다른 학년에 비해 1학년의 경우 종이 밖으로 벗어나는 비율이 높으며 학년이 올라갈수록 벗어나는 경우가 적다고 보고하고 있어 아동의 발달단계를 고려한 해석이 요구된다.

▲ 사진 조각이 종이 밖으로 벗어난 예

4) 뒷면 사용

뒷면을 사용하였는지를 평가한다. 사진 조각을 많이 오려서 앞면에 붙이고 남은 조각을 뒷면에 붙이는 경우도 있다. 이러한 경우에는 에너지가 많은 경우라고 생각할 수 있다. 그러나 뒷면에 붙인 것이 감추고 싶은 것 또는 무의식의 표현일 수 있으므로 잘 살펴보아야 한다. 대부분의 초등학생은 학년 간의 차이 없이 뒷면을 사용하지 않는다는 선행연구를 고려할 때 뒷면 사용은 의미가 있는 것으로 사료된다.

▲ 도화지 앞, 뒷면을 모두 사용한 예(상-앞면, 하-뒷면)

5) 중첩

콜라주 작품에서 자른 사진 조각을 겹쳐서 붙였는지를 평가한다. 밑에 감춰진 사진이 무의식의 표현일 수 있으므로 잘 살펴볼 필요가 있다. 그러나 이근매(2009)의 연구에 따르면 초등학생의 경우에는 34%가 콜라주 작품에서 사진 조각을 중첩하여 사용하는 것으로 나타났다. 저학년일수록 사진 조각을 중첩하는 경우가 적은 것으로 나타났고, 3~6학년은 35% 이상의 비율을 나타냈다.

일본 초등학생의 경우에는 62%의 초등학생이 중첩하여 붙이는 것으로 보고되고 있어, 일반 초등학생의 중첩된 작품을 병리적 증상으로 받아들이기보다는 발달 과정에서 나타나는 일반적인 표현으로 보고 있다(杉浦, 1994).

또한 이마무라(今村, 2006)의 연구에 따르면 성인의 경우에는 일반인이 정신분열증 환자보다 중첩하여 붙이는 비율이 높게 나타나 중첩된 작품이 일반적인 표현임을 시사하고 있다.

▲ 사진 조각을 중첩한 예(좌-겹쳐진 조각, 우-드러난 조각)

6) 자른 방법

주로 자른 방법을 사각, 삼각, 원, 사물 형태, 부정형, 손으로 찢음, 사진 조합 등으로 구분하여 평가한다. 일반적으로는 자른 형태를 통하여 성격을 알 수 있다. 사물을 따라 섬세하게 자르는 등 강박적인 행동을 파악할 수 있으며, 의미 있는 경우에만 다른 형태로 자르는 경우도 있다. 다른 것은 대부분 사각형 모양으로 잘랐는데 유독 한 사진만 찢어서 붙인 경우 등도 파악할 수 있다. 일반적으로 초등학생들은 학년에 상관없이 사각, 삼각, 원 등의 형태나 사물의 모양에 따라 자르는 것보다 부정형이나 복합 형태를 선호하는 것으로 나타났다. 특히 사진 조합은 1, 2학년에서는 거의 나타나지 않는 데 반하여 3학년부터 현저하게 증가하였다. 이는 3학년 미술 교과를 통하여 몽타주를 배운 영향이라 사료된다.

▲ 조각을 조합한 예

◀ 사각으로 자른 예

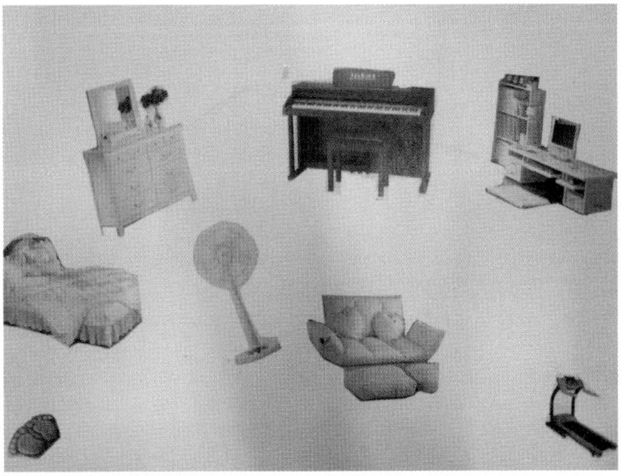

▶ 사물을 섬세하게 따라 자른 예

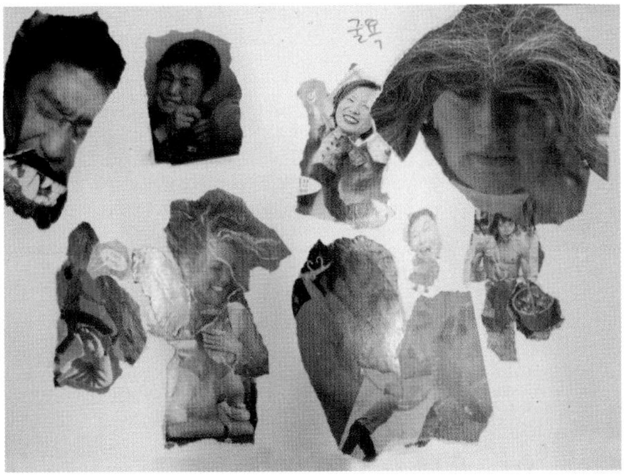

◀ 손으로 찢어 붙인 예

7) 문자

▲ 한글 문자 조각을 붙인 예

먼저 문자의 유무를 살피고, 그 문자가 한자, 한글, 영어, 숫자인지 확인한다. 문자는 내담자의 메시지를 전달해 주는 경우가 많다. 방어적인 표현으로 문자를 많이 붙이는 경우도 있다. 작품 속에 의미 있게 사용된 문자가 있는지 평가한다.

초등학생의 경우 주된 문자는 한글이 가장 많았고, 한자는 거의 없었으며, 영어와 숫자 순으로 나타났다. 1~4학년의 경우, 의미 있는 문자를 그다지 사용하지 않는 것으로 나타난 반면에 5, 6학년의 경우에는 절반에 가까운 학생이 의미 있는 문자를 사용한 것으로 나타났다. 이를 통하여 아동은 친숙한 문자나 사진을 선호하며 고학년으로 올라갈수록 의미 있는 문자를 통하여 자신을 드러내는 것을 알 수 있다(이근매, 2009).

▲ 영어 문자 조각을 붙인 예

8) 무채색 사진의 사용

흑백사진을 사용하였는지 평가한다. 아동의 경우에는 색채가 있는 사진을 붙이는 경우가 많다. 색채가 있는 사진들 속에 무채색의 사진이 있는 경우는 확인해 볼 필요가 있다. 색채와 무관하게 내용을 보고 선택하는 경우가 있기 때문에 무조건 문제시하는 것은 좋지 않다. 나아가 이근매(2009)의 연구에서는 대부분의 초등학생이 흑백사진보다는 컬러사진을 선호하고 많은 수의 학생이 3~6색의 색채를 사용하는 것으로 나타나, 색채를 사용하는 것이 일반 아동의 보편적인 경향으로 사료된다. 또한 스기우라(杉浦, 1994)의 연구에서는 초등학생의 경우 흑백사진을 거의 사용하지 않는 데 반하여 학년이 올라갈수록, 특히 고등학생의 경우 63.8%가 흑백사진을 사용하는 것으로 나타나, 색채가 심리 상태를 반영해 준다는 사실을 시사하고 있다.

▲ 무채색 조각이 주로 나타난 예

▲ 가운데 인물 조각만 무채색인 예

9) 공간 배치(공백 위치)

공백이 특정 부분에 집중되어 있는지 전체에 고루 분포되어 있는지를 평가한다. 사진 조각의 배치가 치우쳐 있는 경우에는 [그림 4-1]을 참고하여 해석한다. 초등학생의 절반 이상이 고루 분포된 공간 배치를 보이는 것으로 나타났으며, 일반 초등학생의 2/3 이상이 콜라주 작품이 균형 잡혀 있는 것으로 나타났다. 콜라주 미술치료에서는 일반적으로 아키야마(秋山, 1972), 코흐(Koch), 융(Jung)이 설명한 도식을 도입하는 경우가 많다. 공간도식을 살펴보면 위는 정신적 · 의식적인 부분이고 아래는 신체적 · 무의식적인 부분이며 왼쪽은 내적, 오른쪽은 외적인 부분이다. 또 오른쪽 위는 사회 · 감각, 왼쪽 위는 윤리 · 종교 · 부성 · 사고, 왼쪽 아래는 본능 · 직관, 오른쪽 아래는 모성 · 가정 · 감정과 관련되고 중앙은 전체성 · 자기의 영역이다.

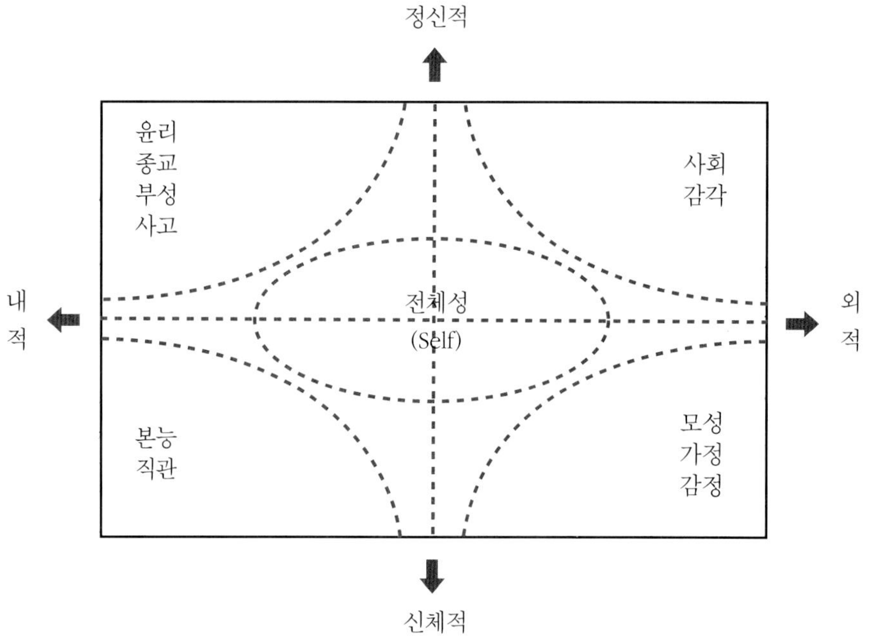

[그림 4-1] 아키야마의 공간도식(秋山, 1972)

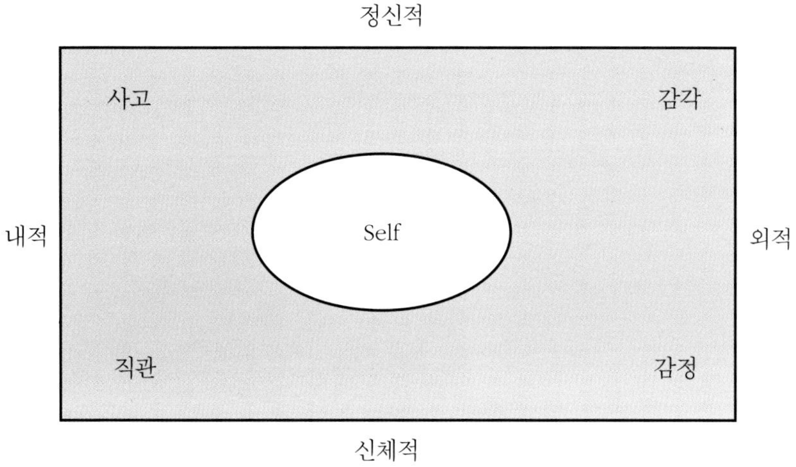

[그림 4-2]
융의 공간도식

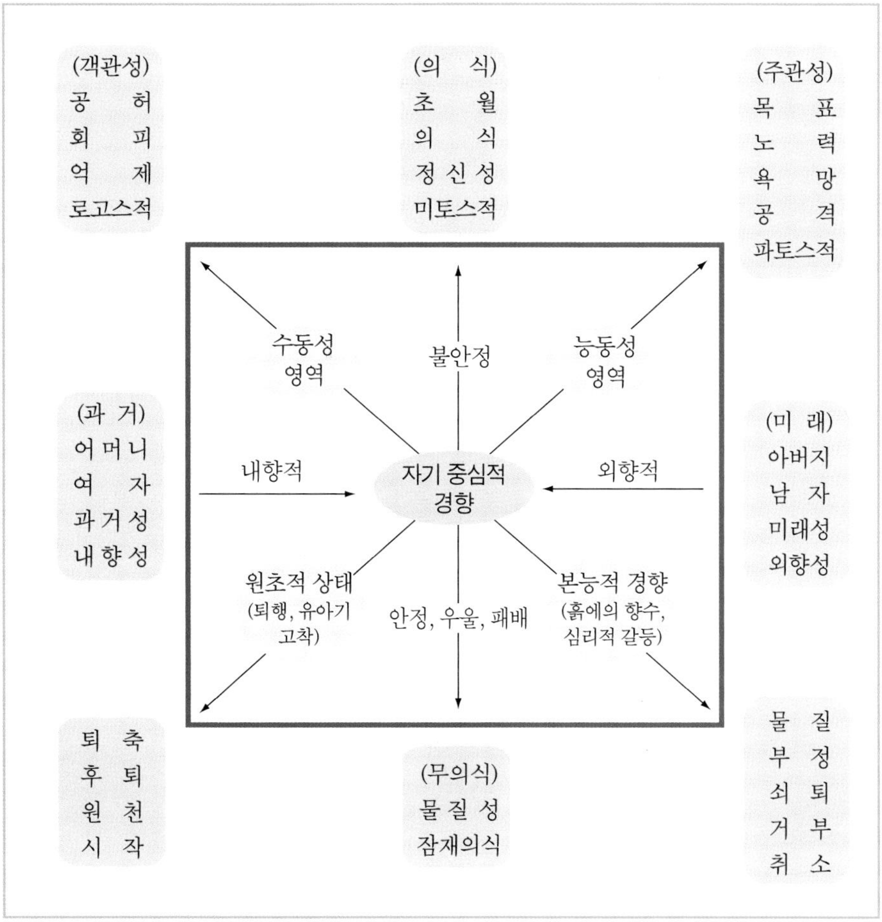

[그림 4-3]
코흐의 공간도식

▲ 조각이 상단에 위치한 예(7세, 남)

▲ 조각이 하단에 위치한 예(초 1, 남)

▲ 조각이 좌측에 위치한 예

▲ 조각이 상단 좌측에 위치한 예

▲ 조각이 하단 우측에 위치한 예

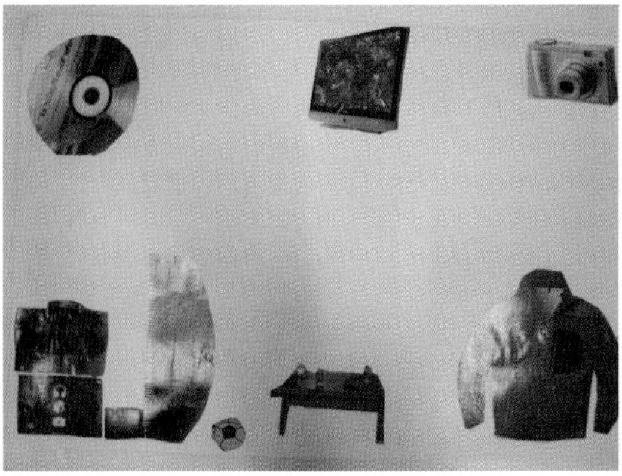

▲ 중앙에 공백이 있는 예

10) 종이 위치

이상에서 제시한 항목 이외에 종이 위치를 세로 혹은 가로로 사용했는지를 평가한다. 이근매(2009)의 연구에 따르면 초등학생의 1/3이 종이를 세로로, 2/3 정도가 가로로 사용하는 것으로 나타났다. 종이를 세로로 사용한 비율이 1~2%로 보고된 스기우라(杉浦, 1994)의 연구에 비하면 세로 사용이 다소 많다.

메시지성이 강한 포스터 등은 자주 세로로 사용된다. 세로로 사용되는 경우의 주제는 추상성이 높다. 현실로부터 벗어나 이상적인 세계 혹은 정신적인 세계를 표현하는 데에는 종이를 세로로 사용하는 것이 표현하기 쉽기 때문이다. 또한 현실에서 거리를 두고 싶다는 욕구표현으로 볼 수도 있다. 작품의 통합성에 있어서 불균형하게 나타낸 아동의 비율과 종이를 세로로 사용한 아동의 비율이 상이한 점을 고려할 필요가 있다. 또한 콜라주를 작성할 때 사진과 문자를 함께 오려 붙이는 경우와 문자와 그림을 첨가해서 써 넣거나 그리는 경우도 평가한다.

요약해 보면 임상사례에서는 초기 작품에 사진 조각 수가 많고 문제가 정리되면서 다소 감소하는 것을 볼 수 있다. 여백이 전혀 없는 작품에서 적절한 여백이 있고 균형이 잡힌 작품으로 변화해 가는 과정도 확인할 수 있다. 신경증이 있는 내담자의 경우 초기 면접에서 강박적으로 종이에 여백이 없이 전부 붙여 버리는 모습을 볼 수 있다. 이렇듯 초기에 자신의 문제의 대부분이 표출되는 경우가 많다. 또한 종이를 세로로 사용함으로써 현실과 거리를 두고 싶다는 욕구표현을 하는

▲ 사진과 문자를 함께 오려 붙인 예

아동도 있다.

그러나 여백이 지나치게 적거나 많고 작품에 불균형이 있다고 하여 반드시 문제라고 단정 짓는 것은 위험하다. 일반 아동의 발달단계에 맞는 표현 특징을 참고하여 문제 행동이 예측되는 아동을 발견하고 심리치료에 임하는 것이 중요하다.

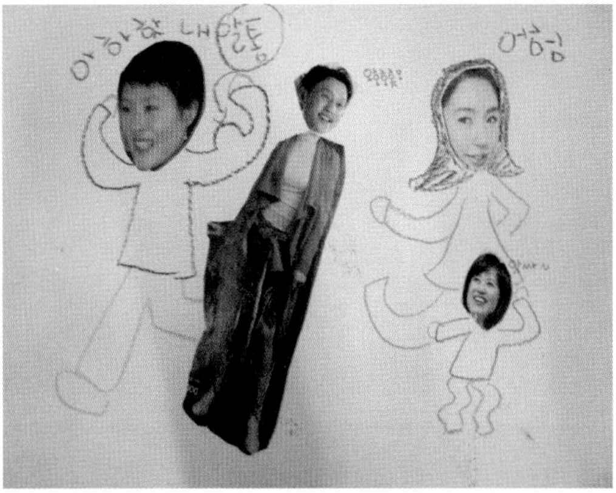

▲ 그림과 문자를 첨가해서 그리거나 써 넣은 예

▲ 그림을 첨가해서 그린 예

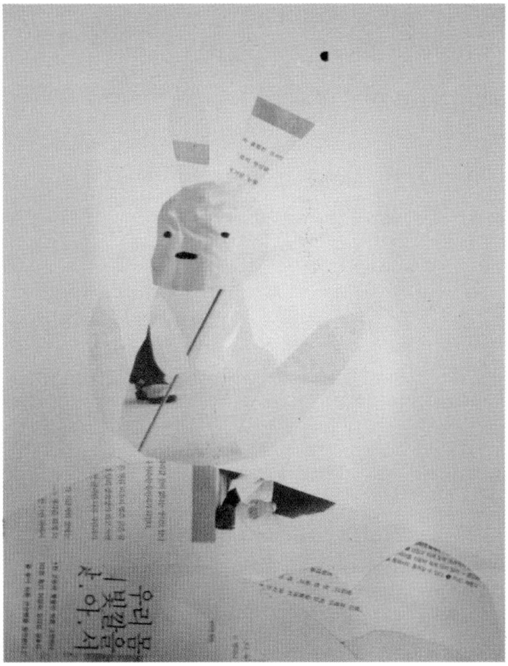

▲ 조각으로 형태를 만든 예

▲ 의미 없는 조각을 붙인 예

3. 내용 분석

콜라주가 완성되면 구체적으로 '무엇이 표현되고 있는가?'라는 작품에 붙여진 사진 조각의 내용을 분석한다. 즉, 자연 풍경, 인간, 동물, 식물, 음식물, 탈것 등 붙인 사진 조각의 내용, 추상적인 표현, 명료한 표현, 표현 내용, 첨가 여부 등을 분석한다.

내용 분석은 현재 내담자의 선호와 관심사를 파악하는 데 좋은 정보가 될 수 있다. 연령대와 현재 상황에 적절한 표현인지도 함께 파악한다. 예를 들어, 현재 자녀에 대한 걱정과 갈등이 있는 학교부적응 아동 어머니의 콜라주 작품에 자신의 취미생활에 대한 내용만 표현되어 있는 경우를 살펴보자. 이 경우 두 가지 측면에서 해석할 수 있다. 곧 현재의 걱정에서 벗어나 여유를 찾고 싶은 욕구의 표현 혹은 어머니 자신의 취미생활에 관심이 커서 아동의 양육에 관심을 덜 가지고 있다고 해석할 수 있다. 일반적으로 작업 후 전자의 경우에는 현재 아동의 문제로 너무 힘들었는데 자신이 좋아하는 취미 등에 관한 사진을 붙이고 표현을 함으로써 대리만족이 되어서 여유가 생기고 기분이 좋다는 표현을 한다. 후자의 경우에는 자신이 좋아하는 것에 너무 관심을 갖다 보니 자녀 양육에 소홀한 것 같다는 통찰을 하게 된다.

나아가 아동·청소년의 경우 발달단계에 맞는 내용을 표현하였는지가 중요하며, 일반적인 표현인지, 병리성에 의한 표현인지를 파악한다. 예를 들면, 유아나 초등학교 1, 2학년의 경우에는 자신이 좋아하는 자동차나 사물만 붙이는 경우가 있다. 그러나 초등학교 고학년이나 중학생 이상에서 하나의 사물만 붙이는 경우에는 주의 깊게 살펴보아야 한다. 일반적인 청소년의 경우에는 갖고 싶은 것, 하고 싶은 것 등을 다양하게 표현하는 경우가 많다.

학교부적응 아동이나 청소년의 콜라주 작품을 보면 한 가지 또는 한두 가지의 사물에 치우쳐 표현하는 경우가 많다. 욕구가 억압된 아동·청소년의 경우에는 한 번에 4절지 2~3장에 자신이 갖고 싶은 것, 좋아하는 것을 표현하는 경우도 있다.

▲ '자연 풍경' 을 주로 붙인 40대 여성의 콜라주 작품

▲ '치아가 보이는 입' 조각이 주로 나타난, 언어표현이 위축된 여중생의 콜라주 작품

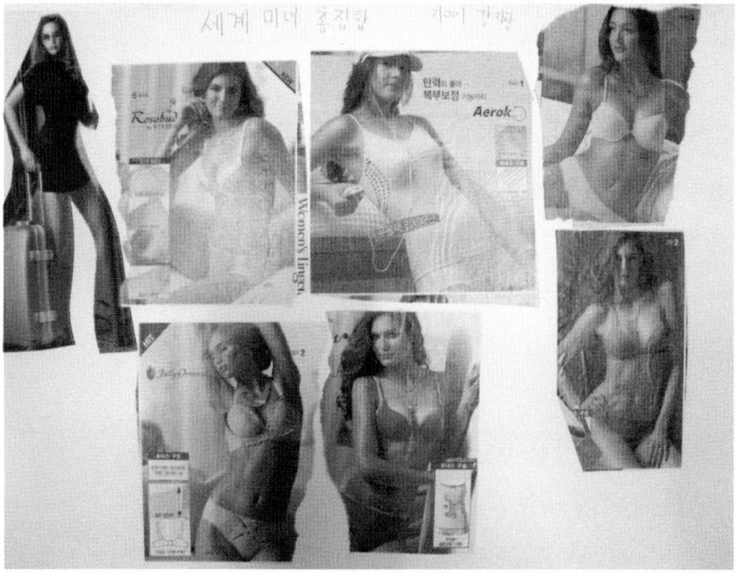

◀ '속옷 입은 여성' 을 주 관심사로 나타낸 남중생의 콜라주 작품

◀ '사람의 몸' 을 주 관심사로 나타낸 남중생의 콜라주 작품

▶ '사람' 만 붙인, 대인관계에 곤란을 겪고 있는 뇌병변 남성의 콜라주 작품

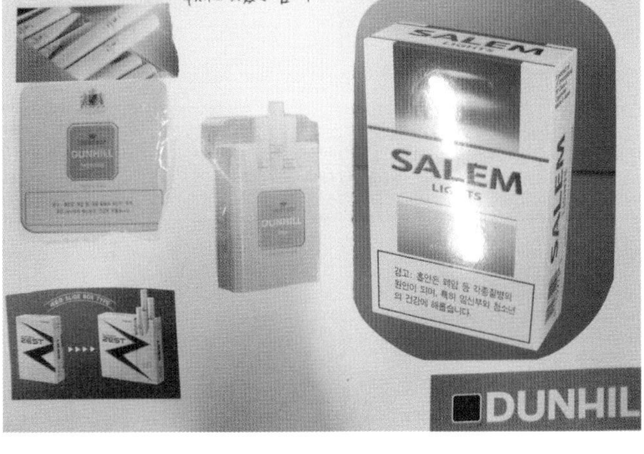

◀ '담배' 를 주 관심사로 나타낸 남중생의 콜라주 작품

◀ '실내' 사진을 주로 붙인, 대인기피증 20대 남성의 콜라주 작품

▶ '오토바이' 만 붙인, 등교 거부 남중생의 콜라주 작품

◀ '음식' 사진만 붙인, 분리불안장애를 겪고 있는 초등학교 2학년 남아의 콜라주 작품

▶ '꽃' 사진만 붙인, 치매 노인의 콜라주 작품

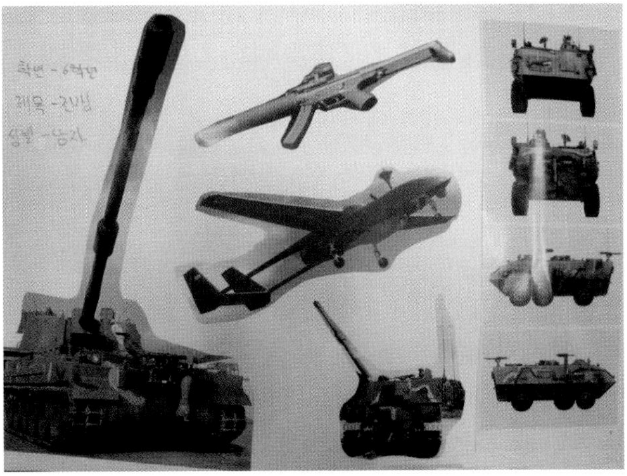

▲ '전쟁 무기' 사진만 붙인, 공격적인 초등학교 6학년 남아의 콜라주 작품

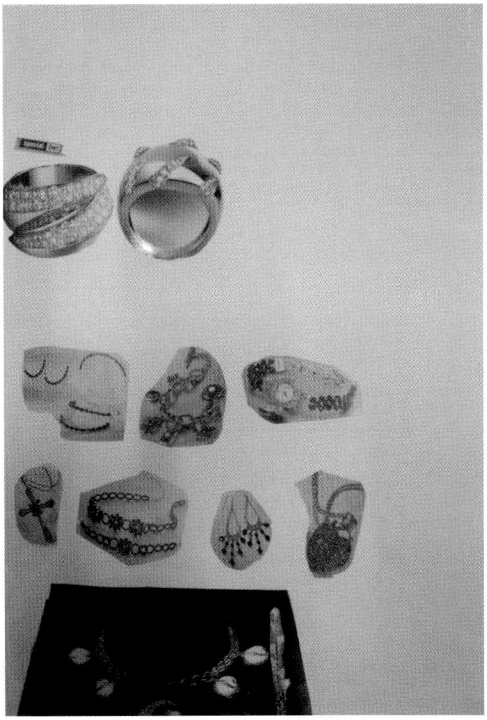

▶ '액세서리'를 주 관심사로 나타낸 초등학교 6학년 여아의 콜라주 작품

4. 계열 분석

한 장의 콜라주 작품을 억지로 해석하는 것은 위험하다. 계속해서 작품을 작성하여 그 흐름을 계열적으로 이해하는 것이 내담자의 심리 상태를 이해하고 알아차리는 데 도움을 준다. 통합성, 테마, 공간도식, 상징적 해석 등 네 가지의 포인트를 중심으로 작품을 해석하고 내담자를 이해한다. 계열 분석에서는 이니셜 콜라주라고 하여 첫 회기에 실시한 작품이 내담자의 메시지가 표현되어 치료의 방향성을 제시해 주는 의미 있는 작품이다. 첫 회기 작품은 내담자의 문제를 드러내 주는 경우가 많기 때문에 계열 분석을 할 때 자주 첫 작품을 참고하면 도움이 된다. 일반적으로 계열 분석은 4~5개의 작품을 작성하고 자신이 재통찰할 수 있도록 도와준다. 그 당시에는 알아차리지 못했던 사실을 시간이 흐른 뒤 자신의 작품을 작성하고 회상함으로써 알아차리도록 한다. 아울러 이전의 힘든 감정 상태를 객관적으로 조절할 수 있는 힘을 키우는 데 도움을 준다. 즉, 계열 분석을 통하여 보다 깊게 자신을 이해하고 현재 상태를 지각할 수 있다.

5. 사진 조각의 상징

잡지에서 마음에 드는 사진을 오려 붙여서 작품을 구성하는 콜라주 미술치료에서는 의식성과 무의식성이 동시에 드러난다. 무의식성의 표현은 인간의 마음 깊은 곳에 숨겨진 사실을 투사해 주며 주로 심상이나 상징을 통해 표현된다.

심상이나 상징은 내담자가 언어로 표현할 수 없는 것, 표현하지 않는 것, 잘 표현되지 않는 성격의 단면을 포착하는 것이 가능하다. 반면에 정신분석학에서는 무의식 내에 존재하는 욕구가 자아에 받아들여지기 어렵거나 그대로 표현하는 것이 자아의 존재를 위협하는 경우 위장된 표상으로 자아에게 의식되는데, 이 위장된 표상을 상징이라 한다. 다시 말하면, 상징은 언어로 표현하기 어려운 내용의 도식과 자아 방어에 따른 위장이라는 두 가지의 심적 작용을 의미한다.

사물에는 모두 상징적인 의미가 있다. 그 의미는 다의적이며 하나로 함축하기에는 무리가 있다. 붙여진 사진 조각의 의미는 만든 사람 자신과 함께하고 있기 때문에 제작자가 의미를 부여하는 것을 소중히 한다. 그 당시에는 몰랐어도 알아차리는 시기가 반드시 오기 때문에 미술치료사는 내담자의 상징에 대한 의미를 염두에 두고 내담자에게, 예를 들어 꽃에 대해 생각나는 것이 있는지, 어떤 느낌이 드는지, 꽃을 붙이고 난 뒤의 기분은 어떠한지 등을 질문해 나간다. 직접적인 해석을 하는 것은 내담자의 방어를 높일 수 있기 때문에 조심해야 한다. 반면에 내담자가 스스로 자신의 문제를 알아차릴 수 있도록 도움을 주는 간접적인 질문 방식이 효과적이다.

콜라주 미술치료를 통하여 내담자를 도우려고 할 때 미술치료사에게는 콜라주 작품을 통한 심상 및 상징에 대한 깊은 이해가 요구된다. 왜냐하면 일반적인 상징의 의미가 있지만 그 의미는 아주 다양하여 내담자의 성장 환경과 내담자가 지각하고 있는 심상에 따라 달라질 수 있기 때문이다.

콜라주 기법에서는 떠오르는 이미지를 직접 그려 나가는 그림과 달리, 준비된 사진 조각이나 잡지에서 마음에 들거나 신경이 쓰이는 사진 이미지를 선택하여 도화지 위에 조합함으로써 전체적인 이미지를 표현해 나간다. 사진의 어떤 특징 때문에 그 이미지가 선택된 것일까? 그것은 이미 준비되어 있는 것이기 때문에 각기 이야기를 지닌다. 선택된 사진 이미지라는 것은 원래 잡지 등에서 그 사진의 위치가 정해진 이야기 중에 있는 것으로, 거기에서 잘라졌다고 하는 이야기의 존재는 남는다. 아름다운 드레스를 입은 여성 사진은 다른 동종의 드레스를 입은 여성들과 나열되어 있던, 고급 드레스를 소개하는 잡지 속의 사진일 수 있다. 혹은 여러 디자인의 드레스를 입은 여성들이 있는 패션쇼 장면의 일부였을 수도 있다. 사진 이미지는 잡지의 어떤 이야기 속에서 잘려짐으로써 다른 의미와 이야기가 생성된다.

이와 같이 붙여진 사진 조각의 상징을 해석하기 위해서는 살펴보아야 할 내용이 있으며, 예를 들어 정리하면 다음과 같다.

《붙여진 사진 조각의 상징 해석 과정의 예》

〈'패션쇼에 나온 여성' 사진 조각을 붙임〉

- 몇 명의 여성이 있는가?
- 특정 드레스를 입은 여성
- 어떤 특정한 용모의 여성
- 여성 신체의 어떤 부분
- 여성의 모습이나 복장이 아니라 손에 낀 장식품에 관심이 있는지 모른다.

→ 사진 조각의 어느 부분에 초점이 맞추어져 있는가?
→ 내담자는 무엇을 표현하려고 하였는가?
→ 강조하고 싶은 것은 무엇인가?

상징의 이해를 돕기 위해 구체적인 예를 들면 다음과 같다.

〈도화지에 붙여진 '빨간 장미꽃'〉

- 장미꽃은 어디에 붙여져 있는가?: 작품에 따른 이야기
- 사진 조각의 크기는 도화지의 어느 정도를 차지하는가?
- 왜 장미꽃을 선택하였는가?
  → 내담자에게 장미꽃을 선택한 의도를 묻는다.
- 한 송이인가, 꽃다발인가? 큰가, 작은가?: 문제의 크기, 중요성 등을 나타낸다.
- 꽃의 의미를 생각한다: 그 나라, 지역의 문화에 근거하여 해석하며, 표현된 관용구도 함께 해석한다. 예를 들어, '꽃을 피운다'는 '성공', '꽃이 진다'는 '실패' 등을 나타낼 수 있다. 그 자체가 지닌 의미를 취한다.
- 장미꽃의 의미를 생각한다: 꽃말(나라와 민족에 따라 다른 꽃말이 있다.) 각 민족이 지닌 신화나 전설 등의 전승이나 역사, 풍습, 종교 등에 따라 다른 의미를 지니는 경우가 많으며, 꽃의 색에 따라서도 다르다.
- 개인의 성장 배경을 토대로 장미의 의미를 이해한다: 어릴 때 장미꽃을 키웠다. 또는 성모마리아를 상징한다(빨간 장미는 성모마리아의 상징이라고 이해하는 경우가 있다.). 아울러 모성애를 의미하는지 살펴본다.

→ 도화지에 붙인 장미꽃 사진 조각의 균형 있는 배치와 붙인 위치, 크기, 장미꽃의 의미를 조합하여 최종적으로 해석한다. 다른 상징물에 대해서도 마찬가지다.

융심리학에서는 상징해석이론이 보편적 무의식과 관계한다고 주장한다. 다음은 해석하는 사람(치료자)이 최소한의 지식으로 익혀 두어야 할 장미꽃의 상징에 관한 내용이다.

〈인류와 장미꽃의 역사〉

장미가 인류의 역사에 등장한 것은 고대 바빌로니아의 '길가메시 서사시'에서다. 이 시에는 장미의 가시에 관해 언급한 곳이 있다. 고대 그리스, 로마에서는 장미의 향기를 좋아하여 향유를 만들어 사용하였다. 이집트의 여왕인 클레오파트라는 장미를 좋아하여 줄리우스 카이사르를 환대할 때 장미꽃 오일을 사용했다고 한다. 로마에서도 장미 오일을 좋아하여 북아프리카나 유럽에서도 장미를 재배하였다. 중세 유럽에서는 장미 오일이 사람을 유혹하는 것으로 교회에서는 금지되고, 수도원에서는 약초로 재배되었다. 이슬람에서 흰 장미는 마호메트를 나타내고, 빨간 장미는 유일신 알라를 나타낸다. 또한 여기서도 향유로 생산되어 애용되었다. 『아라비안나이트』에도 장미에 관한 기록이 있다. 십자군 이후에 장미가 유럽에 소개되어 르네상스 시대에는 애호하는 대상이 되었다. 이탈리아 보티첼리의 〈비너스의 탄생〉에서도 장미가 그려져 미의 상징으로 인식되었다. 그 밖에 단테의 『신곡』 천국편에서도 성인이나 천사가 모인 천상에 순박한 장미의 형체가 등장한다. 또한 가톨릭교회는 성모마리아를 '신비스러운 꽃(Rosa Mystica)'이라는 애칭으로 부르기도 한다.

〈장미의 용도〉

장미는 감상용은 물론 장미 오일은 향유의 원료로 사용되거나 아로마테라피에서 활용된다. 장미꽃을 증유해서 얻은 액체를 중동이나 인도 등에서는 디저트의 향료로 사용한다. 말린 꽃은 페르시안 요리의 약미로 사용된다. 농약에 오염되지 않은 장미꽃은 생식으로 먹을 수도 있다.

〈장미의 관용구〉

푸른 장미(blue rose): 신의 축복을 의미한다.

장미 아래서(under the rose): 비밀을 의미한다.

예쁜 꽃에는 가시가 있다: 겉모습은 예쁘지만 마음을 뺏기면 위험에 처할 수 있다는 의미가 있다.

다음은 상징에 대한 일반적인 의미와 한국의 콜라주 미술치료 워크숍에서 한국 미술치료사들이 표현한 다양한 상징의 의미를 정리해 본 것이다. 문화적 배경에 따라 상징의 의미는 달라질 수 있으며, 작성한 사람의 설명을 중요시하면서 상징을 이해할 필요가 있다.

1) 자연물의 상징

표현	상징	표현	상징
물	무의식, 여성성, 슬픔, 우울, 생명, 차가움, 죽음, 깊다, 움직임, 바다, 유연성, 탄생, 홍수, 가뭄, 여러 가지 형태, 생명의 근원지	나무	성장, 큰 꿈, 목표, 의지, 휴식, 시원함, 다양한 쓰임새, 싱싱함, 변화무쌍, 군상, 자아상, 풍요로움, 베고 싶다
불	에너지(여러 가지의 에너지), 뜨거움, 열정, 격정, 힘, 소각, 무서움, 파괴, 재생, 파티, 추억, 강변, 시위, 요리, 아픔, 일어남, 화재, 분위기	무지개	약속, 희망, 사랑의 언약, 사라짐, 환상, 허황됨, 아름다움, 마음이 풀림, 무지개떡, 보물, 맑음, 촉촉함
하늘	푸르름, 높음, 위상, 천국, 하나님, 허공, 남편, 비상, 변화무쌍, 먹구름, 천고마비, 천진함, 붕붕 뜨는 느낌, 성공	눈 (내리는 눈)	포근함, 겨울, 사랑스러움, 크리스마스, 차가움, 추석, 축복, 더러움, 깨끗함, 결정체, 스키, 예쁨, 발자국, 러브스토리, 녹는다, 허무함
길	방향, 목표, 의식, 목적지, 방황, 갈등, 막연함, 고속도로(시원함), 산길(힘듦), 개척, 인생, 과거, 미래, 표지판	비	시원함, 스트레스, 눈물, 소나기, 흠뻑 젖다, 우산, 눅눅함, 기다림, 즐거움, 홍수, 부침개, 재난, 커피

풍경	자유로움, 여행, 공허함, 이상적, 현실과 다른 세상, 일탈, 공상, 현실도피, 휴식, 휴양지 (주로 방어할 때 자주 표현된다. 의도적 또는 비의도적으로 표현될 수 있다.)	꽃	· 꽃: 가시, 향기, 유혹, 선물, 공주, 성취, 아름다움, 축하, 고백, 화려함, 절정, 여자, 외유내강 · 봉오리: 성취를 위한 준비, 미숙함, 기대됨, 피어나게 하고 싶다, 가능성, 수줍음, 소녀, 도와주고 싶다, 힘이 없다
별	목표, 바람, 희망, 꿈, 밤하늘, 낭만, 슬픔, 그리움, 멀다, 차가움, 외로움, 환상적이다	돌	무거움, 딱딱함, 변신, 죽음, 정지, 색상, 무덤, 침묵, 불변, 기도, 기원, 제사, 징검다리, 망부석, 조각, 문제제기, 차가움, 견고함, 무당, 미신, 누르다, 비석
달	동화, 목표, 음(陰), 여자, 변화, 소망, 빵, 토끼, 가득 참, 아련함, 달과 6펜스, 강강수월래, 명절, 모닥불	일출	시작, 힘이 솟다, 장엄함, 매우 붉다, 매일 일어남, 지겨움, 희망, 소원 성취, 1월 1일, 유일하다, 짧다
해	강렬함, 양(陽), 남자, 뜨거움, 유일함, 쳐다볼 수 없다, 눈부심, 시작, 끝, 아버지, 열정, 무기력	바다	어머니, 풍랑, 두려움, 호기심, 시원함, 평온함, 느긋함, 재미있다, 깊다, 풍요, 슬픔, 포용, 여행, 고통, 자유로움, 활력, 무의식, 소리, 쓸쓸함, 우울

2) 인공물의 상징

표현	상징	표현	상징
방	휴식, 혼자만의 공간, 갇혀 있다, 하고 싶은 것을 하는 공간, 도피, 안전, 방 안에서 가족 간의 교류, 대화, 격리, 소외, 외계와의 단절	책장	채우고 싶다, 과시욕, 가두어 놓다, 분류, 정돈, 위압감, 강박, 새로움, 오래됨, 소장 가치, 허세
아파트, 건물	갑갑함, 닭장, 편리함, 공동체, 동일함, 삭막함, 어지럽다, 인간성 상실, 인공적이다, 닭장	펜	공부하고 싶다, 표현하고 싶다, 엘리트, 집중, 전문성, 비싸다, 자존심, 날카로움, 책임감, 권위, 찌르고 싶다, 고귀함, 노트, 선물
문	개방, 출입, 수용, 초대, 격리, 벽, 소통의 수단, 궁금함, 지켜보다, 에티켓	양초	분위기, 소멸, 파티, 빛, 냄새 제거, 향, 희생, 열정, 희망, 부드러움, 작은 힘, 어두움, 눈물
집	가족, 행복, 편안함, 불편함, 소유, 재산 가치, 안정감, 울타리, 책임, 무책임, 어린 시절, 따뜻함, 부모, 둥지	책	성공, 졸리다, 지혜, 소장 가치, 학업 스트레스, 중압감, 다양함, 학구열, 지식, 재미있다, 아이디어, 학력, 고지식함
침대	쉬고 싶은 마음, 새로운 일에 대한 준비, 편안함, 섹스, 따뜻함, 사랑, 고립, 휴식, 무기력함, 사적인 공간, 사생활, 수면, 빈둥거리다, 외로움, 피하고 싶다, 부부관계, 원초적, 유혹	향수	자기 색깔을 내는 것, 유혹, 감추다, 선물, 향기, 느낌, 치장, 색깔, 성적, 선택, 화려함, 드러내다, 위장
그릇, 담는 것	음식, 주는 것, 수용, 어머니, 부엌, 대화, 격식, 수집, 여성성	곰 인형	공격성의 방어적 표현, 추억, 포근함, 귀여움, 사랑스러움, 친구, 안정감, 곰
자동차	달리다, 힘이 있다, 추진력, 조정하다, 나만의 공간, 데이트, 여행, 부의 상징, 일, 가치, 질서, 사고	트로피	보상, 성공, 성취, 자신감이 있다, 승리, 가치 있다, 월계관, 귀하다, 일등, 강하다
비행기	자유로움, 일탈, 새, 날고 싶다, 위험함, 여행, 사고, 도전, 또 다른 세상, 벗어나고 싶다, 탈피하다, 균형	카메라	정지, 남을 보다, 추억, 기억하다, 관찰, 회피, 객관적, 담아두다, 증거

다리	연결, 전환, 가능성, 도움, 시작, 멘토, 미지의 세계, 죽음, 붕괴, 성수대교, 희망	배	어머니, 새로운 세계, 개척, 침몰, 자유, 물고기, 만선, 타이타닉, 여행, 멀미, 위태로움, 고달픔, 목표, 항해, 풍랑
청소기	깨끗하다, 시끄럽다, 열심히 하다, 정리하다, 감정이 없다, 다 빨아들이다, 길다, 대신해 주다, 완벽하다, 개운하다	지도	방향성, 도전, 두려움, 나무, 성장, 장식, 실수가 적다, 완벽, 망설임, 자화상, 풍요로움, 크리스마스, 장소, 여행, 즐거움, 생명, 쉼터, 다람쥐, 운전, 탐구, 발견, 새로움, 안내, 안전, 복잡함, 물, 자연, 시원함, 열매, 추억, 성황당, 소 떼, 모닥불, 숲, 음산함, 마을, 녹색

3) 신체 관련 상징

표현	상징	표현	상징
입술	소리 내다, 주장하다, 표현하다, 잔소리, 말하다, 공격적인 언어, 키스, 사랑의 표현, 다정한 말	가슴	어머니, 따뜻하다, 여자의 상징, 성적인, 섹시하다, 모유, 모성애, 음란하다
손	행동을 원할 때, 찾다, 만들다, 창조, 감사, 도움, 감싸다, 구속, 내어주다, 포옹, 악수, 함께하다, 칭찬, 지적	귀	소리, 엿듣다, 루머, 소리 없는 소문, 호기심, 간지럽다, 관심, 비밀, 속삭임, 은밀함, 복
눈	통제, 감시, 눈물, 타인의 시선, 두려움, 평가하다, 지켜보다, 바라보다, 지지하다, 평가받다, 편견	발	역동성, 움직이다, 열심히 하다, 행동하다, 재빠르다, 열등감, 안정감, 공격적, 걷어차다, 운동, 여행, 맨발의 청춘, 짓밟다
나체	젊음, 원초적, 건강함, 아름답다, 성적인, 음란하다, 원시적인, 자유		

4) 의복 관련 상징

표현	상징	표현	상징
넥타이	남성성, 압박, 졸라매다, 책임감, 아버지, 남편, 샐러리맨, 권위적이다, 통제, 사회적, 지위가 있다	시계	강박성, 지켜야 하는 시간, 체계적, 압박, 계획, 마감시간, 약속
립스틱	사회적인 힘, 가면, 역할, 위장하다, 치장하다, 가식적, 화려함, 야하다, 기분 전환, 변신, 불륜, 여성스러움	액세서리	장식, 아름답고 싶은 욕구, 내면의 아름다움, 여성성, 보여지는 것, 치장하다, 가식적, 화려함, 사치, 빛나다, 거추장스럽다, 여성, 어머니, 애인
구두	돌아다니고 싶다, 우아함, 아픈 발, 고통스러움, 외출하다, 불편함, 의무감, 지위, 뽐내다, 멋스럽다, 틀	가운, 제복	학위나 지위에 대한 열망, 권위적, 갑갑함, 전문가다움, 틀에 맞추다, 완벽함, 위상, 절도
가방	감추다, 담다, 밀월여행, 학업, 떠나다, 여행, 이동, 추억, 보관하다, 학교, 여성스러움(핸드백)	선글라스	감추다, 멋스럽다, 휴가, 몰래 훔쳐보다, 경계하다, 시선, 연예인, 돋보이다, 명품, 분위기 있다

5) 음식 관련 상징

표현	상징	표현	상징
음식(먹는 것)	본능적인 욕구, 양육, 여성성, 에너지, 건강, 가족, 어머니, 생존	와인	분위기, 고급, 술, 건강, 파티, 축하, 만남, 컬렉션, 선물, 남편, 식욕, 장식, 연인, 탕, 양념, 숙성, 여유, 달콤함, 시원함
사과	사랑, 아담과 이브, 유혹, 에너지, 백설공주, 건강	보양식	가족, 남편, 보호하다, 에너지를 비축하다, 피곤함, 돌보다, 남을 위하다, 배려, 지치다

6) 동물 관련 상징

표현	상징	표현	상징
동물	활동성, 본능적인 에너지 (콜라주 작품에서 자기를 상징하기도 한다.)	말	강인함, 역동성, 힘차다, 자유, 힘, 에너지, 길들이다
개미	부지런함, 끈기, 기다림, 열심히 일하다 (에너지가 떨어질 때 나오기도 한다.)	검은 고양이	복수심, 음흉함, 소설, 공포스러움, 악당, 날렵함
개	귀엽다, 보호해 주어야 하는 대상, 친구, 가족, 인간과 가깝다, 충성	곰	공격적이다, 힘이 있다, 야생적이다, 신화(곰=여성)
소	부지런하다, 농사의 도구, 우직하다, 재산, 버릴 게 없다, 착하다, 순하다, 힘이 있다, 투우	토끼	귀엽다, 자식, 어린아이, 어디로 튈지 모른다, 약삭빠르다, 다듬어지지 않은 에너지, 소극적인 공격성, 똑똑하다, 재치 있다, 빨리 뛴다

7) 기타 상징

표현	상징	표현	상징
캐릭터	이중성, 유아적이다, 감추고 싶다, 귀엽다, 친구	하트	사랑의 표시, 애정욕구, 의도적인 표현, 과장된 애정표현

이와 같은 해석기준에 준한 일방적인 해석보다는 작품 후 내담자의 설명이나 표현을 중시해야 한다. 가능한 한 작업 후 내담자에게 작품에 대한 설명을 듣고, 연상되는 것, 기분과 느낌 등을 서로 이야기하면서 내담자가 통찰해 나가도록 돕는다. 이러한 해석기준은 어디까지나 가설이며, 완성된 콜라주가 이 도식에 정확하게 맞는 것은 아니다.

콜라주의 진단이나 해석 내용을 직접 내담자에게 전할 필요가 없다는 입장을 취하는 치료자가 많다. 콜라주의 진단이나 해석은 치료자가 치료의 방침이나 전망을 생각할 때에 도움을 주기 때문에 콜라주 작품을 통하여 내담자의 마음을 읽어 내는 것은 중요하다. 다시 말하면, 내담자의 작품을 해석하기 위한 것이 아니라, 내담자와 치료자의 관계에서 콜라주를 통하여 내담자가 자신의 마음을 표현할 수 있게 하는 것이 중요한 것이다.

나카이(中井, 1993)는 작품이 완성되었을 때 "시인하고 찬미해 주는 대상이 필요하고, 치료자가 내담자의 모험적인 이야기를 적극적으로 듣는 자세를 보이는 것이 콜라주 과정을 치료적인 것으로 완성시킬 수 있다."라고 하였다. 또한 사사키와 시모야마(佐佐木, 下山, 1998)는 "콜라주 미술치료는 치료자가 내담자와 면담하여 내담자의 내면을 이해하고 상호 인격적인 교류를 통하여 내담자가 일상생활에 복귀할 수 있도록 지원하는 것이다. 특히 그 과정에서 경우에 따라 내담자가 치료자와 함께 콜라주 작품을 제작하며 그 작품에 대해 스스로 해석을 하거나 상대에게 해석한 내용을 들음으로써 자기 이해가 깊어진다는 것이 특색이다."라고 설명하였다.

스기우라(杉浦, 1993)는 치료자와 내담자가 함께 콜라주 작업을 수행하는 동시제작법은 저항감이 있는 내담자에게 안심감을 줄 수 있고, 치료자와 내담자가 작품에서 메시지를 주고받음으로써 전이, 역전이가 발생하여 치료의 전개를 촉진하는 역할을 한다고 지적하고 있다.

해석이 필요하지 않은 콜라주 미술치료이지만 실제(임상 장면에서는 적지만, 특히 자아 성장 상담 등에서) 콜라주를 실시했을 때 내담자가 작품에 관한 견해, 해석에 대하여 의견을 요구하는 경우가 많다. 이러한 상황에서의 대응에 관한 구체적인 연구 보고는 없으며, 해석에 관해서는 실시자에 따라 대처가 다른 듯하다. 어느 정도 일반화된 해석, 견해에 대한 지침이 필요하지 않느냐는 견해도 있다. 이는 콜라주가 모체가 되는 모래놀이치료와 마찬가지로 표준화할 수 없어 제멋대로 해석하거나, 충분한 지식 없이 콜라주 미술치료를 실시하는 치료자를 증대시키는 위험성이 있기 때문이다.

이러한 해석의 문제에 대해서 나카이(中井, 1976)는 "많은 의사들은 일반적으로 요청되면 해석을 해야 한다는 회답강박(回答强迫)을 가지고 있다고 말한다.

이것은 사실 환자의 문제라기보다는 치료자의 위신 유지라는 비치료적인 문제다."라고 주장하고 있다. 예술치료 전반의 견해로서 작품을 작성한 시간 그 자체가 치료적인 시간이고 공간이며, 나아가 완성한 것에 대해서 평가하는 것은 비치료적이라고 지적하고 있다.

스기우라(杉浦, 1999)는 치료자가 자신의 회답강박으로 쉽게 해석해 버리는 경우가 있다고 주장하였다. 심리치료 중 적절한 시기에 해석하는 경우도 있지만, 치료가 진행되어 종결기가 다가오면 내담자 스스로 자기 해석이 가능하게 되며, 작품은 결과적으로 치료의 전개를 비추는 센서(sensor)라고 설명한다. 즉, 치료자에 의한 해석보다 내담자 스스로의 해석이 중요하며 이때 치료자가 내담자의 자기 해석을 얼마나 지지할 수 있는지가 중요하다.

한편 아오키(青木, 2005)는 심리면접 장면에서 내담자에게 9회의 콜라주를 도입하였는데, 내담자가 콜라주에 관한 적극적인 해석을 실시하도록 도와주지 않아 결과적으로 면접의 종결을 길어지게 한 사례를 보고하였다. 사사키(佐佐木, 1995)는 콜라주 매체를 통해 내담자가 자신의 문제를 말하고, 치료자와 함께 작품에 대한 인지를 공유하는 것을 강조하였다. 이처럼 실시자인 내담자의 해석에 관한 견해는 폭넓다. 사토(佐藤, 2001)는 콜라주 제작 과정에서 실시자가 어떤 행동을 취하는지, 콜라주 제작 행동은 사람에 따라 어떤 차이가 있는지, 그 차이는 무엇에 기인하는지 등 인지행동적 부분에 착목하여 분석을 시도하였다.

해석은 콜라주를 사용하는 목적, 즉 이른바 심리치료 장면, 자아 성장 관련 상담 장면 등 각 장면에 따라 다를 것이다. 향후 수행될 기초연구 및 사례연구, 통계적 분석이 해석에 관한 견해의 확립으로 연결될 것으로 전망한다.

이상의 내용을 요약해 보면, 내용 분석과 형식 분석, 계열 분석을 통하여 내담자의 콜라주 작품을 해석하고 이해할 수 있다. 먼저 무엇이(내용 분석: 상징적, 투영적 요소), 어디에, 어떻게(형식 분석: 자르는 방법, 표현적 요소) 붙여졌는지를 파악하면서 작품에 접근해 나간다. 나아가 계열적 이해와 통합성, 테마, 공간도식, 상징적 해석 등을 더해 전반적으로 작품을 이해함과 동시에 내담자가 스스로 통찰해 나가도록 도와준다.

제5장

계열 분석을 통한 콜라주 미술치료의 이해

제5장
계열 분석을 통한 콜라주 미술치료의 이해

이 장에서는 15명의 미술치료사로 구성된 집단을 대상으로 1년 동안 역량 강화를 목적으로 실시한 콜라주 사례들을 소개하고자 한다.

콜라주 작업을 통해 자신의 내면을 통찰함으로써 치유적인 효과 및 자기 성장과 자기 계발을 도모하였다. 집단개인법으로 콜라주 작업을 하고 완성된 작품에 제목을 붙이고 감상을 기술할 뒤 상대방과 서로 이야기를 나누는 방식으로 진행하였다. 다음의 사례들은 콜라주 미술치료 연구를 위해 현장의 미술치료사들이 자발적으로 제공해 준 사례로, 각 회기별로 실시한 콜라주 작품에 대한 느낀 점과 계열 분석을 통해 각자 통찰한 부분을 정리하여 독자들이 이해하기 쉽도록 기술하였다. 이를 통해 콜라주 미술치료에 대한 해석의 이해를 돕고자 한다.

사례 1 "행복한 가정생활의 열쇠는 나에게 있었다"

30대 기혼 여성

1) 첫 번째 만남 – 주제: 자기 소개

내용 및 느낀 점

이해인 수녀의 웃는 모습이 좋았다. 남을 도우면서 행복한 미소를 지을 수 있는 후덕하고 여유 있는 사람이 될 수 있을 것 같다. 미래의 모습이 이와 같았으면 좋겠다는 마음으로 붙였다. 다이아몬드처럼 반짝반짝 빛나는 재능과 가능성이 그동안 주머니 속에 갇혀 있었던 것 같다. 주머니 밖으로 쏟아져 나와 빛을 발하는 다이아몬드가 나의 모습과 닮은 것 같다. 나는 결혼 7년째인데 아직 아이가 없다. 행복한 가정을 이루고 싶은 나의 욕구가 가족 사진으로 표현되었다. 행복한 가정을 이루기 위해 우선 임신을 해야 한다는 생각이 간절히 들었다. 나는 축복받는 임산부가 되고 싶다. 광야를 달리는 얼룩말 옆에는 임산부 사진(작업 후 마음에 들지 않아 떼어 냈다)이 붙어 있었는데 내 목표가 임신이라는 생각이 들었다. 나에겐 지금 해야 할 다른 일들이 많은데, 자꾸 임신에 집착하는 나의 모습을 볼 수 있었다. 돈과 황금색의 띠는 돈을 벌어야 한다는 나의 마음이 표현된 것 같다. 경제 관념이 없는 나에게 돈이 나와서 기쁘다. 옆에 분의 '돈' 그림에 자극을 받아서 붙이게 되었다. 작업을 마치고 난 후 아직 뚜렷한 목표가 보이지 않고 막연하다는 느낌이 들었다.

▲ 제목: 긍정

2) 두 번째 만남 – 주제: 일

내용 및 느낀 점

과거 대학 시절 밤낮을 모르고 작업을 했던 때가 나전칠기 사진에 나타나 있다. 가운데 산악인 '오지은' 의 모습은 참으로 당당하고 힘 있어 보인다. 요즘 새삼 일에 있어 시간 관리가 중요하다는 생각을 하고 있다. 미래에는 일과 가정에서 유연하게 대처하는 모습이었으면 한다. 보호 장비를 모두 착용하고서 자전거를 배우는 아이의 모습이 매 순간 단호하게 차고 나가지 못하는 내 모습 같기도 하다. 갈색 병이 주는 힘은 내가 지칠 때 쓰러지지 않게 하는 에너지원이다. 한약을 먹어 가며 건강을 지키려는 지금의 내가 드러나는 것 같다. 공격과 방어는 지금껏 내가 일하는 패턴과 앞으로 내가 취해야 할 행동 패턴인 것 같다. '아직도 구체적인 목표 설정이 되어 있지 않구나.' 라고 통찰하게 되면서 세 번째 나와의 만남을 기대하게 되었다.

▲ 제목: 에너지

3) 세 번째 만남 – 주제: 자유 주제

내용 및 느낀 점

가운데 게는 남편이다. 겉으로는 너무 강하고 단단해 보이지만 속은 한없이 여리고 다치기 쉬운 속살을 가진 게다. 사람들을 만날 때도 가시를 세우고 집게발을 흔들며……. 그러던 사람이 이젠 사람 만나는 게 좋다고 한다. 학위를 받고 있는 남자는 남편의 모습이다. 학력 콤플렉스가 있는 남편은 나를 공부시키면서 너무나 좋아하였다. 박사까지도 하라고 한다. 내가 하고 싶은 공부를 하게 해 줘서 고맙지만 나로 인해 대리만족을 느끼는 것 같아서 부담되고 미안하다. 사진 찍는 남자는 여유가 있을 때면 항상 밖으로 나가고 싶어 하는 남편의 모습이다. 남편은 사진 찍는 것을 좋아하고 항상 밖으로 초점이 맞춰져 있다. 남편의 직업은 컴퓨터 프로그래머다. 일에 빠지면 아무것도 보이지 않는 사람이다. 컴퓨터가 임

▲ 제목: 남편

신한 여자를 가리고 있는 사진을 보고, 내가 남편의 일이 임신이나 성관계에 지장을 준다고 생각한다는 걸 알았다. 아마도 관계를 하고 싶지 않을 때 일 핑계를 대서 컴퓨터를 하는 모습에 화가 났던 것 같다. 그래서 컴퓨터를 두 개나 붙였다. 남편이 절벽이고 난 그 절벽을 천천히 올라가고 있는 것 같다. 스스로는 저 절벽이 언젠가는 편안한 평지가 될 거라는 믿음을 가지고……. 무모하다는 생각이 든다.

남편에 대한 나의 생각을 콜라주로 표현하면서 긍정적인 면보다 부정적인 면에 초점이 맞춰져 있다는 생각이 들었다.

4) 네 번째 만남 – 주제: 과거, 현재, 미래

내용 및 느낀 점

과거에는 지구를 모두 가진 어린아이 같은 모습이었다. 현재에 계속 공부하고자 하는 마음이 연필을 통해 나타났고, 에너지를 줄 수 있는 해바라기와 요구르트를 붙였다. 미래에는 신앙에 대한 믿음이 생겼으면 좋겠다. 명품 가방도 갖고 싶고 계속 공부할 수 있었으면 좋겠다. 내가 자유라고 생각했었던 것들은 진정 내가 원하는 것들이 아니었다. 지금 내가 원하는 것은 내가 있는 곳에서 유연해지고, 몸과 마음이 자유로워지는 것이다. 현재 내가 공부를 하고 사랑을 하며 일을 할 때 순간순간 자유롭고 즐길 수 있었으면 하는 희망이 있다. 미래에는

▲ 제목: 자유(과거)

그러한 확신이 나에게 있으리라 생각한다. 그때는 내가 원할 때 떠날 수 있고 원할 때 돌아올 수 있는 진정한 자유를 느낄 수 있지 않을까?

▲ 제목: 에너지(현재)

▲ 제목: 믿음(미래)

5) 다섯 번째 만남 – 주제: 축제

내용 및 느낀 점

지구본을 돌리는 아이와 날개 달린 천사를 선물 받았다. 내가 주었던 선물과 비슷한 내용의 선물을 받았다. 마음이 풍족해지는 느낌이다. 악기를 연주하고 맛있는 것을 먹었을 때의 만족감이 느껴진다. 활짝 열린 문처럼 많은 사람들이 뛰어들어와도 받아 줄 수 있을 것 같은 여유로운 기분이며 활짝 핀 꽃이 내 맘 같다. 오늘 하루는 지금의 축제 같은 기분을 즐기고 싶다.

나의 엽서콜라주에 대한 화답을 받고 난 후 살짝 소름이 돋는 듯했다. 나와 닮은 사람을 만난 것 같아 기분이 좋다. 나에게 수호천사와 아프리카의 사자와 호기심 많은 아이를 선물해 준 선생님에게 감사한 마음이 들었다. 한편으로는 위안이 된다. '나만 이렇게 생각하는 것은 아니구나.' 하고 동지가 생긴 것 같았다. 서로의 이상향이 많이 닮아서인지 종종 만나고 싶다는 느낌이 든다. 현실 속에서 유연해지기 위해서는 고행의 시간이 필요하고 나는 그 시간을 즐길 수 있는 사람이라는 확신이 든다. 아마도 나와 같이 해 줄 누군가를 만났기 때문일 것이다.

▲ 제목: 현재 기분

6) 여섯 번째 만남 – 주제: 자유 주제

내용 및 느낀 점

누가 나인지 모르겠다. 고삐를 잡고 있는 사람이 나였으면 좋겠다. 요즘 글을 쓰고 싶다. 그래서 타자기가 보였나? 논문을 써야 하기도 한다. 논리적으로 글을 써야 한다는 스트레스가 느껴지기도 한다. 음악으로 치료하는 사람이다. 나는 미술뿐만 아니라 여러 가지 예술을 통합적으로 활용하여 치료하는 사람이고 싶다. 서재는 책을 많이 읽고 싶고 집중할 수 있는 공간이 있었으면 좋겠다는 마음에서 붙였다. 아직도 그런 부분에서 조율하는 것이 힘든가 보다. 안마기는 나의 몸에 주는 에너지다. 굳이 다른 사람이 주는 것은 이제 필요 없다. 나에게 좋은 것은 내가 찾을 거다. 금덩어리를 보니 그냥 기분이 좋아진다. 요즘 금색, 금덩어리 등에 눈이 간다. 귀하고 가치 있는 존재가 되는 것은 나의 바람이기도 하다. 나체의 사람들은 너무나 편안해 보인다. 말에게 먹이를 주는 사람(올리브를 따는 사람)은 나다. 또한 먹이를 받아먹는 말도 나다. 열심히 일하는 것은 곧 나에게 이득을 주는 것이다.

▲ 제목: 현재의 나

콜라주를 하고 나서 나에 대한 생각이 점점 변하고 있다고 느꼈다. 달라지고자 하는 마음이 엿보인다. 광야를 달리는 말에서 고삐를 맨 말로……. 달라지고 있다는 것이 부정적으로 느껴지지 않는다. 다음 작품이 기다려진다.

7) 일곱 번째 만남 – 주제: 자유 주제

내용 및 느낀 점

과거에는 세상일이 내 마음대로 될 것 같았고 기성세대의 모든 것들이 불만이었다. 이렇게 혹은 저렇게 해야 하는 형식 모두가 허례허식이라고 생각하였다. 고민이 생기고 불만이 있을 때마다 내가 선택한 책 속에서 나 혼자 그 답을 찾으려고 하였다. 아마도 그런 부분이 나를 교만하게 만든 이유인지도 모르겠다. 삶 속에서 어떤 규율이나 형식은 중요하지 않다고 생각했고, 내면에서는 원시적인 삶이나 자연스러움을 추구하였다. 그러한 삶이 나에게는 자유로움으로 다가왔던 것 같다. 남녀 성의 구분도 무의미하다고 생각했고, 그래서 대부분 남자들이 하는 일도 종종 감행하곤 했다. 실제로 오토바이도 탔다. 과거의 나는 다듬어지지 않은 본능적인 에너지가 훨씬 강하였다. 그 에너지를 컨트롤하지 못해 실패를 경험하기도 했고 적응이 힘들 때도 있었다. 그러한 길들여지지 않은 에너지를 과거에는 자유라고 생각하였다. 지금 생각하면 많이 어리고 무지했던 것 같다.

▲ 제목: 과거의 나

8) 여덟 번째 만남 – 주제: 자유 주제

내용 및 느낀 점

나는 김주하 앵커처럼 남성성과 여성성을 모두 갖춘 사람이고 싶다. 결혼도 하고 아이 엄마면서 일하는 주부로서, 적당히 주변의 도움도 받고 양보도 하며 인생을 깊이 있게 다복하게 잘 살아가는 모습이 참 부럽고, 그렇게 되고 싶다. 외모도, 목소리도, 내면의 깊은 생각과 프로다운 모습도 모두 닮고 싶다. 영어 책은 공부를 잘하고 싶고, 가까운 미래에는 영어 원서도 잘 읽을 수 있도록 공부하고 싶기 때문에 붙여 보았다. 불곰의 입으로 물고기가 들어가는 사진을 보니 곧 목표를 이루기 직전인 것 같아 기분이 좋다. 박수갈채를 받는 사진은 미래에 인정받고자 하는 욕구가 나타난 것 같다. 여자의 뒷모습은 몸매가 좋아서 혹은 뒷모습이 예뻐서 붙여 보았다. 하지만 현실을 회피하고자 하는 마음이 나타난 것 같다. 내가 바라는 이상과 나의 무의식이 나타난 것 같다. 인정받고 싶고, 성공하고 싶고, 공부하고 싶은 나의 욕망이 드러나 있다.

▲ 제목: 미래의 나

9) 아홉 번째 만남 – 주제: 내가 좋아하는 것

내용 및 느낀 점

지금 나에겐 극약 처방이 필요하다. 가면이 나쁜 건 아니라는 생각이 들었다. 벚꽃 길을 보니 벚꽃이 만발한 활주로를 달리고 싶다는 생각이 든다. 아찔한 하이힐도 갖고 싶고, 한 번쯤 신어 보고 싶지만 불편할 것 같다. 내겐 어울리지 않고 부자연스럽다. 내 머리에 불이 난 것 같다. 다 타버리기 전에 꺼야 할 텐데……. 빨리 주사기로 약을 놔 줘야겠다. 여행작가 오선희는 용기 있는 여자다. 두려움을 모르는 여자, 세 살짜리 아들과 배낭여행을 떠날 수 있는 깡이 있는 여자다. 빨간색 털옷이 강렬하다. 그리고 갖고 싶다. 라벤더를 든 소녀는 착할 것 같다. 난 착한 아이는 싫은데, 사진을 보면서 끌렸던 이유가 궁금해졌다. 잡지를 넘기며 손이 가는 대로 붙여 보았다. 미처 의식하지 못한 것들이 드러나지 않을까 하는 불안감도 있었지만, 의도적인 작업이 방해가 될 것 같아 어느 순간부터는 그런 생각을 내려놓았다. 마음 가는 대로, 손이 가는 대로 작업을 하고 나니 편안해졌다. 시원하기도 하고 자유롭기도 하다.

▲ 제목: 마음 가는 대로

10) 열 번째 만남 – 주제: 현실생활

내용 및 느낀 점

현재의 나는 해야 할 일에 집중하지 못하고 한쪽엔 이어폰을 꼽고 멍해 있는 모습이다. 주변에는 내가 해야 할 일과 시간이 정해져 마무리해야 할 일이 있고, 돈을 벌고 싶고 놀고 싶은 욕구가 나타나 있다. 칼집에 꽂은 칼은 무엇인지 잘 모르겠다. 내가 생각하는 칼은 나 자신이 좋아하고 잘 다루는 도구다. 이런 도구들이 정렬되어 있는 모습도 만족스럽고 든든하다. 빨간색 자동차는 내게 힘을 주는 것 같아 붙였다. 어디론가 달리고 싶기도 하지만, 빨리 의자에 앉아 한눈파는 소녀를 때려야겠다. 종강이 다가오며 점점 시험이며 리포트에 대한 압박감이 밀려온다. 이젠 하나하나 빨리 해결해야겠다. 청소도 하고, 미래를 준비하는 대책을 세워야 하는데, 놀고 싶은 마음이 생긴다. 정신 차리자!!

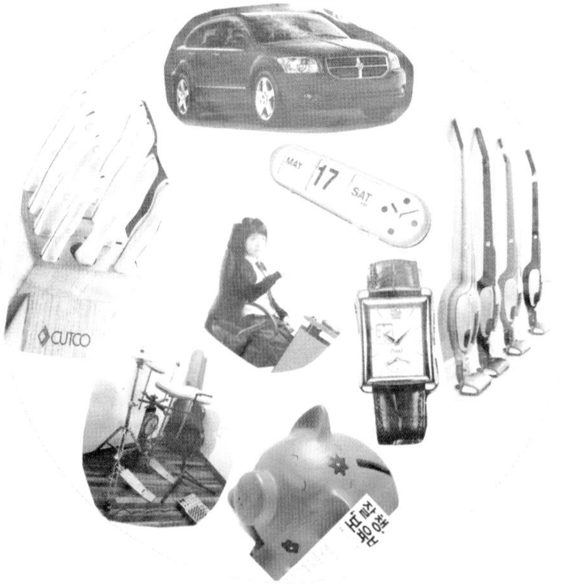

▲ 제목: 집중해!!

11) 열한 번째 만남 – 주제: 자유 주제

내용 및 느낀 점

요리하는 남자는 집중해서 일하는 남자다. 단지 요리에만 집중하고 있는 자세가 좋다. 책과 연필은 논문 준비를 해야 한다는 마음이 나타난 것 같다. 도쿄와 화살표는 좀 더 전문성 있는 사람이 되기 위해 일본어를 공부하고 싶어서 붙였다. 저울처럼 일의 경중을 따져 봐야 한다. 뭐가 중요한지 결정한다는 것이 내게는 참 어려운 것 같다. 비대한 건 매력이 없다. 그래서 나를 가꿔야 한다는 생각이 든다. 기도하는 꼬마 사진을 보니 그동안 간절히 원하는 것이 없었다는 생각이 들었다. 이래도 그만, 저래도 그만이라는 생각이 나를 주저하게 만들지는 않았나 싶다. 그동안 이상과 현실의 괴리를 느껴 어떻게 행동해야 할지 몰랐다. 자유롭고 싶은 욕구에 매여서 현실을 제대로 인식하지 못했고, 간절함이 없었던 것 같다.

▲ 제목: 중요한 것을 찾아라

12) 열두 번째 만남 – 주제: 자유 주제

내용 및 느낀 점

현재 나의 심리 상태가 자유 작업을 통해 드러나는 것 같다. 오른쪽 하단의 잘 정돈된 책장을 보니 논문 자료를 정리해야 한다는 생각이 들었다. 칼(다용도)은 상황에 따라 적절하게 사용할 수 있는 사람이 되고 싶다는 의미이며, 다양한 가면은 상대에 대한 적절한 배려이며, 상황에 따라 필요하다고 생각하였다. 가운데 기도하는 남자는 나의 간절한 마음이 드러난 것 같다. 현재의 나의 모습, 내가 관심 있는 것들이 자연스럽게 드러났다. 있는 그대로 받아들이고 잘하려 하는 나의 모습이다. 스팽글이 잔뜩 붙어 있는 옷이나 장신구는 화려하고 싶고 돋보이고 싶은 욕구가 표현된 것은 아닐까? 이렇게 나를 알아 가는 과정이 중요하다는 생각이 든다. 내가 바라는 것을 알아차리고, 적절하게 버리고 받아들이는 것이 중요하다고 생각하였다.

▲ 제목: 일과 기도

13) 열세 번째 만남 – 주제: 마음에 드는 그림

내용 및 느낀 점

나에게 있어 달라이 라마는 믿을 수 없는 존재이자 권위자에 대한 의심과 불신의 주인공이었다. 아직까지 받아들일 수 있을지 장담하진 못하지만 사람과 함께 하는 모습만큼은 진실 같다. 일하는 여성은 치료하는 직업을 가진 여자다. 주부에서 재취업에 성공한 사례의 주인공이다. 지금의 나의 모습 같다. 말 타는 엄마와 아이의 모습은 먼 미래에 나의 아이와 함께 여행을 하고 싶다는 마음에 붙여 보았다. 열쇠와 자물쇠가 제대로 짝이 맞아 있는 것이 좋아 보인다. 작업실에서 도구를 들고 있는 남자는 자신의 일을 즐겨하는 모습이다. 내가 전처럼 내 일을 즐겨할 수 있어야 한다는 생각을 하였다. 지금 난 서재와 같은 나의 공간이 필요하다. 배와 줄자를 붙인 것은 적당한 긴장감이 필요하다는 의미인 것 같다. 살도 좀 빼야 한다. 의자와 빨간 가방은 아무도 건드리지 못할 것 같은 위협과 품위가 느껴진다. 의자와 가방 모두 마음에 든다. 사람에 대한 진정한 신뢰가 생기기 시작하였다. 이제는 준비가 끝난 것 같다. 움직이자!

▲ 제목: 마음을 이끄는 사람들

14) 계열 분석을 마치며

나에게 콜라주 작업을 통한 계열 분석은 많은 의문을 풀 수 있었던 계기였고 내 안에 있는 나의 모습을 직면하는 시간이었다. 남편과의 문제, 꿈과 목적이 없었던 나의 모습, 자유에 대한 잘못된 사고 등을 하나씩 풀어 갈 수 있었다.

첫 번째로 나는 항상 남편에게만 문제가 있고 그것은 해결할 수 없는 문제라는 생각을 하고 있었다. 이미 굳게 정한 잣대로 남편을 판단하고 내 의지대로 조정하려 했으며 그것이 옳은 방법이라고 착각하며 살았던 것이다. 나만 여리고 나만 상처 받을 수 있는 존재이며, 상대는 틀이 강하고 그것을 깨는 것은 힘들다는 오해를 하였다. 하지만 콜라주 작업을 통해 내가 깨달은 것은 내가 얼마나 많은 고정된 틀을 가지고 있었으며 남편까지도 그 틀에 맞추려 했기 때문에 힘들었다는 사실이다. 나만 상처 받은 것이 아니라 그 사람도 나로 인해 많은 상처를 받았을 것이다. 처음엔 그 사실을 인정하는 것이 쉽지 않았다. 하지만 나의 인간관계에서 비슷한 패턴이 나타나고 있다는 것을 발견하였다. 나와 생각이 다르면 나도 모르게 상대를 무시하거나 거부해 왔다. 근본적으로 사람을 신뢰하지 않았고 존중한다는 의미가 무엇인지 몰랐던 것이다. 남편도 존중하지 않았으며 무의식 중에 무시하였다. 많이 미안하다. 지금은 남편으로 인해 사람에 대한 진정한 신뢰와 존중을 알기 시작한 것 같다.

두 번째로 막연한 꿈을 가지고 있는 나의 모습과 현실에서 그것을 위해 노력하지 않고 있는 나의 모습을 보았다. 내가 무의식 속에 가지고 있는 이상향은 '이해인 수녀님' '달라이 라마' '김주하 앵커' 등 만인의 존경을 받는 인물이거나 전문가로 인정받은 사람들이었다. 하지만 내가 현실에서 하고 있는 행동은 내가 가지고 있는 이상과는 괴리가 있었다. 나의 마음가짐 역시 충분하지 못하였다. 어떻게 행동해야 하는지 몰랐고 남의 말도 들으려 하지 않았다. 어린아이 같은 모습이었다. 콜라주 작업은 그러한 나의 모습을 구체적으로 보여 주었다. 내가 인정하기 싫은 나의 모습까지도 고스란히 드러났다. 지금은 막연하게 가지고 있는 나의 꿈을 구체화시켜 나가는 작업을 하고 있고, 그러기 위해 내가 해야 할 행동에 대해서도 배워 나가고 있다. 때로는 인내하고 고통도 감수해야 하며, 높이 올라가기 위해서는 단계가 있고 그 과정은 당연히 힘이 든다는 사실을 알아가고 있는 중이다.

세 번째로 내가 가지고 있었던 자유에 대한 잘못된 생각을 깨닫게 되었다. 사회적인 규범이나 틀은 모두 쓸데없는 것이며, 원시적이고 다듬어지지 않은 본능적인 부분을 표현하고 내 마음대로 행동하는 것이 진정한 자유라고 생각하였다. 그러한 생각을 하고 있는 내가 현실에서 제대로 역할을 하고 살아간다는 것은 고통이 아닐 수 없다. 하지만 작업 후, 나는 매우 미성숙한 행동을 자유라고 착각하고 있었다는 것을 알았다. 힘들고 귀찮다는 이유로 어른으로서 해야 할 책임을 회피하고 싶었던 것은 아닌지……. 어린아이는 그러한 문제들을 해결하기 위해 머리 아프게 신경을 쓰지 않아도 되니까? 하지만 지금 난 서른 살이 넘은 여자이고 한 남자의 아내이며 직장인이기도 하다. 또한 내가 진정 원하는 자유를 얻기 위해서는 현재 나의 역할에 대해 책임감을 가지고 최선을 다해야 한다. 그리고 그럼으로써 갈등 상황을 줄일 수 있다. 나의 모습을 본다는 것이 때로는 힘들고 창피하기도 하고 고통스럽기도 하다. 아마도 깨닫고 난 후에는 전과는 다른 변화가 시작되기 때문일 것이고, 반드시 변해야 하기 때문이기도 하다. 알기 전과 알고 난 후가 똑같다면 깨달음의 시간은 나에게 아무 의미가 없다는 것을 알고 있다.

콜라주 작업은 나를 빠르게 변화하게 만들었다. 때로는 부정도 하고, 알아차림에 감사하고, 그런 나에게 에너지를 주기도 하였다. 지금은 이렇게 하나씩 찾아가는 작업들이 기대되고 작업 후 찾아오는 만족감이 기다려진다. 그만큼 나의 가정생활도 밖에서의 모습에도 많은 변화가 있었기 때문이다. 나에게 콜라주 작업은 머리로만 가지고 있던 막연함을 여러 가지 면에서 구체화하고 명확하게 만든 작업으로서 많은 도움을 주었다. 앞으로는 미술치료사로서 지속적인 콜라주 작업을 통해 나를 점검하는 시간을 가져야겠다.

사례 2 "나의 진정한 욕구를 깨닫게 되었다"

30대 기혼 여성

1) 첫 번째 만남 – 주제: 공부

내용 및 느낀 점

작품의 가운데에 있는 남자와 '그는 모른다' 라는 문구는 남편을 나타낸다. 내가 공부를 더 잘할 수 있도록 남편이 도와줬으면 했는데 도와주지 않는 남편에 대한 야속한 마음을 표현하였다. 오른쪽에 엄지를 들고 있는 여자와 마천루 꼭대기에 앉아 있는 여자는 나다. 빨리 성공해서 정상에 도달하고 싶은 마음을 표현하였다. 또한 중앙의 음식과 왼쪽 아래의 욕조는 편히 쉬고, 맛난 것을 먹으며 에너지를 보충하고 싶어 붙였다. 운동하는 모습은 나도 저렇게 에너지를 내고 싶다는 마음이었으며, 상단과 하단에 있는 아기는 아기처럼 편안하고 싶다는 생각과 공부하면서 잘 돌봐 주지 못한 아이들에 대한 미안한 마음을 표현한 것이다. 중앙의 서재는 그런 서재를 갖고 싶고 열심히 공부하고 싶다는 의욕이 표현되었다. 내가 공부를 하려면 남편과 더불어 살아야 한다는 의미로 제목을 '더불어 사는 인생' 으로 정하였다. 다 붙인 후에 왠지 서러움이 느껴졌다. 남편은 하고 싶은 대로 다 하고 다니는데 나만 피해를 본다는 생각이 들었다. 남편이 야속하였다. 지치고 쉬고 싶다는 생각이 나를 지배하고 있었다.

▲ 제목: 더불어 사는 인생

2) 두 번째 만남 – 주제: 꿈

내용 및 느낀 점

작품 가운데의 여자는 나의 모습이다. 꿈을 이루고 여유를 즐기는 모습을 표현하였다. 가운데의 나무와 호수 사진은 꿈을 이루고 그런 곳으로 여행을 가고 싶어서 붙였다. 촛대와 찻잔이 올려진 우아한 식탁에서 사람들과 여유로운 시간을 가지고 싶었다. 또 아이들을 데리고 경험해 보지 못한 지구의 여러 곳을 여행하고 싶어서 얼음지치기와 차 안에서 목욕을 즐기는 사진을 붙였다. 그리고 성공한 듯 당당한 모습이 좋아 두 남자를 붙였고, 또 꿈을 이루면 남편과 말을 타고 넓은 광야를 신나게 달리고 싶어 승마 사진을 붙였다. 팔색조처럼 자유롭게 날아다닐 수 있는 것이 진정으로 꿈을 이룬 것이라는 생각이 들었다. 버펄로 무리가 돌진하는 사진은 성공하려면 이렇게 앞만 보고 힘을 내 달려야 한다는 생각이 들어 붙였다. 내가 생각하는 꿈이란 모두가 행복하고 건강하고 아름다운 마음을 가진 상태이며, 이런 마음으로 작품을 만들었다.

작품을 마친 후에 보니 내 작품에는 성공한 뒤의 모습만 있고 성공하기 위해 현재 어떻게 해야 하는지에 대한 구체적인 내용이 전혀 없었다. 나라고 생각했던 여자의 모습이 너무 무표정한 것이 마음에 걸렸다. 돌진하는 버펄로는 힘이 나기보다는 답답함이 느껴졌다. 가슴이 답답하였다.

▲ 제목: 웰빙 & 행복한 성공, 아름다운 삶

3) 세 번째 만남 – 주제: 일

내용 및 느낀 점

일이란 어려운 암벽을 오르는 것과 같이 힘이 들며 여러 가지 색과 형태가 어우러진 것처럼 여러 가지의 일, 사람, 방향 등이 있다고 생각하여 왼쪽 하단에 다양한 문양이 가득 찬 모양을 붙였다. 또한 일은 달리는 말에도 채찍을 가해야 하는 것처럼, 고난의 길이기도 하며 본인이 원하는 것이지만 극복해 나가야 하며 종점을 향해 달리는 마라톤과도 같이 끊임없이 노력해야 한다는 것을 표현하였다. 일이란 다 같이 힘을 내어 즐거움을 얻는 감동적이고 에너지 넘치는 것이라는 뜻에서 열광하며 응원하는 사람들을 붙였다. 그런 과정을 거쳐서 일로 성공한 사람들의 회합하는 모습이 너무 당당하고 보기 좋아서 오른쪽 아래의 사진을 붙였다. 또 편안하고 대우받는 곳, 즉 최고로 좋은 호텔의 최고의 방에서의 휴식, 거칠 것 없는 자유로움과 새콤달콤한 인생의 묘미를 알 수 있게 해 주는 것이 본인이 바라는 일을 해낸 결과라고 생각하여 아름다운 휴양지와 레몬을 붙였다. 가운데 붙어 있는 역동적인 모습에서 힘이 느껴졌다.

▲ 제목: 고진감래

그러나 암벽과 달리는 사람들이 뭔가에 막혀 있다는 느낌이 들어 시원하지 않았다. 일에 대한 힘든 점과 성공 후의 모습이 나타났지만 현재 해야 할 구체적인 행동 계획은 없고 그저 힘을 내야 한다는 것만 느꼈다. 내가 왜 일을 하는지에 대한 목표가 보이지 않았다. 그것이 내가 힘들어하는 부분일까?

4) 네 번째 만남 – 주제: 사람

내용 및 느낀 점

사람이라는 주제에 따라 생각나는 대로 골라서 붙여 보았다. 거실 사진은 우리 가족이 살고 싶은 곳을 표현하며, 그 옆의 여자 사진은 그들처럼 가정과 직장 생활을 다 잘하고 싶다는 생각에서 붙였다. 아래의 조인성은 남편의 자유로움을 나타내고, 그 옆에는 가족의 단란한 모습과 부부의 사랑스러운 모습을 붙였다. 또 위의 남자 의사들의 사진은 남편과 내가 그런 사람들처럼 사회적으로 성공하고 싶다는 마음의 표현이고, 그 옆에 사람들이 모여 있는 사진은 사람들과 친하게 지내는 따뜻한 시간을 갖고 싶다는 마음이다. 사람들과 잘 어울리려면 맛있는 음식이 필요하다고 느꼈으며, 군인처럼 우리를 지켜 주는 사람이 있어서 사람들과 어울리는 것도 가능하다고 생각하였다. 그리고 사람을 만났을 때는 오렌지처럼 상큼한 느낌을 주는 것이 즐거울 것 같다는 마음을 표현하였다.

사람이라는 주제로 막상 작업을 하니 나의 인간관계가 너무 좁다는 생각이 들었다. 고작 내가 표현한 것은 나의 가족, 나의 미래상 정도였다. 나머지는 그냥 내가 생각하는 인간상에 대한 것들이었다. '내가 이렇게 편협한 인간관계를 형성하고 있었나? 진정 나에게 친밀한 사람이 없단 말인가?' 라는 생각이 드니 쓸쓸하고 슬펐다.

▲ 제목: 상큼하게! 즐겁게!

5) 다섯 번째 만남 – 주제: 동그라미

내용 및 느낀 점

앞서 작품에서 계속 동그라미가 반복되어 나와서 이번에는 동그라미에 대한 작업을 하게 되었다. 잡지를 넘기면서 마음에 드는 동그라미를 골라 붙였다. 처음엔 목걸이, 동글동글한 얼굴들, 동그란 도토리가 눈에 들어 와서 붙였다. 또 동그라미 안에서 바람을 맞고 있는 여자의 모습이 시원해 보였다. 동그라미는 아니지만 동물과 이야기하고 있는 사람의 모습이 마음을 끌었다. 다른 느낌과 다른 언어를 사용하는 사람과 동물이라도 마음이 통하는 것이 보기 좋았다. 벽에 붙은 나비와 부엉, 여자는 맘에 들어서 붙였고, 그 여자는 나인 것처럼 느껴졌다. 주로 그림들은 쌍을 이루고 있었고 사람들이 들고 있는 하트가 맘에 들어서 제목을 '사랑'이라고 붙였다.

2개씩 짝지어진 그림들이 눈에 들어와서 '남편하고의 문제를 나타낸 것인가?' 하는 생각도 들었다. 다른 사람들의 피드백에서 여자가 너무 고고한 척하고 있다는 말을 듣기가 부담스러웠다. 슈퍼바이저로부터 내 작품에는 도토리와 같이 겉은 딱딱하나 안이 부드러운 것을 상징하는 사진들이 공통적으로 표현되고 있다는 피드백을 받았을 때, 도토리가 나의 성격과도 비슷하다는 생각이 들었다. 항상 안에 가둬 놓고 있는 내 성격이 나도 맘에 걸린 것일까? 그래서 다른 사람의 피드백이 부담스러웠던 것 같았다.

▲ 제목: 사랑

6) 여섯 번째 만남 – 주제: 겨울

내용 및 느낀 점

크리스마스 소품, 즉 산타, 양초, 눈사람, 트리, 케이크, 따뜻함이 느껴지는 고양이, 목도리 등을 붙였다. 여자 사진은 나이며, 새로움을 나타내는 싱싱한 알로에를 들고 선물을 하려 하고, 남자 사진은 남편인데 나에게 따뜻한 눈길을 보내고 있다. 친구들과 따뜻한 황토방에서 맛있는 음식을 먹는 모습이 정겨워 보여서 붙였고, 학창시절 친구들과 겨울 여행을 떠났을 때가 생각나서 추억의 사진을 붙였다. 남자와 여자는 부드러운 케이크를 먹으며 크리스마스를 보낸다. 그런 사진들을 보면서 따뜻하고 편안한 느낌을 받았다.

나는 따뜻함을 표현한다고 붙였는데, 다른 사람들이 트리, 알로에, 여자의 모습에서 차가움이 느껴진다고 피드백을 해 주었다. 그리고 여자는 여전히 흐트러지지 않으려는 모습으로 있는 것이 아쉽다는 말도 들었다. 딱딱한 껍질을 보였던 동그라미가 부드러운 케이크로 바뀐 것은 다행이라고 하였다. 여기서 내 틀이 정해져 있고 나의 틀로 남편을 대해 왔다는 것이 느껴졌다. 타인에게 초점을 맞추는 것이 부족하고 더 따뜻해져야겠다는 생각을 했다.

▲ 제목: 크리스마스가 있는 따뜻한 겨울

7) 일곱 번째 만남 – 주제: 설날

내용 및 느낀 점

설날이라고 하니 즐거운 기분이 들었고 맛있는 음식을 먹으며 기분이 좋은 얼굴들이 생각났다. 새벽에 내린 눈을 뽀드득 뽀드득 밟으며 한복을 곱게 입고 큰집으로 가던 기억이 그리워졌다. 그래도 일 년 중 설날 하루는 근심 걱정을 떨쳐버리고 즐겁게 지냈다는 생각이 들며, 매일 설날 같다면 얼마나 좋을까 하고 생각해 보았다. 그래서 설날은 힘이 나고 힘을 주는 추억임을 새삼 느꼈다. 또 설날에 받았던 세뱃돈과 신나고 즐거운 기억이 새록새록 떠올랐다.

나의 작품에는 항상 음식이 나왔다. 뭔가 힘을 내야 한다고 느끼는 것 같다. 내가 지쳐 있다고 느껴서 그런 걸까? 이렇게 즐거운 생각을 하면 힘이 나고 안 지치는데 말이다. 이젠 내가 지쳐서 주위 사람들을 힘들게 하지 말고 다른 사람들에게 힘을 주어야 할 때가 되었음을 알아차렸다. 또 현실에 대해 깊이 고민해 보아야 한다는 것을 깨달았다. 항상 과거나 미래가 작품에 나타날 뿐, 현재의 내용은 부정적이었던 것 같다. 현재에 만족하자. 그리고 더 나은 미래를 위해서 지금을 긍정적으로 생각하자고 다짐하였다.

▲ 제목: 맛있고, 신나고, 즐겁고

8) 계열 분석을 마치며

첫 작품으로 공부라는 주제를 받아서 콜라주를 하게 되었다. 작품 속에는 남편에 대한 불만이 가득하고, 지쳐 있어서 힘을 내고 싶은 마음이 가득하였다. 작품을 하면서 남편만 나를 더 잘 도와준다면 뭐든지 잘할 수 있는데 그렇게 되지 않는다는 생각이 매우 불쾌한 감정으로 와닿았다. 그러나 작품을 해 나갈수록 그 문제는 내가 의식하는 수준에 불과하다는 것을 느꼈다. 내 작품 속에 있는 나는 항상 부동자세였다. 고고하고 흐트러짐이 없었다. 반면에 내부에서는 공격성과 역동성, 에너지 등이 나타났다. 그런 역동성과 에너지는 시원하다거나 힘이 솟는다기보다는 부담스러웠고 답답함이 느껴졌다.

서너 개의 작품을 하는 과정에서 내 작품에 계속 동그라미가 나타난다는 것을 슈퍼바이저가 깨닫게 해 주었다. 그리하여 동그라미가 나에게 어떤 의미가 있는지 콜라주 작업을 통해서 탐구하였다. 잡지 사진을 살펴보며 동그라미 모양을 한 것 중 맘에 드는 것을 골라 붙여 보았다. 모두 짝을 이루고 있었다. 또 껍질은 딱딱하나 속은 무른 과일들이 반복해서 나타났다. 여기에서 속은 그렇지 않은데 밖으로 딱딱하고 차갑게 비치는 나, 또 사람을 대하는 데 있어서 어려움을 느끼고 있는 나를 발견할 수 있었다. 막상 내가 알고 있는 부분이라고 생각한 것을 작품으로 그대로 드러내고 다른 사람들의 피드백을 받으면서 한 번 더 확인하고 나니, 속이 시원하기보다는 답답하고 부끄러웠다. 또 처음에 남편이 문제라고 생각했던 것이 나의 핑계였구나 하는 생각에 착잡하기까지 하였다. 그러면서 그 후로는 뭔가를 나타내는 것이 더 두렵고 부담스러웠던 것 같다. 콜라주를 하면서도 망설여지고 의식적인 작업을 하게 되었다. 점점 작아지고 있는 나를 발견하였다. 그런 나의 모습을 보면서 '아! 내가 이런 식으로 살아왔구나……. 그렇구나.' 하는 생각이 들었다. 슬펐다. 뭐든 하고 싶지 않았다. 콜라주 작업 시간은 나를 마주 하고 나에 대해 더 파고드는 시간이었던 것 같다. 그래서 힘들었다.

한참의 시간이 지난 후 '활동'이란 작품에서 힘을 내고 싶다는 생각, 뭔가 토해 내고 싶다는 생각이 들었다. 아직도 '이래야 하나?' 하는 생각도 들었지만,

그러고 싶었다. 그래서 크게 말하는 사진, 광적으로 기타를 치는 사진, 뭔가 외치는 사진 등을 붙였다. 부끄럽기도 했지만 속으로는 '이거구나.' 하는 편안한 생각이 들었다. 그렇게 힘을 내고 나니 다시 작업을 해 나갈 수 있었다. 계속되는 작업과 피드백에서 나는 처음에 붙였던 사진들처럼 굳어져 있던 내 속의 에너지를 받아들일 수 있게 되었다. 그것을 알기까지 너무 많은 시간 동안 먼 길을 돌아왔다.

콜라주 과정은 기적과도 같은 체험이었다. 그 체험은 나에게 귀중한 것이며 체험을 통해서 알게 된 사실을 내가 받아들일 수 있게 되어서 너무 다행이었다. 첫 작품에서부터 작업을 하는 과정에 남자가 많이 등장하였다. 난 단지 그것이 남편이라고만 생각하였다. 그러나 그것이 내 속에 있는 나의 남성상이었다는 것을 아는 순간 온몸에 전율이 왔다. 그리고 다른 사람들에게 그 기쁨을 마구 알리고 싶었다. 내 속에 이런 남성적인 에너지를 가두어 두고 겉으로는 순종하고 복종하며 평이하게 살아왔던 것이다. 그런 부조화 속에서 나는 얼마나 갈등을 했는가? 얼마나 모순을 느꼈나?

이젠 그러한 부분을 받아들이고 수용하면서 오히려 힘이 솟는다. 지금까지 많은 사람들이 나를 보고 뭐든지 잘할 거라고 말했던 것이 기억났다. 그러나 시간이 지나면서 더 잘할 수 있는데 안 하는 것 같다는 소리도 들었다. 이젠 그럴 필요가 없다. 주저하지 않고 목표를 세우고 두려움 없이 나아가면 되는 것이다. 그럴수록 나의 주변 사람들도 편해질 거라 믿는다. 앞으로는 내 속에 힘이 있다는 것을 온전히 믿을 것이다. 물러서지 않을 것이다.

그래서 미술치료를 공부하는 많은 사람들, 미술치료를 하는 많은 사람들에게 나의 에너지를 나누어 줄 것이다. 긍정적인 힘을 발산하는 나를 보여 줄 것이다. 꼭 그렇게 될 수 있을 것이라는 믿음이 있다. 난 따뜻한 카리스마를 지닌 미술치료 전문가이면서 교수가 되어 많은 사람의 희망이 될 것이다.

사례 3 "나를 사랑하고 믿게 되었다"

20대 미혼 여성

1) 첫 번째 만남 – 주제: 설날

내용 및 느낀 점

나에게 있어서 설날은 가족들이 모이는 즐거운 자리다. 선물과 설빔, 복주머니, 신년 운세, 세뱃돈 등이 떠오르고, 새해에는 다른 나라를 경험할 수 있는 기회를 만들고 싶고, 저축을 하고, 열심히 공부하는 무지개같이 희망적인 새해를 만들고 싶다. 왼쪽에는 설날 하면 떠오르는 의식적인 내용을 많이 붙인 것 같다. 반면 오른쪽에는 나의 소망과 관련된 것들을 붙인 것 같다. 의도한 것은 아니었지만 희한하게도 왼쪽, 오른쪽이 가운데를 중심으로 나뉘어졌다. 이번 작업을 통해서는 그냥 '명절은 즐겁구나!' 하는 정도만 느꼈다.

▲ 제목: 함께 웃는 명절

2) 두 번째 만남 – 주제: 겨울

내용 및 느낀 점

겨울을 생각하면 크리스마스의 설렘, 첫눈, 해돋이, 눈을 보고 즐거워하는 아이들과 같은 마음, 설날, 선물, 엄마가 떠 주신 털옷이 떠오른다. 겨울은 파티처럼 기분이 들뜨고 즐겁다. 또한 크리스마스, 첫눈, 새해에 대한 설렘이 느껴진다. 겨울에 대한 일상적인 내용을 많이 붙인 것 같다. 콜라주를 하면서 기분이 들뜨는 것 같은, 정말 크리스마스가 바로 올 것만 같은 느낌에 즐거웠다. 그리고 엄마에 대한 그리움과 따뜻함을 느꼈다.

▲ 제목: 겨울의 설렘

3) 세 번째 만남 – 주제: 나

내용 및 느낀 점

나는 따뜻한 사람이라는 것을 표현하고 싶어 분홍색 색지를 선택하였다. 나는 현재 목표를 향해 가고 있다. 엄마의 기도와 바람, 제대로 가고 있는지 나침반을 확인하면서 가고 있고, 다양한 색깔을 가진 나는 다른 사람들에게 즐거움을 주고 싶은 존재다. 연인의 사랑도 받고 싶다. 그리고 다이어트를 해서 예전으로 돌아가고 싶고, 유학도 다녀와서 원더우먼 같은 커리어우먼이 되고 싶다. 현재 내게 큰 목표가 있어서 그런지 나의 욕구가 많이 표현된 것 같다. 하지만 아직 무엇을 어떻게 해야 하는지는 구체적이지 않다. 역시 엄마에 대한 그리움이 많이 나타난다. 멀리 떨어져 살아서 그런지 더욱 따뜻함이 그리운 것 같다. 건강하고 즐거운 의식적인 작품이며, 유학을 표현한 그림은 검은 형체로 표현된 것이 명확하지 않은 것 같다는 피드백을 받았다. 피드백을 받고 정말 내가 구체적으로 어떻게 할 것인지 계획이 없다는 것을 깨달았다. 바로 계획을 세워야겠다.

▲ 제목: 나만의 색을 표현하자

4) 네 번째 만남 – 주제: 자유 주제

내용 및 느낀 점

손이 가는 대로, 눈에 들어오는 대로 골라 보았다. 지난 작품들에서 너무 의식적인 내용만 붙이는 것 같다는 느낌이 들어서인지 나의 무의식을 탐색하고 싶다는 생각이 들었다. 그래서 속옷을 입은 여자가 눈에 들어온 것 같다. 나의 것을 내놓으면 불안하고 자신감이 없어지는 내 모습이 싫다. 이 여자처럼 벗어도 당당했으면 좋겠다. 자신감 있고 밝고 자연스럽게 웃는 내가 되고 싶다. 나는 하나인데 내가 표현할 수 있는 것은 다양하다. 내가 좋아하는 것을 붙여 보았다. 녹차 아이스크림, 와인, 샐러드, 빵 등이 너무 예쁘고, 그것들을 먹으면서 즐기고 싶다. 여전히 나오는 다정한 연인. 멋진 곳으로 여행도 가고 싶고, 편히 쉬고 싶다. 지금까지의 콜라주 형식을 벗어나 눈에 들어오는 대로 자유롭게 표현하여 지난 작품들보다 훨씬 마음에 들었다. 하지만 시원하지 않은 마음도 있다. 나름대로 당당하게 벗은 모습이라고 생각하여 표현하였는데, 아직 다 벗지 못한 어색한 재킷을 걸친 모습을 붙였다는 것을 피드백을 받으면서 알게 되었다. 아직까지 나를 드러낸다는 것이 쉽지 않은 것 같고, 무의식적으로 방어하는 것 같다고 느꼈다. 숨긴다고 숨겨지는 것이 아닐 텐데, 왜 있는 그대로를 편안하게 드러내지 못할까? 진짜 벗은 것이라면 누드도 있었는데, 이것을 붙인 것을 보고 아직까지도 콜라주를 할 때 다른 사람을 의식하는 내 자신을 발견하였다. 그리고 왼쪽은 거의 난색 계열이고 오른쪽은 푸른 한색 계열이 많다는 것도 알게 되었다. 좀 더 솔직해지는 내가 되도록 노력해야겠다.

▲ 제목: Color… 그리고 보이는 대로…

5) 다섯 번째 만남 – 주제: 자유 주제

내용 및 느낀 점

작품을 하면서 나를 조금 알게 되니 자유롭다는 느낌이 들었다. 이번에도 눈에 들어오는 것을 내키는 대로 골라서 붙였다. 붙일까 말까 하는 고민을 하지 않고 바로 눈에 띄는 것을 선택하였다. 먼저 내가 좋아하는 맥주, 내가 갖고 싶은 액세서리, 차, 우리 아이들 수업시간, 다양하게 미리 준비되어 있는 치료자가 되고 싶은 마음을 손톱정리 기구들, 좋아 보이지만 뾰족한 성질도 있는 나를 표현하는 크리스털 사진을 붙였다. 내게는 방황의 시기도 있었다. 어디로 가야 할지 모르겠고, 여러 사람이 있어도 혼자라고 느껴질 때가 생각이 났다. 현재 나는 이 영자처럼 새로운 삶을 사는 터닝 포인트 시점에 있는 것 같다. 좋은 만년필로 나의 이름을 크게 쓸 수 있는 사람이 되고 싶다. 나는 푸름을 좋아한다. 사랑을 나누어 주고 싶다. 편안하게 쉬고 싶기도 하다. 책도 많이 읽고 나를 잘 찾아서 치료자로서 당당한 전문가가 되고 싶다. 점점 나의 욕구와 무의식적인 부분이 많이 나타나는 것 같다. 초기에는 그냥 고르고 싶은 것을 골라 붙이는 정도의 즐거움만 있었다면, 지금은 나에 대해서 알아 가고 있다는 생각에 즐겁다. 하지만 아직까지도 전문가가 되고 싶다는 막연한 목표만 가지고 있는 것 같다. 좀 더 구체적이고 뚜렷한 과정을 인식하고 행동해야겠다.

▲ 제목: 터닝 포인트

6) 여섯 번째 만남 – 주제: 과거, 현재, 미래

내용 및 느낀 점

나의 치료자로서의 과거는 계획하고 준비하는 단계로 뻣뻣하게 서 있는 동물처럼 경직되어 있고, 수면 위에 떠오르지 않은 답답함을 가진 모습이었다. 현재는 심리적으로 안정되어 아이들과 즐길 줄 알고, 좀 더 자신감이 생긴 모습이다. 또한 재능과 노력, 사랑이 삼박자를 이루어 좋은 하모니를 이루고 싶다. 미래에는 결과를 볼 수 있는 단계로 차별화된 나만의 노하우로 아이들이 자유롭고 즐겁게 뛰어놀 수 있는 행복을 주는 전문가, 대외적으로도 인정받는 전문가가 되고 싶다. 작품을 하면서 과거를 꾸밀 때는 안타깝고 기분이 좋지 않았는데, 현재와 미래에 대한 작품을 만들면서 기분이 좋아졌다. 또한 할 수 있다는 자신감이 생겼다. 신기하게 작은 엽서에 나의 모든 것이 함축되어 담겼다는 생각이 들었다. 더 명확해진 나의 미래에 확신을 갖고 파이팅 해야겠다.

▲ 제목: 치료자로서의 과거, 현재, 미래(왼쪽부터)

7) 일곱 번째 만남 – 주제: 자유 주제

내용 및 느낀 점

여섯 번째 만남 후 치료자로서 나에게 필요한 것은 경직되지 않은 편안함과 자유로움, 그리고 계획해서 준비하는 과정이라는 것을 알았다. 나도 모르게 어깨 근육이 경직되어 어깨가 결리는 것인 줄도 모르고, 아무도 보지 않는데도 목을 뻣뻣하게 하고 있는 내 모습을 발견하였다. 잠을 자면서도 어깨에 힘을 풀지 못하는 나의 모습을 이제야 알게 되었다. '그동안 내 몸이 얼마나 힘들었을까?' 하는 안타까움과 이제는 마음을 편안히 하는 연습을 해야겠다고 생각하였다. 또한 그동안 더 많은 준비와 계획을 하지 못한 것에 대해 아쉬운 마음이 들었고 계획적으로 노력해야겠다고 생각하였다.

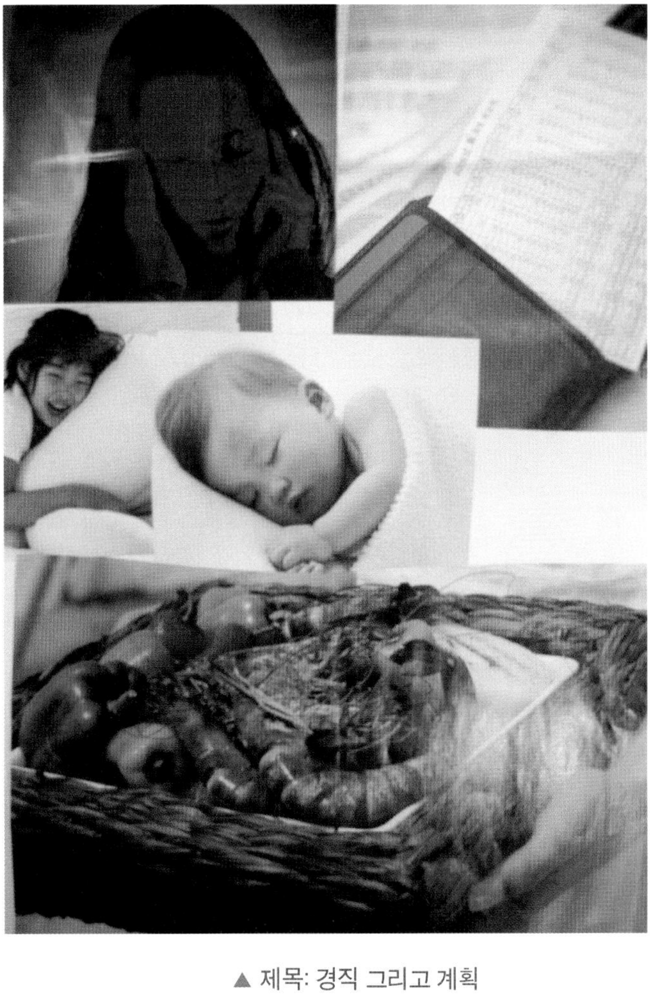

▲ 제목: 경직 그리고 계획

8) 여덟 번째 만남 - 주제: 자유 주제

내용 및 느낀 점

지난 작품을 하고 난 후 나를 거쳐간 아이들에게 미안하다는 생각에 반성하는 사진이 눈에 띄었다. 그리고 열심히 공부하고 미래를 계획해야겠다는 생각에 계획표를 붙였고, 경직을 풀기 위해 요가와 편안한 자세를 하고 싶다는 생각이 들었다. 아이들을 사랑하는 마음과 열정으로 함께 즐거움을 찾고 싶다. 나의 문제점을 인식하고 좀 더 구체적인 해결방법을 알게 된 것 같다. 이제 알게 된 것을 행동으로 옮겨야 할 때다. 바로 행동하자는 의지가 생겼다.

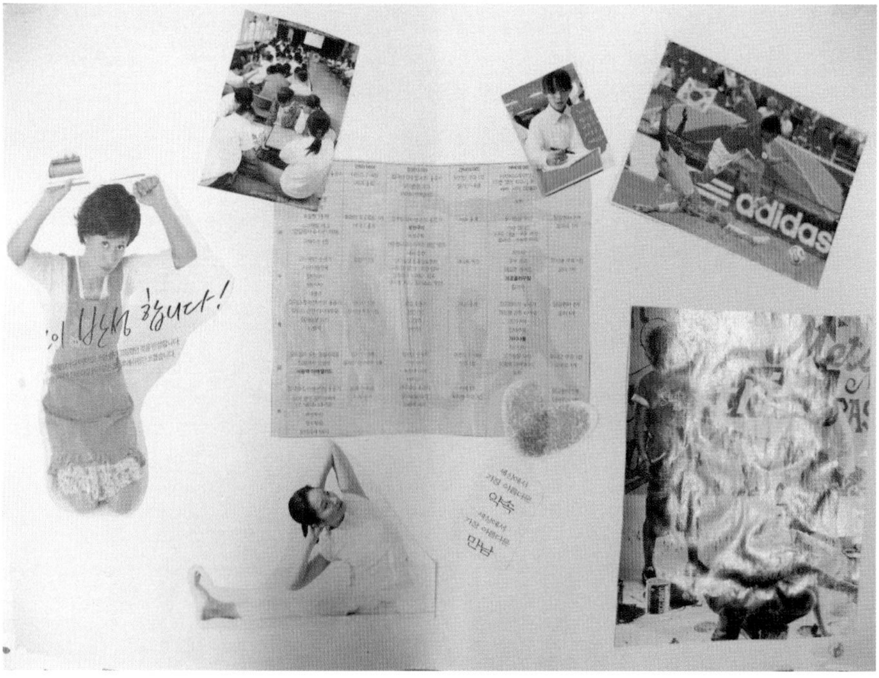

▲ 제목: 반성합니다, 즐기겠습니다

9) 아홉 번째 만남 – 주제: 자유 주제

내용 및 느낀 점

나는 어떤 상황에서도 흐트러진 모습을 싫어한다. 보이는 모습에 항상 신경을 쓰는 것 같다. 이런 성향을 해변에서 어울리지 않게 멋진 포즈로 서 있는 여자를 통해 표현하였다. 요즘 나를 알게 되면서 일을 부탁받으면 거절하지 못하고 힘들어하면서도 웃는 표정을 짓는 내 자신을 발견하였다. 다른 사람을 의식하는 것부터 경직이 시작된다고 느꼈다. 그래서 이제는 나를 찾고 차곡차곡 정리하여 간편하고 가벼운 마음으로 즐겁게 생활하고 싶다. 항상 웃고 다니는 내 모습에 오죽하면 저런 표정을 짓고 있겠냐는 집단원들의 안타까운 시선이 느껴졌다. '저렇게 힘들어 보이는데 어떻게 웃고 있을 수 있나? 그동안 정말 어울리지 않는 태도를 하고 있었구나?' 하는 허무함과 미련함을 느꼈다. 이번 기회를 통해 이제 가벼운 마음으로 생활하고 싶다.

▲ 제목: 정리

10) 열 번째 만남 – 주제: 나에게 영향을 미친 세 가지

내용 및 느낀 점

나에게 영향을 미친 세 가지 중 첫 번째는 고등학교 때부터 집을 떠나 혼자 하숙을 하며 고등학교, 대학교 시절을 보낸 것이다. 더 좋은 고등학교를 가게 된 것은 사실이었으나, 외로움이 커서인지 이때부터 소심하고 다른 사람의 눈치를 보게 되었던 것 같다. 두 번째는 멘토 역할을 해 주시는 아빠와 엄마, 세 번째는 대학시절 정말 혼자 힘들어서 우울했던 나를 밝게 만들어 준 미술치료다. 조부모님과 자란 부분과 부모님의 성격적인 부분이 나의 성격 형성에 대부분의 역할을 했을 것이라고 생각했는데, 고등학교 때 혼자 생활했던 것이 이렇게 큰 부분을 차지할 줄은 정말 생각하지 못하였다. 자신감 없이 눈치를 보고 위축되어 아닌 척하게 된 것이 이 시점부터라는 것을 알게 되었고, 지금까지 영향을 미치고 있다는 것도 알게 되었다. 이제는 이러한 부분을 잘 정리해서 떨쳐 내고 고등학생이 아닌 성인으로서 힘을 갖추고 생활해야겠다고 생각하였다.

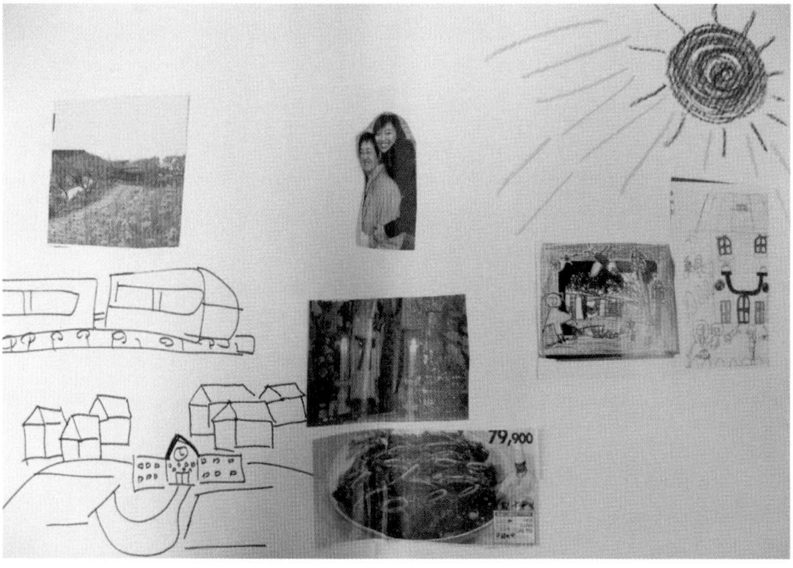

▲ 제목: 나에게 영향을 미친 세 가지

11) 열한 번째 만남 – 주제: 남이 보는 나, 내가 보는 나

내용 및 느낀 점

남이 보는 나는 잘 정리되어 있고, 많은 일을 해도 항상 웃고 있는 밝은 모습이라고 피드백을 많이 받는다. 내가 생각하는 나는 다양한 컬러로 아기자기하고, 여러 가지 안 좋은 부분도 가지고 있으며, 즐겁고 행복한 것을 좋아한다. 때론 새침하고 내숭 떠는 모습도 있다. 다른 사람이 무언가를 권하면 괜찮다고 하지만 속으로는 다른 생각을 하고 새침때기 같은 모습도 있다는 것을 이번 작품에서는 솔직하게 표현한 것 같다. 솔직하게 나를 표현하니 속이 후련하고 마음이 편하고 작품도 마음에 든다. 전에는 항상 무언가 부족하다는 생각이 들었는데, 너무 마음에 들고 작업시간도 빨라졌다. 그리고 다른 사람에게 도움을 청하는 것이 다른 사람들에게 피해를 주는 것이 아니라는 것도 알게 되었으며, 진정 사람을 믿는다는 것이 무엇인지 알게 되었다. 모든 사람들이 나의 웃는 모습, 좋은 모습뿐만 아니라 안 좋은 모습까지도 솔직하게 표현하는 있는 그대로의

▲ 제목: 내가 보는 나

나를 사랑해 준다는 사실을 알게 되면서 마음이 훨씬 가벼워졌다. 집단원들에게 감사했고, 그동안 콜라주를 통해 진정한 나의 모습을 더 많이 찾은 것 같아 기분이 좋았다.

▲ 제목: 남이 보는 나

12) 열두 번째 만남 – 주제: 자유 주제

내용 및 느낀 점

이제는 나를 사랑하고 나의 힘을 믿기로 하였다. 나의 별칭이었던 '아자'를 활용하여 아자사랑 대축제를 만들었고, 내가 나에게 주는 선물을 붙였다. 이 선물은 이번 과정을 통해 받게 된 큰 선물이다. 이제 이 힘을 가지고 더 크고 넓게 볼 수 있는 내가 될 것이라는 뜻을 손으로 표현하였다. 자유롭게 나를 솔직히 표현하고, 그 힘으로 더 크게 행동할 수 있는 본래의 나의 모습을 찾은 것 같다. 파이팅하여 본래의 힘 있는 나의 모습으로 행동하겠다고 다짐하였다.

▲ 제목: 아자아자 파이팅

13) 계열 분석을 마치며

나에게 있어 콜라주는 나를 깊이 있는 사람으로 만들고, 나 자신을 믿게 해 준 계기가 되었다. 처음 콜라주를 하면서 작품을 구성할 때는 즐겁고 재미있었던 것 같은데, 작품을 구성한 후 항상 부족한 것 같고, 더 해야 할 것 같고, 시원하지 않은 기분을 느끼기도 하였다. 그 이유를 알고 싶었고, '대체 나는 어떤 사람인가?'에 대한 답도 찾고 싶었다. 깊이 있는 무의식의 탐색이라는 것이 참 어렵다는 것을 콜라주를 통해 느끼면서 대인관계에서 깊이가 없는 내 자신을 발견할 수 있었다.

가장 많이 선택했던 사진은 웃는 사람의 사진이었다. 콜라주 과정 중반까지도 '항상 즐거워야만 하나?'라는 피드백을 받았다. 무표정하고 화가 나거나 찡그리는 얼굴은 눈에 띄지 않았다. 웃는 사람들을 붙임으로써 훨씬 편안함을 느꼈던 것 같다. 이를 통해 나의 안 좋은 모습을 밖으로 표현하지 않으려는 나를 발견하였다. 또한 나를 방어하고 회피하고 있었음을 깨달았다. 나의 무의식을 탐색하는 데 '진지함을 회피하고 있었던 것은 아닌가?' 하는 생각이 들었다. 꼭 억지웃음을 짓지 않아도 괜찮다는 자기 암시를 하면서 과정 후반에는 자유로움을 느꼈다. 이 밖에 많이 등장한 것이 사랑(하트) 마크다. 웃음과 동일하게 많이 나온 사랑이라는 이미지는 나의 삶의 원동력이기도 하다. 사랑 마크를 붙이게 되면 마음이 따뜻해짐을 느낀다. '나는 정말 감정형이구나!'라는 것도 알게 되었다.

콜라주 작품에서 형식적인 부분을 살펴보면, 작은 조각들을 많이 붙이는 경향이 있었는데 점차 큰 조각을 붙이게 되면서 조각 수가 줄어들었다. 처음에는 말하고 싶은 것과 붙이고 싶은 것이 정리가 되지 않아 다양한 조각들을 잡다하게 붙였던 것 같다. 내용이 일목요연하게 정리되지 않고 표현되다가 점점 정리가 되어 가면서 조각 표현이 간결해졌다. 또한 나 자신에 대한 생각도 정리되어 가는 것 같았다.

초기에는 캡션과 너무 의식적인 사진들을 많이 붙였고, 고르고 붙이는 시간이 오래 걸렸는데, 점점 나의 모습을 돌아보게 되면서 작업시간도 짧아지고, 간결해지면서 훨씬 더 마음에 드는 작품을 만들게 되었다.

전체적으로 콜라주 진행 과정을 보면서 많은 반성을 하였다. 그동안 다른 사람에게 피해를 주지 않고 좋은 모습만 보이려는 포장된 나를 확인하였고 사람들과의 관계에서 내 자신을 솔직하게 표현하여도 관계가 어긋나지 않는다는 믿음을 갖게 되었다. 넓고 얇은 관계에서 넓어도 깊은 관계로 발전할 수 있다는 믿음을 얻게 되었다.

이번 콜라주 작업을 통해 나 자신에 대해 확신을 갖고 스스로를 사랑함으로써 타인을 진정으로 사랑한다는 것이 어떤 의미인지 알게 되었다. 이를 원동력으로 나 자신을 믿고 '난 참 괜찮은 사람이다.'라는 자기 암시를 하면서 나의 구체적인 목표를 위해 나아갈 수 있도록 적극적으로 행동하겠다. 또한 계속적으로 콜라주를 하면서 나를 돌아보고 계속 성장해 나갈 것이다.

제6장

콜라주 미술치료의 사례연구

제6장
콜라주 미술치료의 사례연구

콜라주 미술치료에서는 단지 작품으로 표현된 것을 느끼고 언어표현 없이도 양호한 경과를 얻는 사례가 많기 때문에 반드시 언어화가 필요하다고는 할 수 없다. 하지만 콜라주를 통해 언어화를 촉진시키고 면담을 보다 효과적으로 할 수 있다. 콜라주 미술치료는 치료자와 단지 이야기만 하는 것이 아니라 콜라주 작업을 통해 알게 된 것과 느낀 것을 면담에서 활성화시킨다. 이를 통해 내담자의 문제점이 더욱 명확해져서 언어화를 촉구하고 점차 내담자가 자신의 문제점을 알아차리게 도와준다.

그러나 실제로 일본이나 한국에서 실시되고 있는 콜라주 미술치료는 작업을 하면서 이루어지는 자기 치유적인 면을 강조하여 면담 시에 작성된 작품을 매개로 한 대화, 즉 언어화에 관한 검토가 미비하다. 이는 "작품 완성 후에는 작품을 보면서 감상을 주고받지만, 치료자는 해석적인 것을 말하지 않도록 한다. 내담자가 작품에 관해서 하고 싶은 이야기가 있으면 대화를 주고받지만, 특별히 이야기가 없을 경우에는 함께 작품을 보면서 느낀 것을 치료자가 정리하면서 종료한다."라는 스기우라(杉浦, 1990a)의 견해를 통해서도 확인할 수 있다.

이 장에서는 중학생, 대학생, 성인, 치매노인의 콜라주 미술치료 사례를 통하여 콜라주의 유효성을 알아보고자 한다.

1 중학생의 콜라주 미술치료 사례

'콜라주 작업을 계기로 치유의 기회를 가지다'

1) 내담자

내담자는 중학교 2학년에 재학 중인 여학생이다.

(1) 의뢰 사유

내담자는 의뢰 당시 학교에 대한 공포심으로 인해 장기간 등교 거부를 한 상태였으며, 장기간 결석으로 인해 유급이 될 상황이었다. 또한 눈의 떨림으로 인해 자주 앞이 안 보이고, 두통이 심하고, 몸이 아프다는 등의 신체적 증상을 호소하여 여러 병원에서 검진을 받았으나 별다른 신체적인 문제는 없었다. 정신과에서 상담한 결과 우울증 진단을 받았고 병원에서 몇 차례 상담을 진행하다가 다른 곳에서 상담을 받고 싶다고 요청하여 D미술치료연구소로 의뢰되었다.

(2) 초기 면담 시 행동 특성

내담자는 학교 가기가 무섭다며 학교 가기 싫다는 표현을 반복적으로 나타냈고, 장기 결석으로 인해 또래보다 수업 진도가 많이 뒤처져 학업에 대한 부담감을 느끼고 있었다. 정서적으로는 불안, 우울, 무기력 상태로 매사에 의욕이 없었고, '죽고 싶어요.' '힘들어요.' '아파서 병원에 입원했으면 좋겠어요.' '집에 들어가기 싫어요.' '짜증나요.' 등의 부정적인 표현을 반복적으로 하였다. 눈의 떨림으로 인해 자주 앞이 안 보인다고 하였고, 두통이 심하고 몸이 아프다는 등의 신체적 증상을 호소하며, 공부를 하고 싶어도 몸이 아파서 할 수 없다는 표현을 반복적으로 하였다.

2) 치료 기간 및 장소

주 1~2회, 매 회기 약 50분씩, 총 10회기 진행하였으며, D미술치료연구소에서 실시하였다.

3) 프로그램의 실시 절차

내담자는 학교 공포심 및 학업에 대한 심적 부담감을 느끼고 있었으며, 정서적으로는 우울 및 불안이 있으며 신체적 증상으로까지 심각하게 나타났다. 그러나 치료자에게 자신의 상태를 적극적으로 표현하였으며, 콜라주에 흥미를 보였다.

각 회기는 이러한 내담자의 특성에 따라 심적 부담 및 거부감을 줄이고 자발성과 흥미를 유발시킬 수 있는 비구조적 방법으로 진행하였다. 매 회기마다 내담자가 자유롭게 매체 및 활동을 선택할 수 있도록 하였다. 아울러 내담자의 상태와 가족 환경을 상담한 결과, 어머니의 양육태도가 영향을 준 점을 고려하여 매 회기 진행 후 10분간 어머니와 상담을 실시하였다.

미술치료 프로그램은 총 10회기 동안 친밀감 형성 및 매체에 대한 흥미 유발, 욕구 표출 및 정서 안정을 목표로 실시하였으며, 궁극적으로는 내면의 억압을 표출하여 학교공포증을 감소시키는 데 최종 목표를 두었다. 실시 절차에 있어서 내담자가 매체를 선택하지 못하고 망설일 경우 치료자가 매체를 제시한 후 긍정적인 반응을 얻어 실시할 수 있도록 다양한 매체를 준비하였다.

내담자에게 실시한 비구조적 미술치료 프로그램의 회기별 목표 및 활동 내용에 대해 정리하면 〈표 6-1〉과 같다. 총 10회기 중 언어면담으로 진행된 1~2회기를 제외하고 나머지 회기 동안 잡지, 종이죽, 물감, 면도 크림, 크레파스 등의 매체를 선택하여 콜라주, 종이 찢기, 핑거페인팅, 감정 차트, 스크래치 등의 활동을 실시하였다. 자유롭게 매체와 활동을 선택하도록 하였고 프로그램의 단계는 진행 과정의 변화에 따라 크게 3단계로 나누었다.

〈표 6-1〉 회기별 목표 및 활동 내용

단계	회기	목표	활동 내용	매체
I	1	친밀감 형성 및 매체에 대한 흥미 유발	언어면담	
	2		언어면담	
	3		콜라주(내가 좋아하는 것)	다양한 잡지, 4절지, 풀, 가위
	4		종이 찢기	색습자지, 쟁반
II	5	욕구 표출 및 정서 안정	콜라주(내가 좋아하는 것)	다양한 잡지, 4절지, 풀, 가위
	6		콜라주(내가 갖고 싶은 것)	다양한 잡지, 4절지, 풀, 가위
	7		비눗물거품놀이, 종이죽 반죽하기	비눗물, 쟁반, 빨대, 종이컵, 종이죽, 전지, 수채물감 세트
	8		감정 차트, 갈겨 그리기	8절지, 4절지, 크레파스, 연필
III	9	학교공포증 감소	핑거페인팅	면도 크림, 쟁반, 비눗물, 수채물감 세트, 전지
	10		스크래치	4절지, 크레파스, 전지, 이쑤시개, 나무젓가락

4) 회기별 과정

등교 거부 청소년에게 자유롭게 좋아하는 매체나 활동을 선택할 수 있는 비구조적 미술치료를 실시함으로써 거부감을 줄이고 문제행동을 감소시키고자 하였다.

I단계 (1~4회기)

초기에 HTP, KSD, KFD, LMT 등 그림진단검사를 실시하고자 하였으나 내담자가 그림을 그리는 것을 원치 않았다. 치료자에게 답답함을 호소하며 자신의 이야기를 하고 싶다고 하여 언어면담을 2회기 실시하였다.

1회기

전에 다니던 병원 선생님이 너무 무섭게 생기고 자신의 이야기를 건성으로 듣는 것 같아 말하기가 힘들었는데, 치료자는 무섭지 않고 자신의 이야기를 잘 들어줄 것 같다며 이야기를 시작하였다. "답답해요." "죽고 싶어요." "학교 가기 싫어요." "힘들어요." "아파서 병원에 입원했으면 좋겠어요." "집에 들어가기 싫어요." "짜증나요." 등과 같은 부정적인 표현을 계속해서 사용하였고, 눈의 떨림으로 인해 자주 앞이 안 보인다고 말하며, 지금도 떨린다고 하였다. 평소 두통이 심하고 몸이 아프다며 신체적 증상을 호소하였고, 공부를 하고 싶어도 몸이 아파서 할 수 없다는 표현을 반복적으로 하였다.

면담을 하는 동안 내담자는 혼잣말을 하다가 감정이 올라오면 소리 내어 우는 등의 행동을 반복하였고, 종결 시 치료자가 기분을 묻자 이야기를 하고 나니 시원해졌다며 감사하다고 하였다.

2회기

1회기와 마찬가지로 부정적인 표현을 계속적으로 사용하였고 신체적인 증상을 호소하였으나, 지난 회기에 비해 혼자 이야기하는 시간이 줄어들었고 치료자의 말에 귀를 기울이는 여유 있는 모습을 보였다. 또한 지난 회기 이후 오늘 여기 오기 전까지 치료자에게 이야기하고 싶은 것을 참느라 힘들었다며 여기만 왔다 가면 기분이 좋아진다고 하였다. 내담자는 집에 가면 식구들이 자기 말을 들어주지 않고, 자신에게 소리를 지르거나 욕을 하고 자주 화를 내서 짜증나고 화가 난다고 하였다. "집에 들어가기 싫어요." "병원에 입원해서 혼자 있고 싶어요." "죽고 싶어요."라고 반복적으로 말하고는, 그래도 여기 오면 살 것 같다며 집에 안 가고 계속 여기 있고 싶다고 하였다.

3회기

치료실에 왔다 가면 그날만 부모님이 잘해 주고 다음 날이 되면 예전과 똑같다고 하였다. 자신은 변하려고 노력하는데 부모님이 변하지 않으면 치료를 받아도 무슨 소용이 있냐며, 답답하고 화가 난다고 하였다. 내담자는 첫 회기부터 계속해서 부모님에 대한 원망이나 부정적인 감정을 표출하였는데, 매체로 표현하기보다는 언어표현만으로 감정이나 생각을 전달하고자 하였다. 부정적인 에너지에서 긍정적인 에너지로 전환시키기 위해 치료자가 콜라주를 통해 좋아하는 것을 표현해 보자고 제안하였고 내담자는 "어떻게 하는 건데요?"라고 물으며 흥미를 나타냈다. 잡지를 넘기면서 다양한 사물을 보고 "예쁘다." "맘에 들어요." "갖고 싶다." "윽! 이건 아니야."라고 말하며, 자신이 좋아하는 것을 찾아서 오리고 붙이며 4절지 3장을 사용하였다. 자신이 완성한 콜라주를 보고는 대리만족이 되어서 좋다고 말하고는 미소를 지으며 갖고 싶다고 하였다.

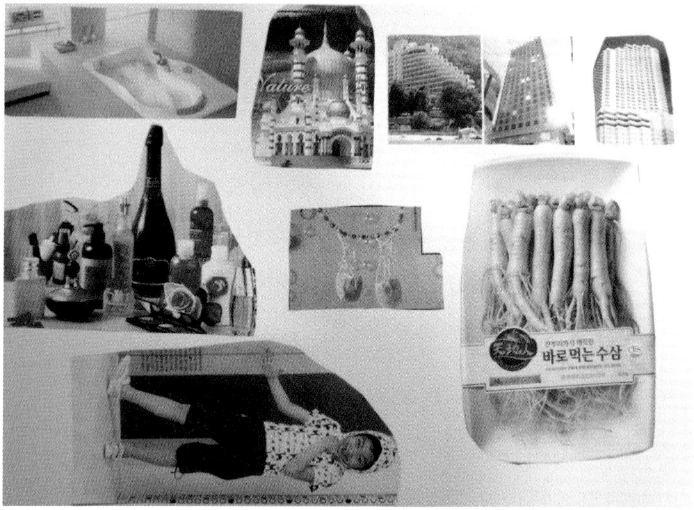

▲ 제목: 내가 좋아하는 것

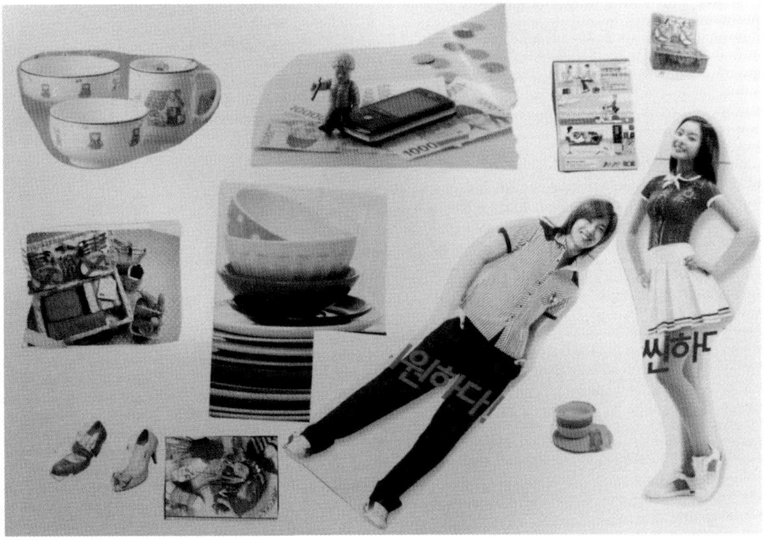

▲ 제목: 내가 좋아하는 것

4회기

입실 전 어머니가 자신이 옆에 있는데도 다른 사람들에게 자신에 대한 불만과 단점을 이야기했다며, 짜증나고 화가 난다고 하였다. 내담자는 여전히 부모님이 집에서 자신에게 소리를 지르고, 욕을 하고, 자주 화를 내며, 자신을 전혀 이해해 주지 못한다고 하면서 "병원에 입원해서 혼자 있고 싶어요." "죽고 싶어요." "집에 들어가기 싫어요."라고 반복적으로 말하였다. 내담자가 화나고 속상한 감정을 치료실에 있는 매체로 풀어 보는 것이 어떻겠느냐고 제안하자, 이런 걸로 스트레스가 풀리겠냐고 묻고는, 잠시 후 종이를 찢어 보고 싶다고 말하였다. 내담자는 종이를 찢으면서 엄마와 아빠, 친척들, 친구들이 자신을 무시한다고 하였고, 그것 때문에 속상하고 화가 난다고 하였다. 계속 종이를 찢으며 속상하고 화난 감정에 대해 말하다가 "에이씨!" 하고 종이 여러 장을 한꺼번에 힘을 주어 찢었다. 내담자에게 그동안 힘들고 속상했겠다고 위로하자, 자신 앞에 찢겨진 종이 뭉치를 두 손으로 꽉 움켜쥐고는 소리 내어 울었다. 울음이 멈춘 후 찢은 종이를 어떻게 하면 좋겠냐고 내담자에게 묻자 "태워요."라고 말하였다. 쟁반 위에 찢은

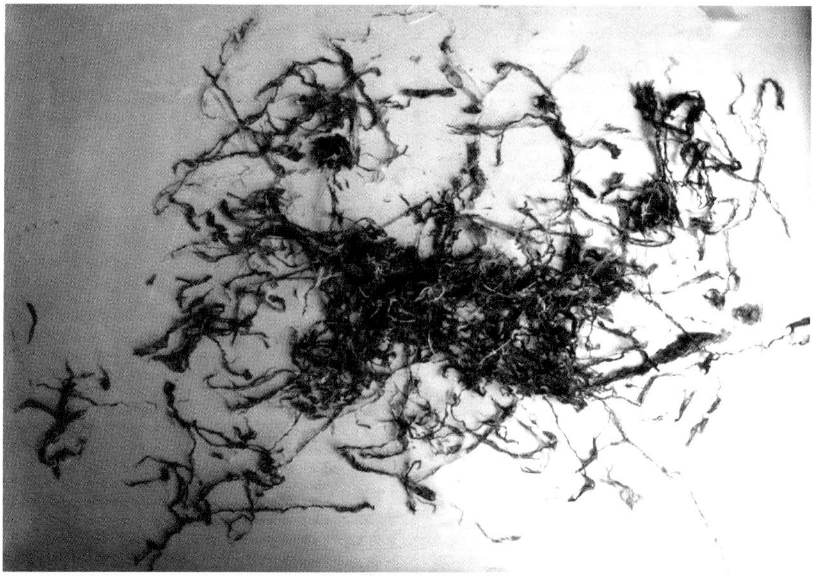

▲ 제목: 불타 버린 내 감정

종이를 놓고 불을 붙이자, 타는 모습을 보면서 무섭다고 말하면서도 조금 시원해진 것 같다고 하였다. 내담자에게 자기표현도 잘하고 에너지가 많다고 칭찬하자, 여기 오면 사람들이 칭찬만 해 준다며 기분이 이상하면서도 좋다고 하였다.

II단계 (5~8회기)

5회기

내담자가 입실하자마자 지난번처럼 자신이 좋아하는 것을 찾아서 붙이고 싶다고 하여 콜라주를 실시하였다. 요즘 엄마가 자신에게 화도 잘 안 내고 자신의 기분을 맞춰 주려고 노력한다며 기분이 좋다고 하였고, 오늘 상담이 끝나면 엄마와 쇼핑하러 가기로 했다며 신발과 가방을 사고 싶다고 하였다. 첫 번째 4절지에는 자신의 방에 있었으면 좋겠다며 침대와 가구, 액세서리, 헤어드라이기, 고데기, 안경, 머리띠 등을 붙였고, 두 번째 4절지에는 '내 물건' 이라며 구두, 매니큐어, 가방, 립스틱, 방(자신만의 공간)을 붙였다. 세 번째 4절지에는 '멋있는 것' 이라며 최신형 휴대폰, 전자사전을 붙이고 갖고 싶다고 하였고, 건강을 위해 수삼을 붙였다고 하였다. 또한 엄마에게 주고 싶다며 가전제품과 카네이션 등을 붙였다. 내담자의 완성된 작품을 보고 치료자도 갖고 싶다고 말하자 "정말요?"라고 말하고는 소리 내어 웃었다. 치료자가 콜라주를 3장씩이나 하고 에너지가 참 많다며, 외모적인 칭찬과 함께 내담자에

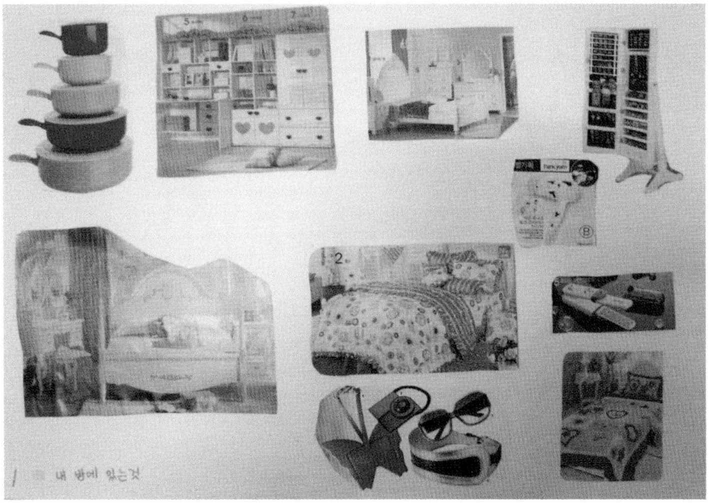

▲ 제목: 내 방에 있는 것

대해 앞으로 잘 헤쳐 나가리란 믿음이 있다고 말해 주자, 미소 지으며 감사하다고 인사하고는 기분이 좋다고 하였다. 지난 회기에 비해 부정적인 표현과 신체적인 증상에 대한 호소가 눈에 띄게 줄어들었고, 공부를 잘하고 싶은 욕구와 다른 아이들처럼 학교에 다니고 싶은 마음을 표현하였다.

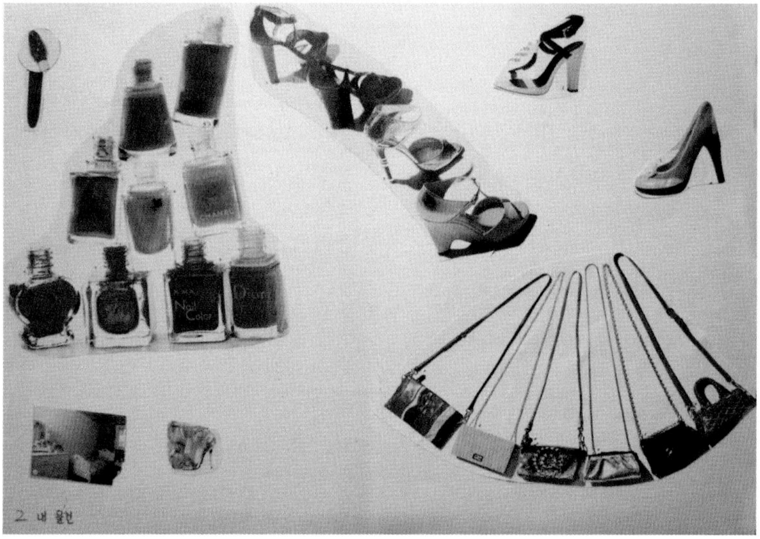

▶ 제목: 내 물건

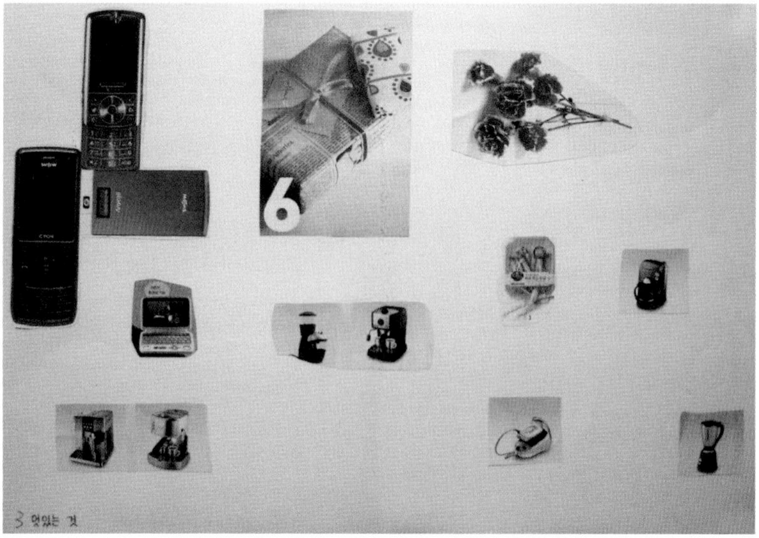

▶ 제목: 멋있는 것

6회기

5회기와 마찬가지로 입실하자마자 자신이 좋아하는 것, 갖고 싶은 것을 찾아서 붙이고 싶다고 내담자가 먼저 제안하여 콜라주를 실시하였다. 잡지에서 자신이 원하는 사물을 찾으면서 더 이상 학교를 결석하면 상급 학년으로 진급할 수 없어서 학교에 가야 된다며 학교가 무섭다고 말하였다. 치료자가 구체적으로 어떤 부분 때문에 학교가 무서운지에 대해 묻자, 싸가지 없는 애들이 자신을 괴롭히는 것 같고, 수업 진도를 따라가지 못하는 자신의 학업 능력 때문에 바보라고 놀림을 받는 것 같아서 무섭다고 하였다. 이에 대해 치료자가 싸가지 없는 애들이 어떻게 괴롭혔는지에 대해 묻자, 직접적으로 괴롭힌 적은 없고 그 아이들의 눈빛이 그런 것 같다며 두렵다고 하였고, 학업 능력에 대한 부분 또한 직접적인 놀림을 당한 적은 없지만 막연하게 그럴 것 같다는 두려움을 느낀다고 하였다. 내담자는 처음엔 지난 회기 콜라주 작품과 비슷한 액세서리, 가방, 구두, 고데기 등을 찾아 붙이다가, 여러 개의 시계와 노트북, 화목한 가족의 모습, 어린 소녀들의 모습, 안마 의자, 아기의 모습, 반쪽만 있는 양배추 등을 붙였다. 시계와 노트북은 갖고 싶어서 붙였다고 하였고, 화목한 가족의 모습이 좋

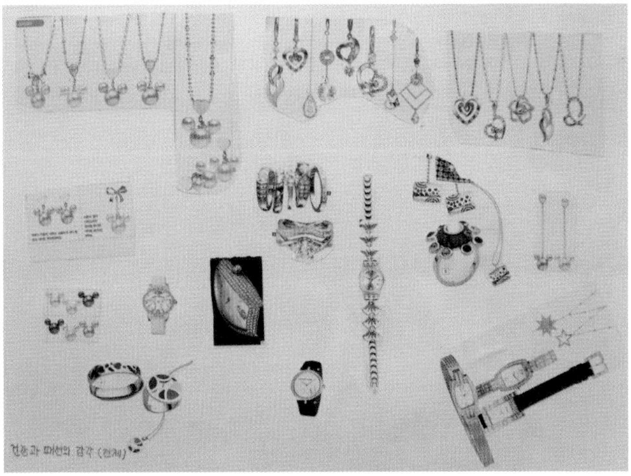

▲ 제목: 내가 갖고 싶은 것

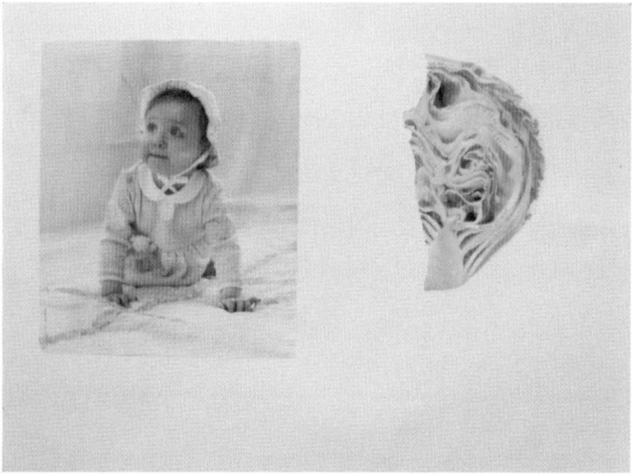

아 보였다고 하였으며, 어린 소녀들과 아기는 예뻐서 붙였다고 하였다. 안마를 받고 싶고 건강을 위해 안마 의자를 붙였고, 양배추는 푸르른게 좋아서 붙였다고 하였다. 내담자는 자신이 완성한 콜라주를 보니 기분이 좋다고 말하였고, 치료자에게 내일은 용기를 내어 학교에 가겠다고 말하고는 힘들어도 오전만 버텨 보겠다고 하였다.

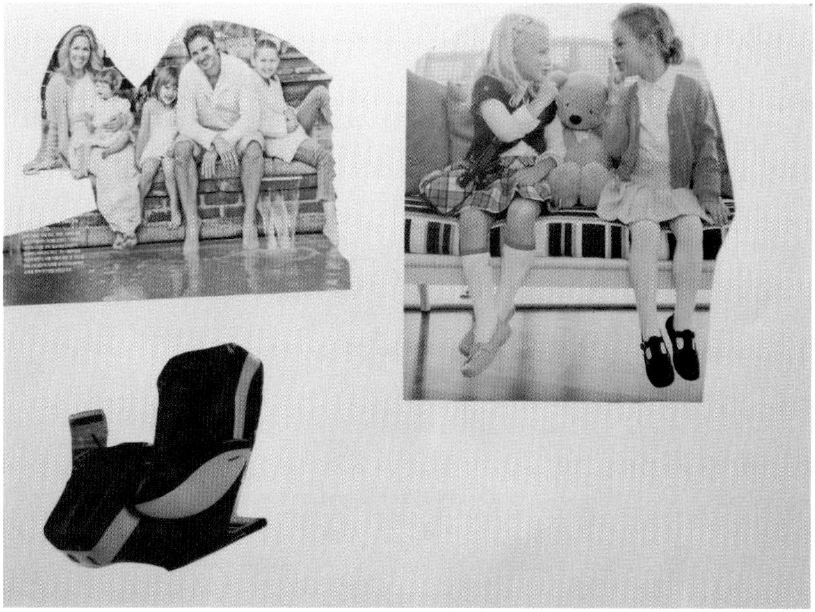

▲ 제목: 내가 갖고 싶은 것

7회기

학교에 가서 오전 수업만 받고 왔는데, 힘들었지만 견딜 수 있었다고 말하고는 지난 회기에서 언급했던 싸가지 없는 애들이 자신을 보고 오랜만이라고 인사해 주어서 기분이 좋았다고 하였다. 내담자는 입실 전 다른 아동이 종이죽을 반죽한 후 손을 씻으러 가는 모습을 봤는데 재미있을 것 같다며, 자신도 하고 싶다고 말하였다. 빨대를 이용하여 비눗물로 거품을 내며 재미있다고 하였고, 비눗물에 종이죽을 넣어 손으로 주무른 후 물감을 섞어 주자, 느낌이 이상하다고 하였다. 전지 위에 반죽된 종이죽을 올려 주자, 종이 위에서 크게 원을 그리듯 문지르다가 한쪽에 뭉쳐 있던 종이죽을 힘 있게 주무르면서 '똥' 같다고 하였다. 냄새나는 똥은 저리로 치워야 된다며, 전지 가장자리에 뿌린 후에 〈똥〉이라고 제목을 붙였고 "윽! 똥이다."를 몇 번 반복하여 말하고는 소리 내어 웃으며 재미있다고 하였다. 활동 후 치료실 밖으로 손을 씻으러 나가면서 밖에 있던 어머니에게 자신의 손을 보이고는 소리 내어 웃으며, "이거 똥이야."라고 말하면서 어머니의 얼굴에 들이대며 장난치는 모습이 보였다.

▲ 제목: 똥

8회기

이틀 전에 엄마가 자기 때문에 힘들다며 같이 죽자고 했다고 말하면서, 자신을 이해하지 못하는 부모님에 대한 원망과 함께 자살하고 싶다고 말하면서 소리 내어 울었다. 또한 자신의 감정이나 기분이 자주 그리고 갑자기 변하는 것이 싫다면서 힘들다고 하였다. 내담자가 어떠한 상황에서 어떤 감정을 느끼는지 표현해 보자고 제안하였고, 내담자가 주로 표현하는 감정(기쁨, 슬픔, 화남, 우울, 짜증, 행복)에 대해 감정 차트를 만들어 보았다. 감정 차트를 만들기 전까지 부정적인 감정만 표현하였는데, 기쁨과 행복에 대한 감정을 이야기할 때 갑자기 표정이 바뀌며 미소를 지었고, 생각만 해도 기쁘고 행복하다고 하였다. 치료자는 내담자가 그동안 부정적인 감정을 많이 나타냈고, 긍정적인 감정에 대한 인식의 필요성을 느껴 감정 차트 중 기쁨과 행복에 대한 색을 종이에 표현하도록 하였다. 내담자는 〈행복과 기쁜 날들〉이라고 제목을 붙였다.

▲ 제목: 행복과 기쁜 날들

III단계 (9~10회기)

9회기

입실하여 매체 중 면도 크림을 가리키면서 남자들이 얼굴에 면도할 때 쓰는 것이라며 만져 보고 싶다고 하였다. 면도 크림으로 핑거페인팅을 실시하였고, 활동하면서 내담자는 부모님이 집에서 학교에 대한 이야기만 하고 화를 내거나 잔소리를 해서 스트레스를 받는다고 하였다. 방학 때 단짝 친구와 놀이동산에 가기로 했는데 어머니가 보내 주지 않는다며 속상하다고 하였다. 파란색 물감을 짜 주자, 물가에서 뛰노는 것 같다며 부드럽다고 하였고, 또 스케이트장이 생각났는데 한 번도 가본 적이 없어서 가고 싶다고 말한 후에 "근데 스케이트는 위험하잖아요."라고 작은 목소리로 말하였다. 그리고 계곡 같다고도 말하며 계곡에 가고 싶다고 하였고, 갯벌의 머드팩 같다고 말하고는 갯벌 체험을 해 보고 싶다고 하였다. 내담자는 치료자에게 빨간색 물감을 짜 달라고 한 뒤 손가락으로 마구 휘젓더니 〈어지러운 정신세계〉가 떠올랐다며 제목으로 정하였다.

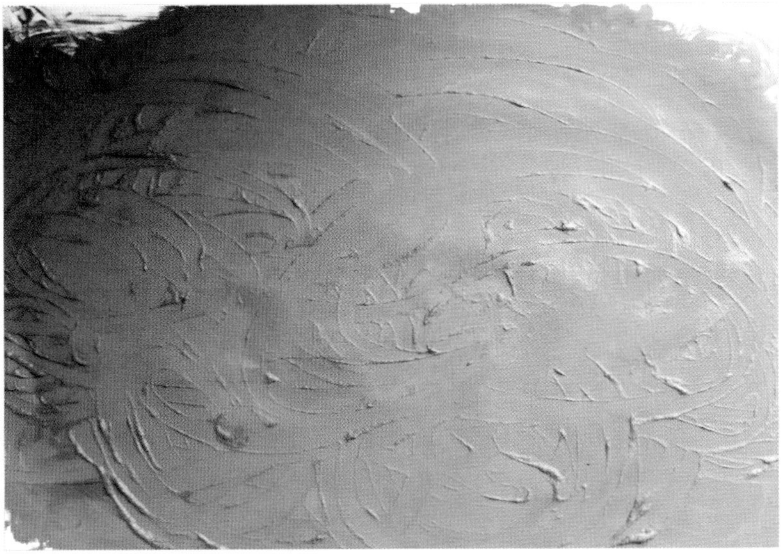

▲ 제목: 어지러운 정신세계

10회기

처음엔 4절지에 함께 낙서를 하다가 더 큰 종이를 원해서 전지 위에 낙서를 하였다. 내담자는 치료자의 팔을 잡고 낙서를 못하게 막는 행동을 하며 자신만 낙서하려 하였고, 일어나 자리를 이동하면서 힘주어 낙서를 하였다. 전체적으로 색이 칠해지자, 자발적으로 검은색을 선택한 후 다른 색을 다 덮어 버리는 행동을 하였다. 이에 치료자가 함께 검은색으로 전체를 칠하는 것을 도와주었고, 내담자는 까맣게 칠해진 종이를 보며 까맣게 탄 내 마음 같다고 하였다. 젓가락으로 검은색을 긁어내면서 "까만 내 마음을 벗겨 내고 불타는 내 마음으로 만들고 싶어요."라고 말하고는, 이어서 "열정! 분노를 폭발시켜요."라고 하였다. 활동 후 내담자는 빨갛게 상기된 얼굴로 소리 내어 웃으며 너무 재미있다고 말하고는 자신의 작품을 벽에 걸어 달라고 하였고, 제목은 〈폭발〉이라고 붙였다.

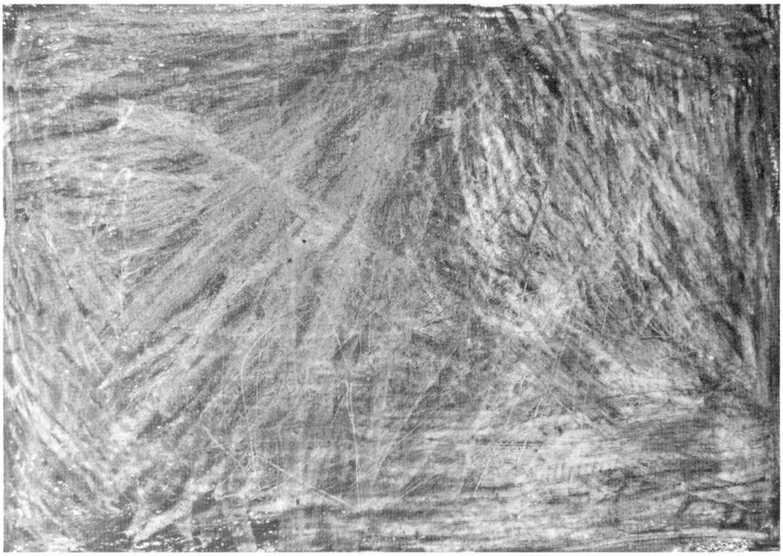

▲ 제목: 폭발

5) 치료 결과

(1) K-CBCL을 통한 결과 분석

내담자의 행동을 측정하기 위한 기준으로 8개 항목의 113개 문항으로 이루어진 검사지를 내담자의 어머니가 평가하였다. 문제 영역별 척도 규준표를 통해 위축, 신체 증상, 우울/불안, 사회적 미성숙, 사고의 문제, 주의집중 문제, 비행, 공격성 영역의 원점수와 T점수 변화를 비교해 보면 다음과 같다. 사전에는 내면화 문제 중 사회적 미성숙을 제외하고 위축, 신체 증상, 우울/불안, 사고의 문제, 주의집중 문제에서 T점수가 70 이상으로 나타났다. 사후에는 모든 영역에서 T점수가 70 이하로 긍정적인 변화가 일어났다.

(2) 행동관찰 평가지를 통한 결과 분석

비구조적 미술치료 프로그램이 등교 거부 청소년의 문제행동에 미치는 영향을 평가하기 위하여 치료자가 내담자의 특성에 맞게 제작한 행동관찰 평가지를 통한 사전 사후 검사 결과는 다음과 같다.

〈표 6-2〉 행동관찰 평가지를 통한 사전 사후 검사 결과

문항	문제행동	정도			
		없음	약간	상당히	심함
1	할 수 있는 게 없고 남보다 못하다고 생각한다.		●		○
2	불행하다고 생각하거나 슬퍼하고 우울해한다.		●		○
3	감정이나 기분이 갑자기 변하곤 한다.		●		○
4	지나치게 겁이 많거나 불안해하고 걱정이 많다.		●		○
5	손톱을 깨문다.		●	○	
6	친구들이 자신을 해치려 한다고 생각한다.		●	○	
7	자살에 대한 이야기를 한다.		●		○
8	집에서 반항한다.		●		○

9	공부하는 것을 부담스러워한다.		●		○
10	몸이 쑤시고 아프다.		●	○	
11	두통이 있다.		●	○	
12	눈의 떨림으로 인해 앞이 안 보인다.		●	○	
계					

※○: 사전 / ●: 사후

이 사례는 등교 거부 청소년을 대상으로 자유롭게 좋아하는 매체나 활동을 선택할 수 있는 비구조적 미술치료를 실시함으로써 거부감을 줄이고 문제행동을 감소시키고자 하였다.

비구조적 미술치료는 등교 거부 청소년의 문제행동 개선에 영향을 미쳤다. 총 10회기 중 8회기 동안 미술치료 기법을 도입함으로써 진단 및 치료적인 효과를 거둘 수 있었고, 대상 청소년의 부정적인 감정을 긍정적인 감정으로 전환시켰으며, 자신의 감정에 대해 스스로 인식하도록 하였다. 또한 언어로만 분노를 표출하는 것보다 매체를 이용한 분노 표출이 더 효과적이었으며, 분노를 표출함과 동시에 내재되어 있던 에너지를 표출시킬 수 있는 계기를 마련할 수 있었다.

특히 콜라주는 대상 청소년의 현 상황을 이해하고 그동안 내재되어 있던 욕구를 인식하여 표출하는 데 도움을 주었으며, 만족과 성취감을 체험할 수 있도록 하는 등의 진단 및 치료적인 기법으로 사용되었다.

내담자는 2회기 동안 언어로 자신의 힘든 상황만 되풀이하여 호소하였다. 미술치료를 도입하려고 하였으나 그리기, 만들기 등의 미술활동을 거부하였고, 3회기에 콜라주 작업을 권유하자 4절지 3장에 걸쳐 아주 적극적인 작업을 하였다. 작업 후 상기된 표정으로 "기분이 좋다." "진짜 갖고 싶은 것을 붙일 수 있어서 기쁘다." "대리만족이 된 것 같다." 등의 표현을 하였다. 콜라주를 통하여 내담자에게 내재된 욕구가 많음을 알아차리는 계기가 되어 다양한 매체에도 관심을 갖게 되었으며, 치유의 기회를 제공할 수 있었다.

콜라주 외에도 종이 찢기, 핑거페인팅, 감정 차트, 종이죽 반죽하기, 스크래치 등의 미술치료 기법은 내담자가 생각을 전환할 수 있는 기회를 제공하였고, 매체를 통해 분노 및 억압된 감정을 표출하여 내재되어 있던 에너지를 꺼내는 데 도움을 주었다. 또한 내면의 억압된 감정을 표출함으로써 학교에 대한 공포증도 감소시킬 수 있었다.

이를 종합해 보면 내담자는 병원에서 우울증 진단을 받았지만, 궁극적으로는 억압된 내면의 감정과 불안, 우울의 성향으로 인해 학교에 대한 공포증 및 신체적 증상 등의 문제행동이 나타났다. 그러나 비구조적인 미술치료를 통해 억압된 내면의 감정을 표출시키고 내재되어 있던 에너지를 꺼내어 긍정적인 사고로의 전환이 가능해졌으며, 학교에 대한 공포증도 감소하여 원만한 또래관계 및 지속적인 학교생활이 가능해졌다.

2 대학생의 콜라주 미술치료 사례

'콜라주를 통하여 자기표현이 가능해지다'

1) 내담자

내담자는 대학교 1학년이 된 19세 여대생이다.

(1) 의뢰 사유

내담자는 타인에게 자기를 표현하는 것이 어렵고 불편하며 괴롭고, 자신을 드러내지 못하는 자신의 감정 상태를 모르겠다며, 학생생활상담소에 내방하였다.

(2) 가족관계 및 발달사

내담자는 아버지(48세, 회사원), 어머니(43세, 전업주부), 오빠(20세, 전문대생), 할머니(73세)와 함께 생활하고 있다. S시에서 태어나 초등학교 3학년 때 F시로 이사하여 초등학교 3학년부터 중학교 1학년 때까지 살다가 다시 S시로 이사 와 시내에 있는 고등학교와 대학교에 진학하여 현재까지 살고 있다. 고등학교 2학년 때 친구관계의 문제를 계기로 대화나 자기표현이 곤란해졌다. 그 당시에 동급생인 남학생과 교제를 시작하였고, 어머니의 입원 등 가정 내에 여러 가지 일들이 발생하여 혼란스러운 상태를 경험하게 되었다. 대학 입학 후 원래 자신은 혼자 있는 것보다 많은 친구들과 왁자지껄 수다 떠는 것을 좋아하는 타입이라는 사실을 알게 되었으며, 자기표현을 하지 못하는 상황이 상당히 힘들고 괴롭다고 하였다.

(3) 내담자 수준

YG 성격검사(일본 국내에서 일반적으로 이용하는 성격검사. 크게 5개의 유형으로 분류된다)를 통하여 다소 불안정 소극형의 소유자로 나왔다. 불안검사에서는 특성불안이 62로 매우 높고, 상태불안이 42로 다소 낮아, 불안이 강한 성격 경향이라는 것을 알 수 있었다.

2) 치료 기간 및 장소

주 1회, 매 회기 60분씩, 총 12회기 진행하였으며, 대학 내 학생상담실에서 실시하였다.

3) 회기별 과정

1～3회기까지는 언어면담을 실시하였다. 내담자는 자기표현을 잘하지 못하고 울거나 혼란스럽다는 말을 되풀이하였다. 4～12회기에는 콜라주를 도입함으로써 언어표현을 극복하게 되었다. 각 회기별 진행 과정은 다음과 같다.

Ⅰ단계(1～3회기): 자기표현의 어려움을 호소

1회기

몸집이 작고 천진난만하고 예쁘장한 얼굴이었으며, 자기주체성과 책임감이 있어 보이는 인상이었다. 오랫동안 눈물을 흘리며 말을 하지 못하였다.

2회기

내담자는 “친구나 어머니와의 대화가 힘들다. 상대에게 나의 생각이 전해지지 않는 것 같고 상대편도 힘들어하는 모습이 보인다. 교실에 들어갈 때 등 사람들의 시선을 받을 때 저항감을 느낀다. 교제하는 남자친구가 일상의 하찮은 것에 간섭하고 속박하는 것이 부담스럽다. 더욱이 남자친구가 다른 남성과 대화도 못하게 한다. 남자친구와 이야기할 때도 그의 마음에 들도록 애쓰게 된다. 그에게 내 의견을 주장해 보고 싶을 때도 있지만, 그를 생각하면 안쓰럽게 느껴져서 포기하게 된다." 라며 1회기에 비해 힘든 상황을 말로 표현하였다.

3회기

"사람이 싫고 받아들여지지 않는다. 이야기하려고 생각하면 무엇부터 이야기해야 할지 몰라 혼란스럽다." 라는 말을 몇 차례 되풀이하였다. 그러나 지적 능력이나 문제에 대한 자기통찰력이 높고, 생각하면서 이야기하는 모습이나 자신의 상태를 이해하기 위해 노력하는 모습을 엿볼 수 있었다. 본인이 미리 판단하고 상황을 정리하는 점이 다른 사람과의 교류를 힘들게 한다는 사실을 알게 되었다. 또한 "주위 사람도 이런 나를 힘겨워하고 있다. 나는 다른 사람에게 귀여움을 받아야 한다. 상대가 누구든지 간에 비위를 맞추어야 한다." 라고 하였다. 그 결과 자신을 드러내지 못하고 의사표현을 자유롭게 하지 못한다는 사실을 알게 되었다.

II단계(4~12회기): 콜라주에 표현된 '분노'

내담자는 3회기까지 언어로 의사표현을 잘하지 못하여 힘들다고 표현하였고, 자신의 의사소통 패턴을 이해하게 되었다. 그러나 "학교나 주변 사람에게 받아들여지지 않는다." 라는 말을 되풀이하고, 억압된 감정을 눈물로만 표현하고 감정 표출을 하지 못하였다. 그리하여 그 이상 자신을 개방하지 않는 내담자에 대하여 콜라주 미술치료를 제안하고 도입하였다. 4~6회기에 치료자와 동시제작법으로 자유롭게 콜라주 작업을 실시하였고, 7회기에는 앞서 세 차례의 활동을 통해 내담자에게 중요하다고 생각되는 '분노' 라는 주제로 콜라주 작업을 하였다. 다음 8~12회기에는 자유 주제로 콜라주 작업을 시행하였다. 각 회기 모두 콜라주 작성 후 내담자가 제목을 적도록 하였고 10분 정도 언어 상담을 실시하였다.

4회기

콜라주 작업 후 내담자는 "중앙의 오렌지색 옷을 입은 옆을 향하고 있는 사람이 나다. 귀여운 소품을 좋아하므로 좋아하는 것만 붙여 보았다. 죠스 그림을 좋아한다. 곰이나 코끼리도 좋아한다. 도화지 위에 있는 일본식, 서양식 가게의 입구 모양도 좋아한다."라고 말하였다.

치료자가 "이 입구는 누구나 환영합니다. 다녀오십시오 하는 느낌이네요." 하고 말을 건넸으나 내담자는 미소만 지었다.

얼굴을 감춘 것, 목이 없는 인물의 사진 조각이 두드러진다. 자기 자신이라고 말한 오렌지색의 옷을 입은 중앙의 여성도 그 표정을 이해할 수 없다. 이야기할 수 없는 것. 그것은 다른 사람과 어떻게 관계해야 되는지 모르는 것이라는 생각이 든다. 다른 사람을 대하는 적절한 표정을 모르고 어떻게 하면 좋은 것일지 모른다는 것인가? 눈만 보이는 사진도 있다. 사진들을 중첩하여 붙이기도 했는데, 먼저 붙인 것은 콜라주 특유의 은유적 표현(中村, 1999)으로 내담자의 갈등이나 콤플렉스의 암시라고 이해할 수 있다. 도화지 오른쪽의 복잡하게 얽혀 있는 시계는 오랜 세월의 괴로움을 상징하는 것처럼 보인다. 입을 벌린 죠스 봉제 인형은 이야기하고 싶고 외치고 싶은 마음을 암시하는 것일까? 종이 전면에 가득 붙인 사진 조각은 말수는 적지만 내담자 안에 강한 에너지가 숨겨져 있다는 것을 느끼게 한다.

▲ 제목: 내가 좋아하는 것

5회기

콜라주 작업 후 내담자는 작품에 대해 다음과 같이 설명하였다.

"사람과 이야기를 하는 것이 상당히 편해졌다. 나는 밖에 나가서 운동하는 것을 좋아하는데 남자친구는 밖에 나가고 싶어 하지 않는 타입이다. 밖에 나가서 운동을 하거나, 놀거나 빈둥거리고 싶다."

"할머니가 자기중심적이셔서 어머니도 부담을 느끼고 있는 것 같다. 최근 할머니가 여행을 가셨는데 집에 돌아왔을 때 기분이 좋다. 어머니는 할머니가 안 계실 때 안정되고 마음이 편한 것 같고 할머니의 기분이 좋을 때 어머니도 기분이 좋아 보인다. 가정 내의 분위기가 좋으면 나의 상태도 상당히 차이가 있고 조금 기분이 편해지는 것같이 느낀다. 친구에게도 친근감을 가질 수 있게 되고 맞지 않는 친구는 원래 성격이 맞지 않는다고 생각하게 된다."

내담자의 이야기가 끝난 후 치료자는 "그렇네요. 세상에는 맞지 않는 사람도 있지요."라고 말하였고, 내담자는 이에 다소 안도감을 보였다.

콜라주 작업 후 내담자는 남자친구와 헤어진 사실을 보고하였다. 작품을 보며 치료자가 "사진이 많이 붙어 있는데 하고 싶은 말이 많은 것이 아닌가요?"라고 묻자, 내담자는 "말하고 싶은 것은 많은데 뭐부터 말해야 할지 모르겠다."라고 답하였다.

37장의 여러 가지 티셔츠를 원모양으로 붙였다. 나선형으로 중심을 향하고 있는 것이 인상적이다. 베란다나 창문, 풍경 사진이 눈에 띈다. 바깥 세상과 소통하고자 하는 이미지가 연상된다. 이 시기에 저렇게 해라 이렇게 해라 하고 명령하고, 자신의 옷이나 언동을 제한하던 위압적인 남자친구와 헤어진 탓인가, 개방감 넘치는 작품에 자신의 심정이 마무리되어 있다.

치료자가 원래 자기표현을 잘 못할 뿐 아니라 특히 밖에 나가고 싶다는 표현은 더욱 못하는데 어떻게 이렇게 표현하게 되었느냐고 묻자, 할머니와 엄마가 최근에 사이가 좋아져서 본인도 기분이 좋다고 말하였다. 이전에 엄마와 할머니 사이가 좋지 않았고 남자친구와의 문제도 있었다. 남자친구와의 교제에서는 부담이 되어 헤어지기로 결정했다고 말하였다. 정리가 되고 나니 편안한 상태였다.

치료자는 사람은 만날 때도 있고 헤어질 때도 있다고 말하고 정리하였다. 내담자도 치료자가 말한 부분을 이해한다고 말하였다.

▲ 제목: 티셔츠

6회기

내담자가 콜라주 작업을 통하여 고부간의 갈등으로 정신적으로 불안정한 어머니의 이야기를 하였는데, 다음은 내담자가 치료자에게 이야기한 내용이다. "고부간의 문제나 제멋대로인 아버지에게 휘둘리는 어머니는 고독하다고 생각한다. 한편으로는 어머니는 감정 기복이 있는 사람으로 스스로 감정을 억누르고 있다. 가족은 모두 자기중심적이라서 내 기분을 이해하려는 마음이 없다. 할머니, 아버지, 어머니를 보고 있으면 어른이 되는 것이 싫다. 이러한 가정 환경에 있는 탓인지 어떤 사건에 대한 판단이나 무엇이 옳고 그른지 혼란스러워서 사람들이 말을 걸어도 어떻게 대답하면 좋을지 모르겠다." 가족, 특히 할머니, 어머니에 대해서 이야기할 때, 담담하게 이야기하는 어조 안에 조용한 분노가 느껴졌다.

치료자가 "집에 있는 것이 힘겹게 느껴지는데 화를 낼 때는 없나요?" 하고 묻자 내담자는 "화내는 것은 나쁜 것이라고 생각한다."라고 말하였다. 내담자는 감정을 표출하면 안 된다고 스스로 결정한 사람 같아 보였다.

완성된 콜라주에는 〈사람〉이라고 제목을 붙였다. 인물만 16명(그중 남성 3명)이 있었다. 치료자가 콜라주 작품을 보고 "이 가운데 본인이 있나요?" 하고 묻자 내담자는 "MILK 로고가 있는 티셔츠를 입은 것이 나다. 제일 좋은 것은 티셔츠 밑에 쓰여 있는 people get real과 있는 사람. 솔직한 느낌이 들기 때문이다."라고 말하였다.

작품에 있는 사람들은 모두 무엇을 생각하는지 예측하기 어려운 표정을 하고 있는 외국인들이었다. 포즈를 취하고 있는 사람도 있었다. 내담자는 '여권사진처럼 보이는 사진'도 자신이라고 하였다. 사진 속 인물은 뭘 생각하는지 알 수가 없고 감정을 말하고 표현하고 느끼면 안 된다고 생각하는 아이 같았다.

캡션 표현(MILK)은 치료 상황을 그대로 반영한 것으로 여겨지지만(岡田, 河野, 1997b) "이 사람은 좋은 사람이다 혹은 자신에게 맞는 사람이라고 확신할 수 없으면 자신을 내놓을 수 없다."라고 이야기하는 내담자의 생각을 대변하기도 한다. 이야기를 할 수 없다고 하는 내담자의 주된 증상 뒤에는 '상대를 충분히 이해하지 않으면 부적절한 말을 해 버릴 수 있다. 그렇게 되면 상대방에게 미움을 받고 받아들여질 수 없다.' 등의 불안감이 작용하는 것 같다. people get real의 티셔츠를 입은 여성은 내담자를 상기시키는 인상의 여성이다.

▲ 제목: 사람

7회기

지난 회기를 통해 내담자가 마음속에 분노를 많이 가지고 있지만 스스로 표현해서는 안 된다고 억압하고 있는 것을 알았다. 따라서 이번 회기의 주제를 분노로 정하여 실시하였다.

다음은 내담자의 말이다. "가끔 심하게 기분이 가라앉는다. 그러나 요즘은 이전만큼 심하지는 않다. 기분 변화는 이전보다 더 심하지만, 그것은 몸 상태가 좋은 날이 늘어난 탓이라고 생각한다. 어머니가 자신의 감정을 억누르는 것을 보고 있으면 할머니를 닮은 것 같다는 생각이 든다."

작품은 조용하고 쓸쓸한 느낌을 주었다. 어두운 바다를 뒤로 하고 있는 무표정한 2명의 여성, 그 위에는 어딘가를 응시하는 한쪽 눈이 겹쳐서 붙어 있다. 여성 뒤의 풍경은 홍콩의 밤거리인 듯하다. 단단한 게를 먹는 여성의 입이 보인다. 자신의 기준이나 생각을 주장하지 못하고 친구의 무리한 요구를 계속해서 수용하는 내담자의 심정 같기도 하다. 마음은 어두운데 그렇지 않은 척하는 것이 아닌지. 현재의 힘든 상황을 드러내는 게 어려워 나비나 고양이를 붙여 균형을 잡으려고 한 것은 아닌가 싶다. 지금까지의 작품 중에서 그녀가 있는 전경, 즉 문제의 핵심인 '억압된 조용한 분노' 가 가장 드러나 있는 것 같다.

▲ 제목: 분노

작품 완성 후 콜라주를 탐색하며 내담자가 한 말은 인상적이었다. "이 콜라주를 작성했을 때의 분노는 감정적으로 고함치는 것이 아니고, '보고 있어, 언젠가는 갚아 줄 거야.' 라고 하는 분한 느낌이었다. 골똘히 생각하는 느낌이다." 화를 내지 않고 참는 것이 아니라 화가 나는 상황을 기억했다가 나중에 갚아 주겠다는 마음을 가지고 있었던 것이다.

8회기

지난 회기에 '분노'라는 주제로 작업을 하였는데 내담자가 외로워 보이는 사진들을 많이 선택하여 이번에는 자유롭게 붙이도록 하였다. 분노라는 주제가 무거운 주제여서 영향을 줄까 싶어 자유 주제로 진행하였으며, 분노를 다루고 난 후 자유 주제에서는 어떤 작품이 나올지 궁금하였다.

다음은 내담자의 말이다. "많이 좋아졌다. 어머니에게 상담한 것을 이야기한 것이 좋았던 것 같다. 집안 분위기도 좋고 나도 기분이 좋은 상태다. 지금 상태라면 여름 방학도 즐겁게 지낼 수 있을 것 같다."

내담자는 짙은 감색 도화지에 사람 사진 16조각을 붙이고, 〈불쾌한 것〉이라고 제목을 정한 후 다음과 같이 설명하였다. "전부 연예인이긴 한데 사람에 따라 각각 다른 표정과 포즈를 취하고 있다. 사진 앞에서 포즈를 취하거나 연기를 하듯이 누구나 이성 앞에서 다른 태도를 취하는데 그것이 싫다. 윗사람에겐 잘하고 아랫사람에겐 잘난 척하는 사람만 붙였다. 아이스크림을 먹는 남성 이외에는 모두 의도적인 느낌이 든다. (자신이 싫어하는 것에 관한 화제로 고조된다.) 솔직한 사람을 좋아한다."

지난 회기에 발산되지 않은 '분노'가 '불쾌'라는 주제로 연결되어 표현된 것 같다. 7회기에서 주어진 주제가 지나치게 빨리 이 회기에 표현이 된 것같이 생각되었다.

▲ 제목: 불쾌한 것

9회기

콜라주 작업을 하면서 내담자는 스스로 치료자에게 자신의 심정을 털어놓았다. 다음은 내담자가 자발적으로 이야기한 내용이다. "대학 도서관에서 아르바이트를 모집하여 일하기 시작하였다. 집에서는 아버지 때문에 힘들다. 아버지는 바빠서 함께 이야기할 시간도 없고 생각하는 것이 다르다. 집에서도 주로 침묵하고 있으며 말을 걸면 화를 낸다. 그럴 때는 어머니가 싸움이나 말다툼을 못하도록 말린다. 어머니는 언제나 할머니에게 신경을 쓰고, 아버지의 눈치를 본다. 할머니는 어머니에 대해 욕만 한다. 나도 그때그때 어머니의 안색을 보고 말할 내용을 정한다."

내담자 스스로 주제를 '맑음' 으로 정하여 실시한 작품이다. 내담자는 작품에 대해 다음과 같이 설명하였다. "운동하고 있는 여성이 나이며 옥상의 풍경이 느긋해서 좋다. 전체적인 이미지는 상쾌한 느낌이며, 운동을 하고 싶다. 밖에 나가서 편안하게 산에 가거나 하고 싶다."

▲ 제목: 맑음

내담자는 또한 할머니와 어머니의 관계는 자신을 힘들게 하지만 잊어버리고 놀러 가고 싶다고 말하였다. 할머니와 어머니의 관계를 신경 쓰는 자신이 바보 같다고 느껴지고, 두 분에 대해 생각하다가 자기표현을 못하게 된 자신이 바보 같다고 하였다.

10회기

콜라주 작업 후 내담자는 "어머니와 잘 이야기를 할 수 있게 되었다. 교내 아르바이트는 사람과의 접촉이 많은데도 큰 불편이 없었다."라고 말하였다.

치료자가 "완성된 작품을 설명해 줄래요?"라고 권유하자 내담자는 "오늘 콜라주 작품은 어젯밤 늦게까지 리포트를 쓰다 지쳐서 형식을 너무 의식해서 다소 지쳤다고 하는 상태를 표현해 보았다. 거기에서 연상되는 것은…… 어머니에게 들은 여러 가지 말, 즉 '빨리 자라.' '방 정리해라.' 등의 말이 생각났다. 엉덩이는 어머니를 생각나게 해서 붙였다."라고 이야기하였다.

엉덩이 밑에는 드라이브를 즐기는 커플이 있다. 무엇인가를 시작하려고 하면 어머니가 출현해 오는 것을 나타내고 있는 것인가? 내담자는 사진을 보며 "데이트하는 모습이다. 데이트하는 것에 대해서도 어머니가 많이 간섭한다. 어머니는 일반 규칙이나 규범에 대해 엄격하게 잔소리를 한다. 뭔가 하려고 하면 잔소리를 심하게 한다."라고 하였다. 전부 색깔이 있는 컬러 사진이지만 엉덩이 사진만 흑백이다. 그것을 보고 어머니에 대해 강조하고 싶었나 하는 생각이 든다. 되풀이되는 어머니와의 관계, 중압감이 모노크롬으로 표현되어 있는 것 같다. 그것은 내담자의 표현을 빌리면 힘듦을 상징하는 색일 것이다. 또 엉덩이는 다른 사람으로부터의 위압감을 나타내는 것 같다. 내담자는 작품의 주제를 〈딱딱함, 형식〉이라고 하였지만 '~하지 않으면 안 된다.'라고 말하는 내담자의 생각이 작품에 표현되어 있는 것 같다. 이는 자신이 표현하고 싶은 것과는 달리 의식적으로 행동해야 하는 것을 인식하여 의식화 작업을 한 것으로 보인다.

▲ 제목: 피로

11회기

내담자는 검은색 도화지를 사용하고 싶다고 하였다. 콜라주 작품에는 남성 사진만 많이 붙어 있다. 하단 우측에 고양이를 붙였다. 집에서 키우는 고양이라고 했다. 고양이가 할머니와 어머니의 관계나 집에서의 상황을 상징적으로 나타내는 것이 아닌가 하는 생각이 든다.

내담자는 콜라주 작업 후 작품에 대하여 다음과 같이 설명하였다. "오른쪽 위에 먼 곳을 응시하는 남성이 좋다. 나의 심정을 나타내는 것 같다. 한 남성의 6개의 사진은 한 사람이라도 여러 가지 표정을 가질 수 있다고 생각해서 붙였다. 영화 '마스크' 에 나온 남자 배우의 다른 사진이 있으면 더 붙이고 싶었다."

작은 조각의 남자 배우 사진은 6분할로 표현되어 같은 사람인데도 달라 보인다.

한 사람이 여러 얼굴을 가지는 것을 표현하고 싶었던 것인가? 인물 조각을 섞어서 옆으로 붙인 것도 특징적이다. 내담자가 콜라주를 통해서 한 사람이 여러 가지 면을 가질 수 있다는 것을 긍정적으로 이해하는 과정을 드러내 보인 것이라면 좋은 변화로 받아들일 수 있다. 또한 남성 사진이 많은 것은 헤어진 연인에 대한 거리감을 느끼게 한다. 남자친구를 잘 정리하고 새로운 남자에게 흥미를 가지게 되었나 싶었고, 예전의 남자친구가 어머니처럼 속박이 심했기 때문에 헤어지고 나서 해방감을 느끼는 것 같았다. 어머니, 남자친구와의 관계가 똑같이 자신을 지배하고 영향을 주고 있다는 것을 알게 되었고, 그렇게 지배적인 사람 앞에서는 자신을 잘 표현하지 못한다는 것을 통찰한 것 같다.

▲ 제목: 진실은 무엇인가?

12회기

내담자는 콜라주 작업 후 "많이 좋아졌지만 아직도 사람들의 시선이 종종 신경 쓰이는 경우가 있다. 몸 상태가 나쁘거나 지치면 기분도 가라앉는 것 같다. 편안한 장소를 원한다. 집에 있으면 가족의 분위기에 쉽게 감정이 휩쓸리기 때문이다."라고 말하였다.

내담자는 콜라주를 핑크색 도화지에 하고 싶다고 하였다. 핑크색 도화지의 도움을 받고 있지만 매우 쓸쓸한 듯한 작품이다. 바닷가에서 혼자 놀고 있는 소녀. 내담자는 "외톨이의 느낌이 나와 겹친다."라고 말하였다. 흑백사진의 무표정한 5명의 소녀는 마치 치료자에게 콜라주는 이제 하고 싶지 않다고 호소하는 것처럼 생각되었다.

내담자는 "그다지 붙이고 싶지 않다."라고 말하였고, 콜라주의 한계를 느끼고 다음 회기부터 언어 상담을 중심으로 진행하게 되었다.

▲ 제목: 바닷가에서 혼자 놀고 있는 소녀

언어표현이 힘들었던 내담자는 콜라주를 작성함으로써 자기표현을 용이하게 할 수 있게 되었고, 동시에 현재의 자기 상황을 인식하게 되었다. 내담자는 대학원 진학의 꿈을 갖게 되었고 학비 준비를 위하여 아르바이트를 하는 등 보다 주체적이고 활기찬 생활을 할 수 있게 되었다.

3 성인의 콜라주 미술치료 사례

1. 분노 조절을 위한 콜라주 미술치료 사례

'콜라주를 통해 분노를 조절할 수 있게 되다'

1) 내담자

내담자는 28세 여성으로 사회복지학을 전공하고 현재 재직 중인 장애인생활시설에 4년째 근무하고 있다. 장애인생활시설에 근무하면서 처음에는 잘 웃고 활기차게 일을 했는데, 요즘은 짜증이 늘고 일의 능률도 오르지 않으며 신체적인 증상이 나타나는 것 같다며 치료자에게 의뢰하였다. 순간순간 큰 소리와 거친 말투가 나오고 가끔 두통과 소화장애 증상도 나타난다고 하였다. 큰 소리나 거친 말투를 사용한 후에는 후회를 하고 좀 더 참아야지 생각하지만 그런 생각을 하면 가슴이 답답하다고 하였다.

상태-특성 분노표현 사전검사에서 특성분노 27, 분노억압 26, 분노표출 23, 분노조절 28로 분노 표현 양식이 상당히 높은 상태였다.

2) 치료 기간 및 장소

주 2회, 매 회기 60분씩, 총 9회기 진행하였으며, 학교 상담실에서 실시하였다.

3) 프로그램의 실시 절차

콜라주 미술치료를 통하여 자신의 생각, 느낌 등을 솔직하게 표현할 수 있는 방법을 익히고, 자신과 타인을 이해하고 참된 나를 발견하게 함으로써 분노에 대한 정확한 이해와 분노감정 표출을 통해 자신의 변화 정도를 알아보는 데 목적을 두었다.

매 회기마다 주제를 먼저 제시하고 콜라주 기법을 통해 자기표현을 하도록 하였다. 콜라주는 그림을 그리는 것에 대한 부담이 없어 편안하게 자기 감정을 표현할 수 있다. 주제에 따른 활동 후 자신의 느낌을 표현하도록 하였다.

치료자는 작품 내용에 대한 긍정적인 피드백을 통하여 내담자가 자신의 감정이나 느낌을 표현할 수 있도록 하였다. 내용에 대하여 분석하고 해석하는 것은 지양하고, 표현하는 것에 대해 긍정적인 피드백을 주어 프로그램 진행 중에 불안감을 유발하지 않고 편안하게 자기표현을 할 수 있도록 하였다.

프로그램 구성은 초기 단계, 탐색 단계, 실행 단계, 종결 단계의 4단계로 구성하였다. 초기 단계에서는 프로그램에 대한 소개 및 진행 절차에 관한 설명이 이루어졌다. 또한 분노감정에 대한 이해를 돕기 위해 분노감정이 부정적인 것이 아닌 스트레스나 좌절에 대한 자연스러운 반응임을 설명하고, 여러 감정 중에 하나임을 감정 찾기 활동을 통해 알아 가도록 하였다. 탐색 단계에서는 일상생활이나 대인관계에서 나타나는 자신의 분노감정을 탐색하고 자신을 인정하는 시간을 갖도록 하였다. 실행 단계에서는 억누르고 표현하기 힘든 부정적인 분노감정을 매체를 통해 표현할 수 있도록 하였다. 종결 단계에서는 그동안의 변화를 인식하고 지속적인 변화에 대한 다짐을 하고 종결하였다. 회기별 주제 및 목표를 살펴보면 〈표 6-3〉과 같다.

〈표 6-3〉 회기별 주제 및 목표

단계	회기	주제	목표
초기 단계	1	오리엔테이션	• 분노에 대해 알아보고 감정 나누기
	2	감정 찾기	• 다양한 감정을 이해하고 나의 감정을 찾기 • 가장 기뻤던(슬펐던) 경험과 그때의 감정 표현하기
	3	분노감정 찾기	• 가장 화가 났을 때의 경험과 그때의 감정 표현하기 • 현재 가장 화나게 하는 것이 무엇인지 알아보고 표현해 보기
탐색 단계	4	분노에 대한 이해	• 분노가 무엇인지 알아봄으로써 생활 속에서 다양한 형태로 나타나는 분노를 이해하기
	5	대인관계에서 나타나는 분노 탐색	• 일상생활에서의 대인관계 파악하기 • 대인관계에서 일어나는 갈등, 분노 탐색하기
실행 단계	6	적절한 분노 표현	• 나의 분노를 알아차리고 다양한 분노 표현 양식을 이해하기
	7	분노를 다스리는 방법	• 분노를 적절하게 표현하는 방법을 익히고, 일상생활에서 예상되는 분노를 표현하고 대처하는 방법 나누기
종결 단계	8	변화 표현하기	• 자신의 변화를 기대하고 지금까지의 변화를 표현하기 • 자신의 긍정적인 변화를 표현하기
	9	작품 감상 및 마무리	• 집단활동을 통해 자신의 변화를 위한 노력의 필요성을 인식하기

4) 회기별 과정

1회기 - 오리엔테이션

미술치료에 대한 기대감을 나타내며 어떻게 진행될 것인지 궁금해하고 매우 적극적인 모습을 보였다. 앞으로 진행될 프로그램에 대해 설명한 후 평상시 분노 표현을 어떻게 하는지 묻자, 자신은 화가 나면 많이 참는 것 같다며 자기 감정을 솔직히 이야기하는 사람이 부럽다고 말하였다.

2회기 - 주제: 나의 감정

작업 시작 직전 동료와 언쟁이 있었는데, 자신의 의사나 감정을 표현하지 못하고 가만히 있었다. 작업 중에도 얼굴이 굳은 채 잡지만 뒤적였다. 치료자가 기분을 묻자, 아무 대답을 하지 않고 묵묵히 잡지만 붙였다. 많은 그림을 찾아서 4절 도화지에 꽉 차게 붙이고는 웃는 그림이 많아서 기분이 좋다고 말하였다. 제일 마음에 드는 그림을 선택하게 했더니 가운데 웃고 있는 소녀의 사진을 가리켰다. 자신도 이 소녀같이 웃고 있었으면 좋겠다고 하였다. 그러나 텅 빈 긴 의자 사진을 가리키며 너무 외로워 보이고 누군가 앉으면 좋겠다고 말하였다. 아래쪽에 가면 쓴 사람과 눈을 붙인 이유를 묻자, 한참을 생각하고는 그냥 예뻐서 했는데 자신이 다른 사람을 의식하는 것 같다는 이야기를 하였다. 자신의 작품에 여백이 없다는 점을 알아차리고, 자신은 여유가 있었으면 하는데 그렇게 잘 되지 않고 자기 틀에 자신을 짜 맞추는 것 같다고 말하였다.

내담자 자신이 다른 사람을 의식하고 있으며, 여유롭지 못한 생활 속에서 자신의 감정을 드러내지 못하고, 나아가 자신을 외롭게 하고 있다는 사실을 통찰하였다.

▲ 제목: 나

3회기 – 주제: 가장 화가 날 때의 감정

지난 회기와 달리 4개의 사진만 선택해서 붙였다. 작품을 완성한 뒤 내담자는 여백 없이 꽉 채워야만 편안한 성격이었는데, 도화지를 채우지 않아도 불안하지 않고 편안하다고 말하였다. 작품 설명을 하면서 사회적 약속이나 틀을 깨는 것이 화가 나고 겉과 속이 다른 사람을 보면 화가 난다고 말하였다. 꽁꽁 언 남자의 사진을 가리키며 손에 들고 있는 생선이 너무 맞지 않는 것 같다며 왜 그런 사진을 선택했는지 모르겠으나 제일 눈에 띈다고 말하였다. 치료자가 내담자에게 자신을 어떤 사람이라고 생각하느냐고 물었더니, 한참을 생각하다가 자신은 화가 나면 남을 먼저 생각해서 감정을 드러내지 않고 참는다고 말하였다. 자신이 분노감정을 어떻게 표현하는지 알지 못했던 1～2회기에 비해 자신의 분노감정을 알아차리기 시작하였다.

▲ 제목: ……

4회기 - 주제: 나의 분노감정

의식적으로 그림을 적게 붙인다고 말하면서 3개의 그림만을 붙였다. 그림을 적게 붙이는 것이 자기 틀에서 벗어나는 것 같다고 말하였다. 작품에서 여학생이 똑바로 앉아 있는 사진을 가리키며 똑바로 앉아 있는 모습이 매우 불편해 보이는데 이 사진처럼 분노감정도 불편한 것이라고 말하였다. 내담자는 스스로 자신이 항상 바르다는 소리를 듣고 싶어 하는 것 같으며 그런 모습이 자기를 더 힘들게 한다고 하였다. 네모난 유리그릇의 뚜껑이 열리면 더 편할 것 같다며 자신도 이제 뚜껑을 열고 싶다고 하였다.

내담자는 자신의 불편한 감정을 알아차리고 타인을 의식하면서 살아가는 스스로의 모습을 인식하였다. 자신에게 솔직하지 못하면 자신에게 더 힘겹다는 것을 인식하였다. 뚜껑을 열기를 바라는 마음은 자신을 열어 보이려는 의지로 보였다.

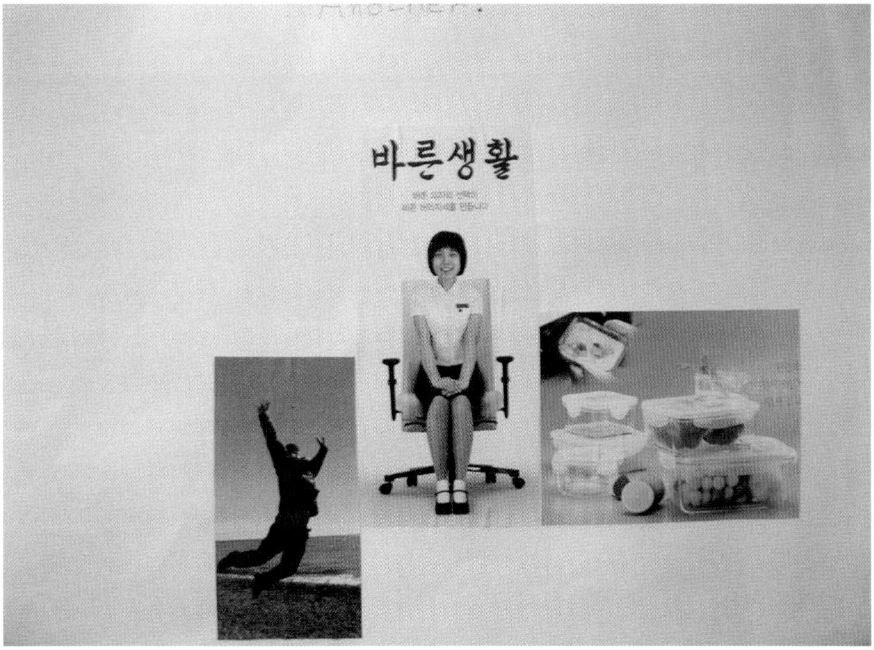

▲ 제목: Another!

5회기 - 주제: 일상의 모습

도화지에 지난 회기보다는 많은 조각을 붙였다. 의식적으로 그림을 적게 붙이는 것도 자신을 포장하는 것 같다며 자연스럽게 자신을 나타내고 싶다고 하였다. 작품을 설명하면서 내담자는 대인관계에서 자신이 평가되는 부분이 항상 신경이 쓰인다고 말하였다. '놀리면 나빠요' 라는 글자를 가리키며 자신은 항상 남들에게 좋은 평가를 받아야 하는데 그렇지 못할까 봐 자신을 그대로 나타내지 못한다고 말하였다. 내담자는 자신이 타인의 생각과 가치에 자신을 끼워 맞추고 있는 것 같다며, 그래서 스스로에게 짐을 지운 것 같다고 말하였다. 그러나 오른쪽 상단에 붙인 여자의 얼굴 사진을 가리키며 이 여자는 감정에 솔직하고 자신 있고 당당하게 보인다며, 자신도 그런 당당한 모습을 가지고 싶다고 말하였다. 타인의 평가가 전부라고 믿었던 생각이 비합리적이었음을 인지하였다. 대인관계에서도 타인의 감정이 먼저가 아니라 자신의 감정이 먼저가 되어야 함을 알아차리고, 지난 회기와는 달리 자신을 당당하게 드러내고자 하였다.

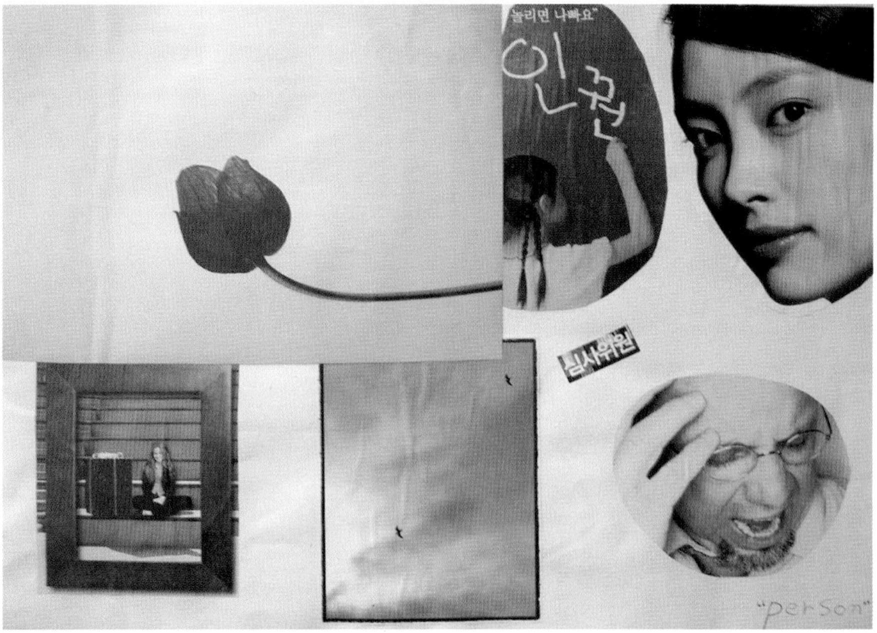

▲ 제목: Person

6회기 - 주제: 내가 분노를 느낄 때

자신의 분노감정을 그대로 드러내 보기로 하였다. 내담자는 도화지 왼편에 힘들고 지쳐 보이는 얼굴을 가리키며 현재 자신의 모습이라고 하였다. 자신을 힘들게 하는 것이 자신의 틀에 자신을 넣어 두는 것이라고 하였다. 그리고 자신이 그 틀을 깨야 한다는 것도 알고 있으며 깨고 싶은 마음이 있으나 쉽게 깨지지가 않는다고 말하였다. 그래도 작품에 생략부호가 있어서 좋다고 말하였다. 힘든 현재의 상황을 생략부호로 생략하고 싶다고 말하였다. 치료자가 어떤 부분을 생략하고 싶으냐고 물었더니, 한참 작품을 보다가 포장되어 있는 녹차 티백을 가리켰다. 겉포장이 되어 있는 녹차 티백이 또 한 번 포장되어 있는 것을 보니까 너무 답답해 보인다고 하였다. 또한 아기를 안고 있는 엄마의 모습이 너무 좋아 보인다며, 어느 누구나 태어나서 처음에는 그런 사랑을 받지만 자라면서 부모와의 갈등, 친구와의 갈등, 이런저런 환경과의 갈등으로 인해 많이 상처 입고 많이 힘들어진다며 처음 사랑이 제일 좋은 것 같다고 말하였다. 내담자는 자신의 분노감정을 겉으로 표현하지 못하는 것이 얼마나 자신을 힘들게 하는지 알았다. 또한 자신의 분노감정을 솔직하게 표현하고 싶어 하는 자신을 생략하는 것이 아니라 자신이 만들어 놓은 포장을 생략해야 됨을 인식하면서 분노를 억제하지 않고 표출하는 방법을 알아가기 시작하였다.

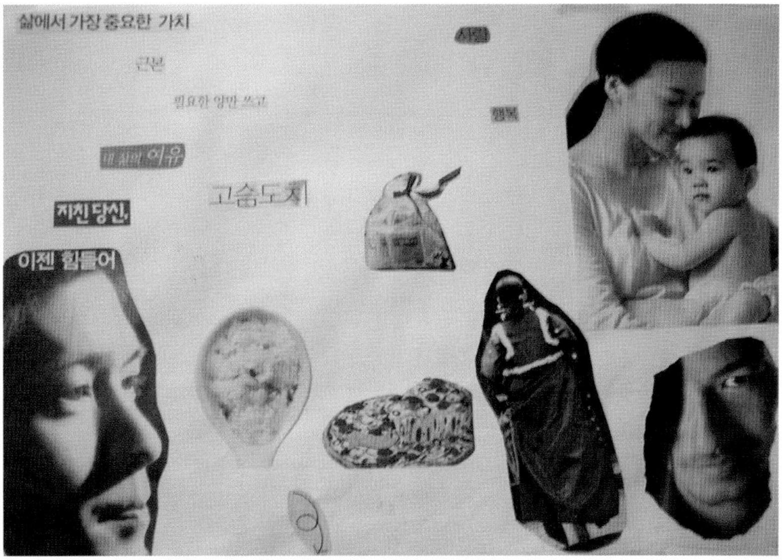

▲ 제목: 상실 & 자격지심

7회기 - 주제: 기쁘게 하는 것들

내담자는 작업을 마치고 작품을 보면서 매우 뿌듯하다고 말하였다. 작품 가운데 꼬마가 엄지손가락을 든 사진을 가리키며, 자신에게 최고라고 말해 주는 것 같아서 행복하며 자신이 무엇인가 이룬 것 같아 기분이 좋아진다고 말하였다. 이어 작품 설명을 하면서 유리컵의 물이 매우 맑아 보여서 좋고, 별과 흑설탕의 반짝임이 좋으며, 작은 촛불 하나도 마음에 든다고 하였다. 치료자가 왜 반짝이는 것이 좋냐고 묻자, 자신이 반짝이는 사람이 된 것 같아 좋다고 하였다. 기분이 나쁠 때 좋아하는 음식을 먹거나 월급을 많이 받는 생각을 하면 기분이 좋아지는 것 같다고 하였다. 청소기를 가리키며 나쁜 생각이나 감정을 빨아들이는 청소기가 있었으면 좋겠다고 하였다.

내담자는 자신을 별이나 반짝이는 사물로 비유하면서 자신의 감정이나 생각을 타인에게 표현할 수 있는 능력을 나타냈다. 자신의 있는 그대로의 모습만을 보여 주더라도 다른 사람에게 빛나는 존재가 될 수 있음을 내담자가 인지함으로써 분노 표출이 가능해졌음을 알 수 있었다.

▲ 제목: 행복

8회기 - 주제: 변화된 모습

내담자는 사진을 오리지 않고 통째로 여러 장을 겹쳐서 도화지에 차곡차곡 붙였다. 치료자가 그 이유를 묻자, 자신이 찾은 그림들이 다 마음에 들어서 자르고 싶지 않았으며 그래서 종이 전체를 붙였다고 말하였다. 여러 개의 사진 중 자신을 표현한 것이 무엇이냐고 묻자, 두 팔을 벌리고 꽃밭에 누워 있는 여자가 자신이라고 가리켰다. 그리고 제목도 그 사진에 적혀 있는 〈Style me!〉라고 하였다. 왼쪽 사진을 가리키며 알록달록 원색의 여러 가지 신발이 너무 예쁘고, 오른쪽에 편안히 들판에 누워 있는 모습이 여유롭고 한가로워 보여 좋다고 하였다. 다음 작품에서 왼쪽에 있는 진한 분홍색 하트 모양이 너무 사랑스럽고 예뻐 보이나, 가운데에 시계를 오려 넣은 것이 여유가 없어 보인다며 떼어 내고 싶다고 하였다. 오른쪽 사진에서 반짝이는 향수가 용기 안에서 밖으로 분출되는 모습이 지금 자신의 모습 같아 붙였다고 하였다. 그다음 작품에서 왼쪽의 남자 사진을 가리키며 분노감정이 생기면 이제는 '쉿!' 하지 않고 오른쪽의 사진처럼 분노감정을 표현함으로써 사뿐히 가볍게 넘어갈 수 있을 것 같다고 말하였다.

▲ 제목: Style me!

내담자는 변화되고자 하는 모습을 그대로 작품으로 나타냈다. 작품 설명을 할 때도 자신의 표현이 마음에

▲ 제목: Style me!

들지 않는 부분은 그대로 떼어 내고 싶다고 적극적인 태도를 취하였다. 자신을 변화시키는 데 행동이 필요함을 인지하였고, 표현방식에서도 수동적인 자세가 아닌 능동적인 자세를 취하기 시작하였다.

9회기

내담자는 미술치료를 통해 분노 표현 방법을 알 수 있게 되어 너무 기쁘다고 하였다. 자신의 작품을 보면서 신기해하였다. 그리고 7장의 작품을 보며 자신의 작품이 조금씩 변한 것 같다며 스스로 만족해하였다. 일상생활에서 분노감정을 감추는 것만이 능사가 아님을 알게 되었고 자신의 틀에 자신을 너무 꽉 맞춰 놓은 것 같다며 조금만 풀어 주면 매우 편할 것 같다고 하였다. 또한 표현하는 것이 마냥 나쁜 것만은 아님을 알게 되었다며 이런 기회를 다시 가지고 싶다고 하였다.

내담자는 분노를 억제하지 않고 표현할 수 있는 방법을 알게 되었고, 변화되기 위해서는 노력이 필요함을 인지하고 변화하고자 하는 의지를 보였다.

5) 치료 결과

(1) 상태-특성 분노표현 척도(STAXI-K)를 통한 결과 분석

콜라주 미술치료 프로그램 실시 후 특성분노, 분노억압, 분노표출, 분노조절에 변화가 있는지 살펴보기 위해 사전 사후 검사를 실시한 결과 모든 영역에서 개선된 변화 수치를 보였다. 구체적으로 살펴보면 특성분노는 27에서 26으로, 분노억압은 26에서 21로, 분노표출은 23에서 18로, 분노조절은 28에서 22로 적게는 -1에서 많게는 -6의 평균점수 차이를 나타냈다.

이 사례는 콜라주 미술치료 프로그램이 장애인생활시설 생활재활교사의 분노표현 양식에 미치는 효과를 알아보는 데 목적을 두었다. 분노 표현 양식의 사전 사후 검사를 통해 콜라주 미술치료가 내담자의 감정 표현을 촉진시키고 자기 통찰의 기회를 제공함으로써 분노를 적절하게 조절하고 바람직한 분노 표현에 영향을 주고 있음이 나타났다. 또한 작품을 만들고 보고 느끼게 해 줌으로써 자기 만족감과 자기 탐색의 기회를 제공하였다.

내담자는 콜라주 미술치료 프로그램 실시 후에 자신의 감정에 솔직해졌으며 억제하지 못했던 분노감정의 원인을 파악하는 데 많은 도움이 되었다고 하였다. 미술치료를 통해 행복의 열쇠는 자신이 가지고 있음을 알게 되었고, 타인과의 관계에서 좀 더 적극적이고 타인의 감정을 보다 원활하게 수용할 수 있을 것 같다고 하였다.

이러한 결과에 따라 콜라주 미술치료 프로그램이 분노 표현 양식에 긍정적인 영향을 줄 수 있고, 미술치료를 통한 자기표현 활동이 분노 스트레스 자극으로 인한 심리적 불편감을 시각화하여 나타냄으로써 카타르시스를 느끼게 하여 홀가분함, 편안함, 상쾌함 등의 감정을 일으키며 감정 정화에 효과적이라는 것을 알 수 있다.

2. 자아 성장 어머니 집단 콜라주 미술치료 사례

'콜라주를 통해 가족의 소중함을 알게 되다'

자아 성장 어머니 집단 프로그램은 총 12명의 집단원들이 주 1회, 매 회기 약 2시간 30분~3시간씩, 10회기로 진행된 집단 콜라주 미술치료 프로그램이다. 이 프로그램은 콜라주를 통해 먼저 자신을 이해하고 가족의 소중함과 자녀에 대한 양육태도를 인식함으로써 올바른 자녀교육을 할 수 있도록 하는 데에 목표를 두었다. 집단원들은 자신의 현재 부적절한 양육태도를 깨달음으로써 가족과 자녀의 소중함을 재인식하게 되는 계기가 되었으며, 사전, 사후 양육 스트레스 검사를 실시한 결과 긍정적인 변화 수치를 가져왔다.

프로그램의 진행방식을 살펴보면, 1, 2회기는 콜라주 작업을 한 뒤 작품에 대해 말로 설명하게 하였고, 4회기부터는 작업 후 작품에 대한 설명을 종이에 적게 한 뒤 집단원들 서로 작품에 대한 느낌을 이야기해 보는 방식으로 진행하였다. 준비물은 다양한 잡지, 도화지(4절, 8절), 풀, 가위, 연필, 지우개, 사인펜 등이었다.

콜라주 기법을 중심으로 초기(1~3회기), 중기(4~7회기), 후기(8~10회기) 단계로 구성하였다. 단계별 목표와 각 회기별 내용을 구체적으로 살펴보면 다음과 같다.

초기 단계(1~3회기)

초기 단계에는 집단원 간의 친밀감 및 신뢰감을 형성하고 콜라주 작업에 대한 흥미를 유발시키고자 하였다. 또한 매 회기마다 제시된 주제에 대해 자유롭게 표현해 봄으로써 콜라주 작업을 통한 자기표현 및 자신의 감정, 자신의 갈등 상황 등 자기 탐색이 가능하도록 하였다.

1회기

- 주제: 나를 소개하기
- 목적: 콜라주 기법을 통해 집단원 간의 친밀감 및 신뢰감을 형성한다.
- 절차

① 치료자는 집단원들에게 프로그램의 목적과 집단 내에서 지켜야 할 규칙에 대해 알려 주고 최대한 지킬 수 있도록 한다.

② 자유롭게 한 사람씩 자신의 별칭과 간단한 자기 소개를 한다.

③ 콜라주로 자기 소개를 한다. 치료자는 집단원들에게 자신을 소개할 수 있는 사진이나 그림을 잡지에서 찾은 후, 자유롭게 잘라 종이에 붙이도록 한다. 이때 사진이나 그림은 원하는 위치에 풀을 이용하여 붙이도록 하고 제한 없이 자유롭게 활동할 수 있도록 한다(자르는 방법은 집단원에 따라 가위를 이용할 수도 있고 손으로 찢을 수도 있다. 연령이나 증상을 고려하여 실시하도록 한다.).

④ 작품을 완성하면 제목을 붙이도록 한다. 콜라주를 실시하는 과정에서 느낀 감정과 실시 후의 느낌, 통찰한 부분 등을 서로 이야기한다.

2회기

- 주제: 나를 표현하기
- 목적: 콜라주 기법으로 '나'를 표현해 봄으로써 구체적인 자기표현 및 자신의 감정, 자신의 갈등 등 자기 탐색이 가능하도록 한다. 또한 서로에 대하여 구체적으로 알아보는 기회를 제공함으로써 집단원 간 친밀감을 형성하도록 한다.
- 절차

① 지난 한 주간 경험했던 일에 대해 서로 간단히 이야기한다.

② 콜라주로 '나'를 표현해 본다.

③ 작품을 완성하면 제목을 붙이도록 한다. 콜라주를 실시하는 과정에서 느낀 감정과 실시 후의 느낌, 통찰한 부분 등을 서로 이야기한다.

3회기

- 주제: 풍경구성법
- 목적: 진단도구로서뿐만 아니라 치료 과정 속에 활용되고 있는 풍경구성법을 실시하여 집단원의 내면을 이해하고 치료적인 효과를 얻도록 한다.
- 절차
  ① 지난 한 주간 경험했던 일에 대해 서로 간단히 이야기한다.
  ② 집단원들에게 A4 용지와 검은색 사인펜을 나누어 준다. 각자 A4 용지에 검은색 사인펜으로 테두리를 그린 다음 다른 집단원과 교환하도록 한다.
  ③ 치료자는 집단원들에게 풍경을 그려 보자고 말한 후 치료자가 제시하는 사물을 테두리가 그려진 A4 용지에 순서대로 그리게 하고 색을 칠하도록 한다.
  ④ 작품을 완성하면 제목을 붙이도록 한다. 작업을 하며 느낀 점 등을 서로 이야기한다.

중기 단계(4~7회기)

중기 단계는 집단원 간의 신뢰와 수용, 지지 및 공감 등의 상호작용을 통해서 자기 자신과 가족을 이해하고, 있는 그대로의 모습을 수용하도록 하였다. 즉, 가족의 갈등관계를 인식하고 재정립하여 올바른 가족관계를 형성하도록 하였다.

4회기

- 주제: 가족
- 목적: 콜라주로 가족을 표현해 봄으로써 가족과의 관계를 탐색하도록 한다. 또한 집단원 간의 신뢰와 수용, 지지 및 공감 등의 상호작용을 통해서 자기 자신과 가족을 이해하고, 있는 그대로의 모습을 수용하도록 한다.

- 절차
  ① 지난 한 주간 경험했던 일에 대해 서로 간단히 이야기한다.
  ② 콜라주로 가족을 표현한다. 치료자는 집단원들에게 가족에 대한 사진이나 그림을 잡지에서 찾은 후 자유롭게 잘라 종이에 붙이도록 한다.
  ③ 작품을 완성하면 제목을 붙이도록 한다. 콜라주를 실시하는 과정에서 느낀 감정과 실시 후의 느낌, 통찰한 부분 등을 서로 이야기한다.

5회기

- 주제: 자녀가 나에게 주는 의미
- 목적: 콜라주로 자녀가 자신에게 주는 의미를 표현해 봄으로써 자녀와의 관계를 구체적으로 탐색하도록 한다. 또한 집단원 간의 신뢰와 수용, 지지 및 공감 등의 상호작용을 통해서 자녀를 이해하고, 있는 그대로의 모습을 수용하도록 한다. 아울러 자신의 자녀 양육태도를 인식한다.
- 절차
  ① 지난 한 주간 경험했던 일에 대해 서로 간단히 이야기한다.
  ② 콜라주로 자녀가 나에게 주는 의미를 표현한다. 치료자는 집단원들에게 자녀가 나에게 주는 의미와 관련된 사진이나 그림을 잡지에서 찾은 후 자유롭게 잘라 종이에 붙이도록 한다.
  ③ 작품을 완성하면 제목을 붙이도록 한다. 콜라주를 실시하는 과정에서 느낀 감정과 실시 후의 느낌, 통찰한 부분 등을 서로 이야기한다.

6회기

- 주제: 남편이 나에게 주는 의미
- 목적: 콜라주로 남편이 자신에게 주는 의미를 표현해 봄으로써 남편과의 관계를 탐색하도록 한다. 또한 집단원 간의 신뢰와 수용, 지지 및 공감 등의 상호작용을 통해서 남편을 이해하고, 있는 그대로의 모습을 수용하도록 한다.

• 절차

① 지난 한 주간 경험했던 일에 대해 서로 간단히 이야기한다.

② 콜라주로 남편이 나에게 주는 의미를 표현한다. 치료자는 집단원들에게 남편이 나에게 주는 의미와 관련된 사진이나 그림을 잡지에서 찾은 후 자유롭게 잘라 종이에 붙이도록 한다.

③ 작품을 완성하면 제목을 붙이도록 한다. 콜라주를 실시하는 과정에서 느낀 감정과 실시 후의 느낌, 통찰한 부분 등을 서로 이야기한다.

7회기

• 주제: 가족에게 주고 싶은 것

• 목적: 콜라주로 가족에게 주고 싶은 것을 표현해 봄으로써 가족을 이해하고, 있는 그대로의 모습을 수용하는 긍정적인 반영을 통해 올바른 가족관계를 형성하도록 한다. 나아가 자녀에 대한 바람직한 양육태도의 필요성을 통찰한다.

• 절차

① 지난 한 주간 경험했던 일에 대해 서로 간단히 이야기한다.

② 콜라주로 가족에게 주고 싶은 것을 표현한다. 치료자는 집단원들에게 가족에게 주고 싶은 것에 관한 사진이나 그림을 잡지에서 찾은 후 자유롭게 잘라 종이에 붙이도록 한다.

③ 작품을 완성하면 제목을 붙이도록 한다. 콜라주를 실시하는 과정에서 느낀 감정과 실시 후의 느낌, 통찰한 부분 등을 서로 이야기한다.

후기 단계(8~10회기)

후기 단계는 이전의 자신의 갈등 상황을 재인식하고, 현재의 모습을 비교하여 달라진 자신의 모습을 발견하고, 자신의 미래 모습을 그려 봄으로써 구체적인 삶의 방향을 설정하도록 하였다. 또한 집단원 간의 상호작용을 통해 건강한 자아상을 형성하고 가족에 대한 소중함과 감사함을 표현해 봄으로써 긍정적인 가족관계를 유지하도록 하였다.

8회기

- 주제: 10년 후의 나의 모습
- 목적: 자신의 갈등 상황을 재인식하고, 현재 달라진 자신의 모습을 발견하며, 콜라주로 10년 후의 나의 모습을 표현해 봄으로써 구체적인 삶의 방향을 설정하도록 한다.
- 절차
  ① 지난 한 주간 경험했던 일에 대해 서로 간단히 이야기한다.
  ② 콜라주로 10년 후의 나의 모습을 표현한다. 치료자는 집단원들에게 10년 후의 나의 모습과 관련된 사진이나 그림을 잡지에서 찾은 후 자유롭게 잘라 종이에 붙이도록 한다.
  ③ 작품을 완성하면 제목을 붙이도록 한다. 콜라주를 실시하는 과정에서 느낀 감정과 실시 후의 느낌, 통찰한 부분 등을 서로 이야기한다.

9회기

- 주제: 집단원들에게 주고 싶은 선물
- 목적: 집단원들에게 주고 싶은 선물을 콜라주로 표현하도록 한 후 서로 선물을 주고받는 상호작용을 통해 건강한 자아상을 형성하고 자녀에 대한 칭찬과 지지 방법을 익힌다.
- 절차
  ① 지난 한 주간 경험했던 일에 대해 서로 간단히 이야기한다.
  ② 집단원들에게 주고 싶은 선물을 잡지에서 자유롭게 찾아 오린다.
  ③ 자유로운 방식으로 집단원들과 선물을 주고받도록 한 후 각자 받은 선물을 종이에 붙이도록 한다. 제한 없이 자유롭게 활동할 수 있도록 한다.
  ④ 작품을 완성하면 제목을 붙이도록 한다. 콜라주를 실시하는 과정에서

느낀 감정과 실시 후의 느낌, 통찰한 부분 등을 서로 이야기한다.

10회기

- 주제: 가족에게 주고 싶은 선물
- 목적: 콜라주로 가족에게 주고 싶은 선물을 표현해 봄으로써 가족 및 자녀의 소중함과 감사함을 깨달아 긍정적인 가족관계를 유지하도록 한다.
- 절차

① 지난 한 주간 경험했던 일에 대해 서로 간단히 이야기한다.

② 콜라주로 가족에게 주고 싶은 선물을 표현한다. 치료자는 집단원들에게 가족에게 주고 싶은 선물에 관련된 사진이나 그림을 잡지에서 찾은 후 자유롭게 잘라 종이에 붙이도록 한다.

③ 작품을 완성하면 제목을 붙이도록 한다. 콜라주를 실시하는 과정에서 느낀 감정과 실시 후의 느낌, 통찰한 부분 등을 서로 이야기한다.

④ 프로그램을 종결하면서 그동안 집단을 통해 느낀 점과 앞으로의 다짐 등을 간단히 이야기하고 서로에게 지지와 격려를 할 수 있도록 촉구한다. 진정한 참만남 속에 집단원 개개인이 서로에게 든든한 후원자임을 깨닫고 지속적인 관계를 통해 함께 성장할 수 있도록 한다.

다음은 앞서 설명한 자아 성장 집단 프로그램에 참여한 두 어머니의 사례다. 콜라주 미술치료의 진행 과정을 살펴본다.

1) 사례 1. '콜라주를 통해 나 자신과 내 가족, 주변 모든 사람들의 소중함과 감사함을 깨달을 수 있었다'

(1) 내담자

30대 후반 주부로, 4인 가족으로 1남 1녀의 어머니다.

(2) 회기별 과정

1회기 - 주제: 나를 소개하기

내용 및 느낀 점

아이와 나, 아니 우리 가족에 대한 문제를 갖고 이 집단에 참석하였다. 낯선 사람들에게 내 속내를 드러내야 한다는 것이 많이 불편하고 긴장되었다. 하지만 '나' 를 소개하기 위해 몇 권의 잡지에서 맘에 드는 그림을 고르고, 오리고, 붙이면서 긴장이 풀리고 편안해짐을 느낄 수 있었다. 결혼해서 아이를 키우며 누구의 엄마, 아내로 살다 보니 정작 나에 대해 소개하는 게 어색하게 느껴졌다. 그래서 지금의 내 상황에 맞는 그림들을 찾아보았다. 오프라 윈프리나 힐러리처럼 당당한 여자이고 싶은 마음, 내 아들이 훗날 이렇게 멋진 모습이길 바라는 마음, 피리 부는 소년이 그려진 그림처럼 음악을 좋아하는 나의 모습……. 하지만 평화롭길 바라는 내 마음과는 달리 지금의 나는 벽에 부딪힌 고무공처럼 여러 문제들과 충돌하고 있다. 벽에 충돌하는 고무공의 표정이 내 마음을 대변해 주는 것 같다. 아들이 미술치료 상담을 받을 때 선생님과 재미있게 활동하는 모습을 보며 한 번쯤 해 보고 싶다는 생각을 했었다. 그런데 막상 내가 직접 해 보니 즐거워하던 아들의 마음을 느낄 수 있었다.

▲ 제목: 충돌하는 나

2회기 - 주제: 나를 표현하기

내용 및 느낀 점

우리 아이들이 '이오' 처럼 몸에 좋은 음식을 먹고 건강하고 밝게 자랐으면 좋겠다. 평소 아기자기하고 예쁜 그릇을 좋아하는데, 이렇게 예쁜 그릇에 맛있는 음식을 담아서 가족들과 함께 먹고 싶은 마음에 붙였다. 멋지고 세련된 나의 모습을 생각하며 원피스를 입은 여자 사진을 붙였고, 남편과 클림트의 그림에 등장하는 남녀처럼 열정적이고 뜨거운 사랑을 하고 싶은 마음에 클림트의 〈키스〉를 붙여 보았다. 생각만 해도 웃음이 절로 난다. 마지막으로 주변에 꽃그림을 그려 넣으니까 뭔가 풍성하고 따뜻해진 것 같아 기분이 좋아졌다. 완성한 후 내 콜라주 작품을 보며 지금의 나 자신에게 만족하고 있는 '나'를 발견할 수 있었다.

▲ 제목: 적어도 지금만큼이라도 나는 나, 나 자신에 만족해

4회기- 주제: 가족

내용 및 느낀 점

그동안 가족에게 많은 욕심을 부렸던 것 같다. 그 욕심이 우리 가족을 얼마나 힘들게 했는지, 그것이 가족이 아닌 나 자신을 위한 욕심이었음을 이제야 깨닫게 되었다. 생선과 꽃게, 딸기, 야채 등 전혀 어울릴 것 같지 않은 음식물들이 한곳에 모여 조화를 이루는 모습에서 우리 가족의 모습을 발견할 수 있었다. 지금까지 가족들에게 각각의 개성과 기질, 성향이 있다는 것을 무시한 채 내게 맞추려고만 했었는데, 이제는 남편과 아이들을 있는 그대로 존중하며 바라볼 수 있을 것 같다. 지금 우리 가족은 있는 그대로 훌륭하다.

▲ 제목: 있는 그대로 훌륭하다!!

5회기 - 주제: 자녀가 나에게 주는 의미

내용 및 느낀 점

우리 아이들의 가슴 속에는 큰 보석이 있는데, 아직 가공되지 않은 상태다. 그것은 분명 아이들의 고유성을 대변하는 것인데, 숨어 있기도 하고, 밖에 나와 있기도 하고, 꼬여 있기도 하다. 아이들은 자라면서 나와 함께 그 보석을 가공할 것이다. 나는 무리해서 다듬거나 자르지 않겠다. 나는 아이들의 말을 듣기 위해 노력하고 기다릴 것이다. 그리고 아이들의 눈을 마주보면서 빛나는 그들만의 보석을 기대한다. 아이들의 모든 모습을 포용할 수 있을 만큼 넓은 마음으로 어떤 모습이든지 아름답고, 넉넉하고, 자유롭게 담을 것이다. 아이들이 내 삶의 악센트가 되어 또 하나의 큰 즐거움이 되리라 기대한다.

▲ 제목: 어떤 보석인지 모르지만 기대한다

6회기 - 주제: 남편이 나에게 주는 의미

내용 및 느낀 점

남편은 하나님이 내게 주신 최고의 선물이다. 나를 미소 짓게 하고, 행복하게 하고, 편안하게 만들며, 배려하고, 기다려 주고, 지지한다. 아이들을 같이 양육하는 좋은 아버지며, 나에게 했듯이 아이들에게 똑같이 대해 줄 것을 믿는다. 나를 나답게 해 주고, 나의 고유성을 인정해 주는 남편, 인생을 함께하며 황혼에 접어들어 나의 인생을 마감할 때까지 항상 설레고 좋아하는 눈빛을 나눌 수 있는 사람이다.

▲ 제목: 남편의 의미

7회기 - 주제: 가족에게 주고 싶은 것

내용 및 느낀 점

나는 가족에게 자유롭고 편안하며 나를 대할 때마다 즐거운 일들이 가득하다는 느낌을 주고 싶다. 가족을 대할 때 정성으로 대하고 건강을 챙기고 싶다. 가족을 위해 선물을 준비하는 사람이고 싶다. 더불어 도전하라고 용기를 주고 주도적으로 살기를 바란다. 다른 나라의 음식을 먹기 앞서 두려운 마음이 생기지만 어떤 맛일까 기대하며 먹어 보고 싶은 것처럼 삶 속에서 가족에게 도전할 수 있는 용기를 주고 싶다.

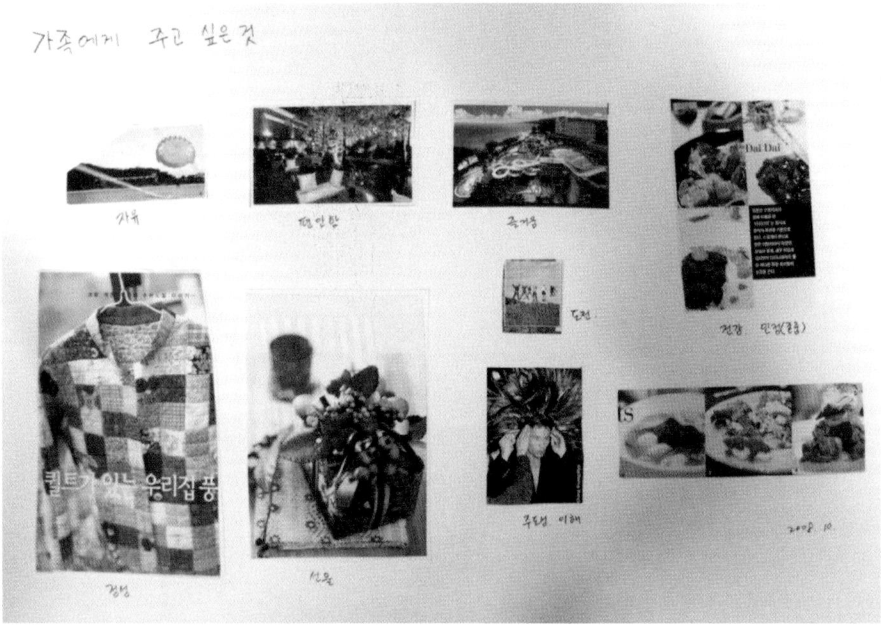

▲ 제목: 가족에게 주고 싶은 것

8회기 - 주제: 10년 후의 나의 모습

내용 및 느낀 점

10년 후에는 마흔 여덟, 경제적으로는 안정적이다. 멋진 자동차에 넉넉한 집, 가족 모두가 즐길 수 있는 야외 공간이 있는 집, 남편과는 여전히 서로 사랑하며 존중하는 관계, 소탈한 성격의 남편은 본인이 원하는 대로 사회적 성공을 이루고 여전히 친구들과 즐기며 지낸다. 건강하고 넓은 마음을 가진 남편. 나는 주님이 나를 창조하신 목적을 이루려고 순종한다. 기독교에 관련된 음악을 작곡할 수도 있고 아이들을 사랑하고 가르치는 일을 할 수도 있다. 아이들의 말과 표정, 몸짓에서 꿈과 희망과 마음을 들여다보며 나는 존경받는 사람이다. 나의 아이들은 자유롭고 수용적이며 능력이 있다. 경쾌하며 동지가 있다(남녀 불문하고). 나는 우리 아이들을 지지하고 믿어 주는 좋은 엄마다.

▲ 제목: 10년 후의 나의 모습

10회기 - 주제: 가족에게 주고 싶은 선물

내용 및 느낀 점

10주 동안 자아 성장 어머니 집단 프로그램을 통해 지금까지 살아온 날들이 모두 '나' 를 만들어 가는 과정이었음을 알게 되었다. 콜라주 작업을 하며 나 자신의 소중함, 나와 관계하는 모든 사람들에게 감사함과 소중함을 느끼게 되었다. 물론 그 과정은 결코 쉬운 것이 아니었다. 잊고 있었던 기억과 감각이 다시금 뒤집히고 얽히고 파헤쳐져서, 뒤죽박죽된 느낌을 고스란히 만지고 정리하는 순간이 필요하였다. 그때마다 답답하고 조급하고 편안하고 고요하고 다시 요동치는 느낌을 정리하거나 그대로 놓아두거나 하는 작업을 했던 것 같다. 아직도 나는 약간의 조급함이 앞선다. 하지만 이젠 그런 조급한 행동이 나올 때마다 그것을 빠르게 인지하고 뒤늦게라도 꼭 수습하려고 노력한다.

편안함과 여유로움을 잃지 않기 위해 항상 내 안의 성령께 말한다. "내게 능력 주시는 자 안에서 내가 모든 것을 할 수 있느니라." (빌립보서 4장 13절 말씀)

▲ 제목: 가족에게 주고 싶은 선물

2) 사례 2. '콜라주를 통해 나의 행복을 찾았다'

(1) 내담자

30대 중반 주부, 4인 가족으로 1남 1녀의 어머니다.

(2) 회기별 과정

1회기- 주제: 나를 소개하기

내용 및 느낀 점

약 6개월 전부터 미술치료를 받고 있는 아들로 인해 미술치료를 처음 알게 되었다. 아들과 나에게 도움이 된다고 하여 신청하게 된 10주 자아성장 어머니 집단 프로그램. 전날 새로운 것에 대한 두려움과 떨림으로 잠을 설쳤다. 11명의 모르는 사람들과 원을 그리고 앉아 어색하게 자신을 소개한 후, 콜라주로 '나'를 소개해 보라고 하였다. 분위기도 어색하고 별로 하고 싶은 의욕도 없었다. 잡지 한 권을 선택해서 천천히 넘기며 보던 중 유독 눈에 띄는 사진이 있었다. 시간이 흐른 뒤 이 사진의 가족처럼 우리 가족도 서로를 바라보며 웃을 수 있는 편안함이 생겼으면 좋겠다고 생각하였다. 멋진 주방과 편안한 분위기의 침실, 따뜻한 햇살이 스며드는 거실이 있는 집에서 살고 싶어서 붙여 보았다. 나는 평소 거의 화장을 하지 않는다. 액세서리라고는 매일 하고 있는 목걸이와 결혼반지가 전부다. 아이들이 나에게 "엄마도 화장 좀 하세요."라고 말했던 것이 떠올랐다. 이 사진을 보니 화려한 액세서리를 하고 싶은 마음이 들었다. 매력적인 여인의 모습이

▲ 제목: 희망

부럽다. 숲 속에 놓여 있는 안락한 소파에서 편히 쉬고 싶다. 곰으로 가족들과 여행을 떠나서 편히 쉬고 싶다. 막상 다 하고 보니 비록 희망사항이지만 연두색 종이와 내가 고른 사진들이 잘 어울리는 것 같아 기분이 좋아졌다. 이대로 꼭 이루어졌으면 좋겠다.

2회기- 주제: 나를 표현하기

▲ 제목: 포근함, 흐트러짐

▲ 제목: 우울, 차가움

내용 및 느낀 점

주변 사람들은 내 첫인상이 우울하고 차가워 보인다고 한다. 워낙 낯을 많이 가려 친해지기 전까지 말이 별로 없어서인지 '차갑다, 가까이하기 어렵다, 깐깐해 보인다'는 말을 많이 들었다. 하지만 나에겐 모피코트와 같은 포근함과 덤벙대고 실수하는 흐트러진 모습도 있다. 차갑고 우울한 모습만 있는 게 아니라 포근하고 흐트러진 모습도 있는데, 사람들이 한쪽 면만 보는 것 같아 조금은 속상하다. 항상 나에겐 가족이 먼저였고 누구보다도 가족을 먼저 챙겼다. 그래서인지 결혼하고 아이들을 낳고 기르면서 마음을 터놓고 친하게 지내는 사람도 없이 혼자 지냈던 것 같다. 한 사람씩 자신의 작품에 대해 이야기를 할 때, 다른 사람들도 나처럼 남에게 보이는 모습과 자신이 아는 내면의 모습이 다르다고 느낀다는 것을 알게 되었다. 나만 그런 게 아니라는 생각에 마음이 조금 편안해졌다. 그리고 집단원들이 내 첫인상에 대해 '따뜻하다, 친근하다, 미소가 예쁘다'고 말해 주었는데, 나의 첫인상에 대해 다시금 생각해 볼 수 있었다.

4회기- 주제: 가족

내용 및 느낀 점

우리 가족들이 항상 아프지 않고 건강했으면 좋겠다. 아이들 때문에 많이 힘들었는데, 요즘처럼만 생활이 유지된다면 더없이 좋을 것 같다. 아이들에게 큰 문제가 없었음에도 내가 쓸데없이 걱정하고 염려했던 것은 아니었나 생각해 보았다. 가족이 날 힘들게 한다고 생각했었는데, 정작 내가 가족을 힘들게 한 것은 아니었나, 남편은 다가왔지만 내가 거부하고 있었던 것은 아니었나 하는 생각이 들었다. 남편과 따뜻한 난로 앞에서 함께 차를 마시며 편안한 시간을 갖고 싶다. 우리 가족이 건강하고 행복했으면 좋겠다.

▲ 제목: 건강, 편안함

6회기- 주제: 남편이 나에게 주는 의미

내용 및 느낀 점

요즘 들어 예전엔 미처 몰랐던 남편의 자리를 조금씩 알게 되는 것 같다. 얼마 전 둘만의 여행을 가기로 하였는데, 남편의 옷을 챙기다 왈칵 눈물이 쏟아졌다. 아이들만 챙기면서 잊고 있었던 남편의 자리. 항상 옆에 있어 소중함을 모르고 살아왔던 것 같아 너무 미안하였다. 아이들 때문에 힘들어할 때도, 시댁 식구들 때문에 힘들어할 때도 그는 항상 말없이 내 옆을 지켜 주었다. 난 그런 말 없는 남편이 싫었지만, 그는 말없이 조용히 내 옆에 있는 것만으로도 큰 힘이 되었던 것이다. 그래서 미안하고 고맙다는 편지와 함께 옷을 사서 예쁘게 포장하여 남편에게 선물하였다. 나이가 들면 자연 휴양림을 지어서 살고 싶다는 그의 꿈을 꼭 같이 이루고 싶다. 항상 너그럽고 화도 안 내고 짜증도 안 내는 그 사람이 난 너무나 편해 보였고, 그래서 생각이 있는 사람인지 원망도 하였는데, 그의 미소 속에 큰 짐이 숨어 있음을 알고 너무 미안하였다. 나는 힘들다고 그를 원망했으나, 그는 말도 못하고 속으로 짐을 지고 살았다는 게 가슴 아팠다. 그의 미소 속에 감춰진 짐을 나누어서 편안함을 선물하고 싶다.

▲ 제목: 남편이 나에게 주는 의미

7회기- 주제: 가족에게 주고 싶은 것

내용 및 느낀 점

아무런 잔소리도 간섭도 하지 않고 밖에서 지쳐 들어오는 남편과 두 아이에게 그냥 편히 쉴 수 있는 공간을 마련해 주고 싶다. 춥지도 덥지도 않은 편안함. 포근히 안기는 아늑함을 주고 싶다. '왜 그래? 뭐가 문제야?' 그런 거추장스러운 것들은 묻고 싶지 않다. 그냥 마음으로, 표정으로 내 맘을 전하고 싶다.

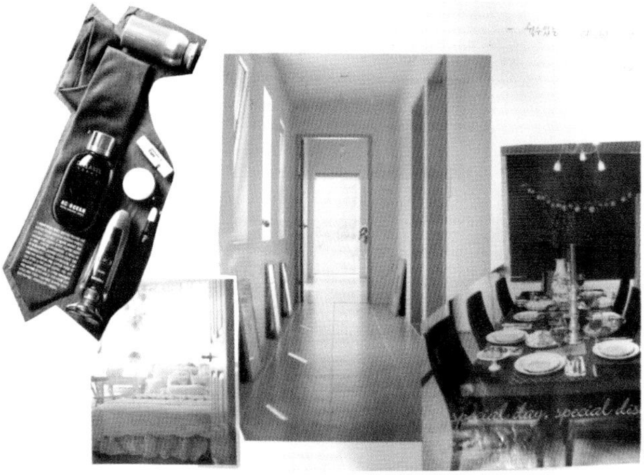

▲ 제목: 가족이 쉴 수 있는 아늑한 공간

8회기- 주제: 10년 후의 나의 모습

내용 및 느낀 점

결혼해서 지금까지, 10년 동안 여유라곤 찾아볼 수 없을 만큼 바쁘고 치열했고 웃는 날보다 인상 쓰는 날이 많았다면, 10년 후의 우리 가족은 여유로워졌으면 좋겠다. 몸, 마음, 물질에서……. 그래서 제목을 〈10년 후의 우리 가족〉으로 붙여 보았다. 가족에 대한 소중함을 새삼 깨달았다.

▲ 제목: 10년 후의 우리 가족

10회기 - 주제: 가족에게 주고 싶은 선물

▲ 제목: 가족에게 주고 싶은 선물

내용 및 느낀 점

우리 가족에게 맛있고 건강에 좋은 음식과 붉게 물든 저녁 노을과 같은 평안함과 여유를 선물하고 싶다. 밝게 비추는 등불처럼 남편과 아이들에게 밝은 빛이 되어 주고 휴식과 싱그러움을 선물하고 싶다. 우리 가족이 나에게 정말 소중한 존재임을 깨달을 수 있어서 감사하고 항상 지금처럼 행복했으면 좋겠다.

처음엔 빈 공간에 둥둥 떠 있는 무언가를 내가 잡아야 한다는 부담감이 컸었다. 첫날 전혀 모르는 사람들 틈에서 나를 드러내야 한다는 것이 많이 힘들었다. 그러나 아이 때문에 어쩔 수 없이 참여해야 한다는 처음 생각과는 달리, 회기를 거듭할수록 아이의 행복을 위해서가 아닌 나의 행복을 찾아가는 길임을 느낄 수 있었다. 가까이 있어 소중함을 깨닫지 못했던 것들……. '내가 정말 원하는 게 뭘까?' 하는 궁금증에 다음 만남까지의 시간이 너무도 길게 느껴졌고 빨리 시간이 흐르기를 기다렸다.

10번의 만남은 나를 참 많이 변하게 한 것 같다. 나를 되돌아볼 수 있는 여유를 만들어 주었고, 살면서 이 시간이 나에겐 큰 힘이 되어 줄 것 같다. '나' 라는 존재로서, 아이의 엄마로서, 한 남자의 아내로서 정말로 필요했던 시간이었고 소중한 경험이었다.

4 치매노인의 콜라주 미술치료 사례

치매노인을 대상으로 하는 콜라주 미술치료는 일상생활의 활성화를 도모하여 심신 기능을 유지하고 치매의 진행을 예방하는 데 목적이 있다. 또한 이러한 작업활동은 최근 중시되고 있는 내담자의 삶의 질과도 관련이 깊다. 삶의 질은 "사람들의 생활하는 문화나 가치체계의 배경, 그들의 목표 · 기대 · 표준 · 관심사와의 관계에 있어서 생활이나 인생에서의 자신의 입장에 관한 개인적인 인지"(WHO)라고 정의되고 있다. 콜라주 미술치료 활동은 종래의 ADL(Activity of Daily Living: 일상생활동작)을 평가하는 데 활용될 뿐 아니라 내담자의 의지나 기호, 자기실현에의 배려에도 도움을 준다. 아울러 정신적인 면의 보호나 이해를 목적으로 한 심리적 접근도 중요하다.

콜라주 미술치료는 치매노인의 상태나 심리적 세계의 이해에도 유익한 활동이 된다. 선행연구를 바탕으로 치매노인의 콜라주 미술치료의 유효성을 살펴보도록 한다.

1) 치매노인의 콜라주 미술치료 도입의 의의

본래 콜라주를 포함한 그림은 ① 그림 내용뿐만이 아니라, ② 작성할 때의 행동 관찰, ③ 완성 후의 작품에 관한 설명 등의 세 가지가 내담자를 이해하는 중요한 정보원이 된다(藤掛, 1996). 이는 치매노인의 경우에도 마찬가지다. 일반인에게는 쉬운 콜라주 작업이지만, 치매노인을 대상으로 실시하였을 경우 작성 과정에서 장애나 현재 상태를 평가할 수 있다. 또한 붙여진 사진 조각으로부터 과거를 회상하거나, 표현하는 이미지로부터 그들의 심리적 세계를 이해하는 것도 가능하다. 한편 콜라주가 지닌(콜라주 미술치료의) 치료적 효과는 작성자에게 만족감이나 충실감을 주고, 집단에서의 시행은 친밀한 관계를 만들거나 의사소통을 활성화하는 데 도움을 준다는 점이다.

콜라주를 치매노인에게 적용한 선행연구는 야베(矢部, 1998), 유아사(湯淺, 2000), 마루야마(丸山, 1998), 이시자키(石崎, 2001, 2000), 이시자키와 스기우라(石崎, 杉浦, 2000) 등을 통해 이루어졌다. 이들은 작업 중심 집단미술치료로서 콜라주가 작업치료적 혹은 심리임상적으로 실시될 수 있다는 입장이다. 여기에서는 작업치료, 미술치료 등으로 엄밀하게 구분 짓지 않고 치매노인에게 콜라주를 적용한 사례를 살펴본다.

2) 적용과 실시방법: 회상법에 대해

콜라주 미술치료를 집단에서 3회, 그중 한 사람에게는 개별적으로 10회를 실시하였다. 치매노인에게 유효한 것으로 알려져 있는 '회상법' (矢部, 1998; 野村, 1993, 1998; 湯淺, 2000; 黑川, 1995) 등을 참고하였다.

회상법은 노인을 대상으로 하는 치료법의 하나로 1963년에 미국의 정신과 의사 버틀러(Butler)가 제창하여 확립된 기법이다. 부정적인 사고에 사로잡혀 있는 노인의 과거 회상에 전문가가 공감적, 수용적 자세로 의도적으로 개입함으로써 인생의 재평가나 정체성 확립을 촉진하여 심리적 안정이나 삶의 질을 향상시키도록 계획된 방법(黑川, 1995)이다. 버틀러의 제창 이래 회상법은 양로원이나 지역의 주간보호센터에서 활동 프로그램으로 또는 죽음에 직면한 말기 환자에게 심리치료로 활용되었다. 현재에 이르기까지 미국에서 회상법과 관련하여 500권 이상의 저서가 발간되었으며, 영국, 오스트레일리아, 싱가포르 등 여러 나라에서 활용되고 있다. 버틀러는 노인이 인생을 되돌아보는 것은 노년기에 공통되는 내적 경험 혹은 심리적 과정이라고 가정한다. 이 가운데 회상을 노망의 시작 등 부정적으로 받아들이는 스테레오타입적인 견해를 배제하고, 노인에게 자연스럽게 일어나는 무의식적, 비선택적인 심리적 과정이라고 인식한다. 또한 사람에게는 현재의 과제나 위기에 따라서 과거를 상기하는 경향이 있다고 주장한다. 예를 들면, 사람들은 동반자의 죽음 이후 함께 살았을 때를 회상하거나 풀 수 없는 오해를 하는 경향이 있다. 이와 같이 위기는 자신의 정체성이나 삶의 방법을 다시 질문하는 좋은 기회로도 이해할 수 있다.

또한 버틀러는 의사가 표준적인 정신이나 신체의 상태를 평가하는 것에 더해서 환자의 말에 관심을 기울일 필요성이 있음을 강조하였다. 노인의 회상을 원조하는 전문가의 역할은 노인 자신의 목표인 자기 수용을 촉진하는 것이다(野村, 1998).

이 기법은 회상요법, 추억요법 등으로 불리고 있으며, 특히 노인에게 유용한 기법으로 알려져 왔다. 현재 일본이나 한국에서 '회상법' 이라는 명칭으로 사회복지나 간호, 임상심리의 영역에서 정착되어 활용되고 있다. 1987년에 야마모토(山本, 1987)가 노인의 생활을 지원하는 하나의 방법으로 회상법을 검토하여 발표하였다. 1992년에는 노무라(野村)가 회상법을 특별양호양로원에서 집단에 적용하여, 집단이 지지적인 대인교류가 가능한 장소로 활용되어 집단 내외의 행동변화를 촉진했다고 보고하였다(青木, 2005).

회상법의 효과(野村, 1998)를 살펴보면, 우선 개인 내적인 측면에서 ① 그동안의 삶을 되돌아보게 하여 과거 문제의 해결과 재조직화 및 재통합을 도모한다. 죽음을 눈앞에 두고 인생을 되돌아볼 때에 남겨져 있는 과제에 압도되는 것이 아니라, 지금까지의 삶의 태도에 근거를 두고 인생을 통합시켜 나가는 것을 촉진한다. ② 정체성 형성에 도움이 된다. 노인 스스로 자신이 생활의 주체라는 사실을 확인하도록 한다. ③ 자기의 연속성에 대한 확신을 창출한다. 회상법은 현재와 과거의 매개자로서 역할을 하여 과거를 살리면서 지금의 상황을 극복해 나가는 용기를 육성한다. ④ 자기 자신을 쾌적하게 한다. 회상하는 과정 자체가 자연스럽게 자기 자신을 충분히 만족시킨다. ⑤ 다가오는 죽음의 징후로 인한 불안을 해소한다. 회상법은 과거 시간의 흐름에 자신을 둠으로써 현실에서는 불가능한 지난 시간을 재구성할 수 있다. 죽음이 가까워지는 것에 대한 불안을 자연스럽게 받아들일 수 있도록 마음을 편안하게 하는 역할을 한다. ⑥ 자존감을 높인다. 회상하는 과정에서 스스로의 인생이 시시한 것이 아니라 최선을 다했고 소중한 인생이었다는 사실을 느낄 수 있다.

사회적, 대인관계적, 대외적 세계에 관한 측면에서는 다섯 가지의 효과를 들 수 있다. ① 대인관계의 진전을 촉진한다. 같은 시대를 살아온 사람과의 공유의 체험이나 풍부한 독자적인 체험을 나누게 된다. 회상법 집단은 역사의 공유나 마음과 마음의 교류를 가능하게 하고, 집단 종료 시에도 서로의 지원자가 될 수 있는 관계로 발전하는 경우가 있다. ② 생활에 활력을 주고 즐거움을 만든다. 신체 기능 노화는 생활 속에서의 활동 범위를 제한하게 된다. 또한 일상생활이나 사회가 빠른 속도로 급변하여 주눅이 드는 노인도 있다. 노인을 중심으로 실시되는 회상법은 개인이 잘 아는 과거의 일이 주제가 된다. 자신에게 맞는 즐거움이나 기쁨을 다른 집단원과 나눌 수 있다. ③ 사회적 습관이나 사회적 기술을 되찾아서 새로운 역할을 담당한다. 이전부터 가지고 있던 기술이 자연스럽게 표출됨과 동시에 참가자의 개성에 따라 집단 내의 역할이 형성된다. ④ 세대 교류를 촉진한다. 연령이 낮은 노인과 연상의 노인과의 세대 교류가 자연스럽게 이루어지고, 연령이 낮은 노인은 자신의 부모 연령 정도의 고령자 노인과 체험을 교류한다. 또 세대 교체와 함께 문화적인 전통의 전승도 이루어진다. ⑤ 새로운 환경에의 적응을 촉진한다. 시설에 입주할 때 수반되는 불안이 경감되어 집단 내외의 동료관계를 형성하는 데 도움을 준다.

그 밖에 회상법이 노인 자신에게 미치는 직접적인 효과로서 ① 정동(情動) 기능의 회복, ② 의욕의 향상, ③ 말하는 횟수의 증가, ④ 표정 등의 비언어적 표현의 증가, ⑤ 집중력의 증대, ⑥ 문제행동의 경감, ⑦ 사회적 교류의 촉진, ⑧ 지지적, 공감적인 대인관계의 형성 및 타인에 대한 관심의 증대 등이 있을 수 있다. 또한 돌보는 측에도 노인 한 사람 한 사람의 생활사나 삶의 태도에 대한 경의의 깊이와 집단원의 사회성을 재발견, 일상생활 방법의 구체적인 시사, 일에 대한 의욕 향상, 노인 개인에게 적절한 케어 계획을 위한 기초적 정보의 확대, 세대 간 교류의 진전이라는 이점이 있다. 이는 시설 환경에서 노인을 돌보는 직원이 개개의 노인에 대해 보다 깊게 이해하여 적절한 케어를 제공하는 것으로 연결될 것이다.

회상법에서는 정체성을 주제로 하는 회기가 많이 실시되어, 추억의 한 장면을 그리는 묘화나 콜라주의 표현(野村, 1998; 矢部, 1998), 드라마 · 편지 · 동작이나 신체의 움직임을 사용한 사례 등이 보고되고 있다. 〈표 6-4〉에는 콜라주를 활용한 회상법(湯淺, 2000)의 구체적인 실시방법 및 순서가 제시되어 있다.

이처럼 과거의 회상, 말하기, 수용하기를 기본으로 이루어지는 회상법은 치매노인 자신뿐만 아니라 요양보호사에게도 도움을 주는 것으로 알려져 있다. 즉, 치매노인에게 초래되는 효과를 보면 ① 작업의 즐거움, 추억을 이야기하는 기분 좋은 체험에 따른 생활의 활성화, ② 자신의 인생에 대한 재평가를 통한 자존심의 회복, ③ 타인과의 관계 및 요양보호사와의 대인관계 형성 등을 들 수 있다.

나아가 요양보호사 등에게 초래되는 효과를 제시하면 ① 고령자의 인생 이해, ② 고령자를 존경하는 마음을 가짐으로써 일에 대한 의욕 향상 등이 있다.

이와 같은 회상법의 이점을 활용하는 콜라주 작성이 주는 효과를 사례로부터 다각적으로 검토한다. 또한 집단에서의 실시를 중심으로 그 도입의 문제점에 대하여 살펴보고 ① 콜라주 미술치료가 주는 효과, ② 도구(tool)로서의 콜라주의 의의, ③ 치매노인에게 바람직한 콜라주 미술치료에 대해 고찰해 본다.

〈표 6-4〉 회상법을 활용한 콜라주 작업의 실시방법 및 순서(湯淺, 2000)

장소	개인실이 바람직하지만 어려운 경우에는 칸막이나 스크린으로 공간을 구분하여 산만하지 않은 환경을 설정한다.
준비물	① 탁자, 의자 ② 8절 도화지, 스틱풀, 가위, 12색 크레파스, 연필, 지우개 ③ 회상을 촉진시키는 옛날의 생활도구, 음악 등 ④ 그날의 주제와 관련 있는 콜라주 박스(인원 수만큼 미리 준비해 놓는다), 인지나 시력 장애의 정도에 따라 개인별로 확대 복사한 사진 조각을 준비한다. 배경 부분을 미리 잘라 놓으면 사진의 내용에 주의가 집중된다. ⑤ 각 지역의 도서관에 있는 옛날 사진집이나 고향 마을의 출판사 책 등이 참고가 된다. ⑥ 사진 조각은 화제의 흐름에 따라서 제시할 수 있도록 몇 종류 준비한다.
사전 평가	① 가족력, 직업력, 흥미 · 취미, 고향 등의 정보 ② 인지장애나 시각 · 청각 장애의 정도, 지적 기능이나 ADL의 정도 ③ 인생만족도 척도 등을 이용한 개인적 필요성의 파악 ④ 가족이나 요양보호사가 본 문제점이나 과제의 파악
회기별 평가	① 만족도: 즐기고 있었는가, 만족하고 있었는가 ② 집중도: 집중해서 참가하고 있었는가 ③ 대인관계: 다른 사람에 대하여 협조 · 협력적 관계였는가 ④ 의사소통: 다른 사람과 응답적인 관계에 있었는가 ⑤ 언어 · 비언어적 표현 상태
순서	집단으로 실시할 경우에는 탁자 주변에 둘러앉는다. 이름표를 가슴에 달고 출석부에 스티커를 붙인다. 자신의 출신지나 좋아하는 것을 중심으로 지은 별칭으로 자기 소개를 실시하여 활동에의 준비 태세를 형성한다(전체 소요시간은 60분). ① 그날의 주제에 관한 물건이나 사진을 제시하고 이야기를 시작한다. ② 각 집단원에게 이미 주제에 맞는 사진을 오려 복사한 사진 조각을 나누어 준다. ③ 사진을 보고 생각나는 것에 대해 서로 이야기를 나눈다. ④ 이야기의 흐름에 따라 준비해 둔 사진 조각을 추가로 나누어 준다. ⑤ 이야기가 일단락될 때에 도화지를 나누어 준다. ⑥ 도화지의 외곽에 좋아하는 색의 크레파스로 테두리를 그린다. ⑦ 좋아하는 사진, 그리움이 느껴지는 사진을 고른다. ⑧ 사진 조각에 풀칠을 하여 도화지의 원하는 부분에 붙인다. 수정이 가능하다는 점을 설명한다. ⑨ 그 외에도 좋아하는 사진이 있으면 자유롭게 붙인다. 가위로 작게 잘라도 좋다. ⑩ 사진을 보고 회상된 것을 빈 장소에 기입한다. 또는 요양보호사가 대필한다. 그림, 시 등도 좋다. 요양보호사는 이야기한 내용을 기억해 두면 좋다. ⑪ 작품 만들기가 끝나면 각자의 작품을 집단원에게 소개한다.

3) 사례연구[1]

(1) 치료 목표

이 사례연구는 치매노인을 대상으로 콜라주 작업 체험을 통해 정서적 안정을 도모하는 것을 목표로 하였다. 또한 표현을 통해서 자신을 긍정적으로 파악하며 대인관계의 형성을 촉진하고 내담자의 상태, 취향이나 생육사 등을 파악함으로써 일상생활을 돕고자 하였다. 나아가 치매노인에게 콜라주 미술치료 도입의 유효성, 문제점, 주의점을 명확히 하여 적절하고 효과적인 방법을 검토하고자 하였다.

(2) 대상 및 수준

S시 노인전문요양시설에 입소 중인 치매노인 4명을 대상으로 하였다. 대상자들은 보통 ADL(일상생활동작)은 자립, HDS-R은 4~10점, 치매도는 중증으로 나타났다. 내담자의 특성은 〈표 6-5〉와 같다.

(3) 실시 기간 및 시간

초기 면접 시 작업치료사로부터 정보를 제공받은 뒤 주 1회씩 총 3회(약 1개월) 실시하였다. 1회 소요시간은 60~80분 정도였다. 대상자 D는 집단 실시 이후에 개별적으로 약 3개월간 10회를 실시하였다.

(4) 장소

방 안에서 밖이 환히 보이고, 밖에서도 시설이용자 등이 콜라주를 실시하는 장면을 볼 수 있도록 한 면이 투명한 유리벽으로 된 방에서 실시하였다.

---

1) 이 연구는 일본 후생노동성의 노인보건 증진에 관한 연구 지원금으로 실시되었다.

〈표 6-5〉 내담자에 대한 개요

내담자	연령	성별	기간	현 병력	HDS-R	약력	문제	비고
A	88	여자	1년 1개월	노인성 치매 우울성 심부전 협심증 빈혈	4		단기기억에 문제가 있다. 의사결정을 위한 인지 능력, 전달력에 도움이 필요하다. 외박 때 옛날 앨범을 보면서 가족과 이야기한 것을 기억하는 것이 곤란하였다. 입소하고 있는 친구가 마음에 걸린다고 보고하고 있다.	
B	87	여자	1년 4개월	뇌혈관성 치매 좌우변형성 무릎관절증	7 12 (2000. 5.6)	A현 출신 20세에 결혼	7년 전 남편 사망 후 건망증이 심해졌다. 단기기억에 문제가 있다. 의사결정을 위한 인지 능력에 도움이 필요하다. 전달은 구체적 요구에 한정된다. 지금까지 망상, 불결행위, 배회, 예상식장애가 나타났다. 현재는 소강 상태다.	현재 HDS-R 9점, 1개씩 확인한다. HDS-R 8점, '물품을 기억한다'를 이해할 수 없게 된다.
C	71	여자	8개월	알츠하이머형 치매 심실성 기외수축	6 9 (2000. 7.25) 11 (2001. 1.15)	결혼과 동시에 은행 퇴직 이후 회계사무소에서 사무원으로 근무	8년 전 발증. 4년 전부터 혼자서 수진할 수 없게 되었다. 8년 전부터 이상한 행동이 눈에 띄고, 남편에게 애인이 있다는 등의 질투 망상을 보였다. 단기기억에 문제가 있다. 의사결정을 위한 인지 능력, 전달력 등이 다소 곤란하다. 환시, 환청, 망상, 폭언, 폭행, 배회, 부주의 등이 보였지만, 현재는 소강 상태다. 케어 계획으로는 역할의식을 높이고 치매의 진행을 막는 것을 목표로 물수건 접기나 차 내놓기 등의 역할 분담을 한다.	긴장에 의한 틱 증상(노인성 진전)
D	80	여자	6개월	알츠하이머형 치매 당뇨병	10	N읍 출신 친가는 포목집	단기기억은 문제가 없다. 의사결정을 위한 인지 능력이나 의지 전달이 다소 곤란하다. 망상, 부주의 등의 증상이 보인다. 손자나 딸에게 물건을 도둑맞았다는 망상이 악화되었고 돌보는 딸을 언니라고 착각하는 등의 증상이 있다. 입소 때 성격적으로 대인교류가 서툴러서 다른 사람들과 의사소통, 회화의 활성화가 케어 목표였다. 현재 대인교류는 양호한 편이다.	집단개인법으로 콜라주 작업을 3회 실시 후 개별적으로 10회 더 실시하였다. 총 13회의 콜라주 실시 후에는 HDS-R이 10점에서 13점으로 상승하였다.

(5) 실시방법 및 준비물

매 회기 작업치료사, 임상심리사가 함께 참여하였으며 시작하기 전에 각자의 출신지나 좋아하는 것 등을 이야기하며 자기 소개를 실시하였다. 작업치료사는 "여기에 있는 도화지에 좋아하는 사진 조각을 붙여 주세요."라고 설명하고, 이해하지 못하는 노인에게는 개별적으로 알기 쉽게 설명하였다.

첫 회기는 잡지그림 콜라주법, 콜라주 박스법 중 어느 쪽이 적절한지 판단하기가 어려웠기 때문에 둘 다 사용하였다. 2, 3회기에는 콜라주 박스법을 주로 하고, 보조적으로 잡지그림 콜라주법을 실시하였다. 콜라주 박스법은 스기우라(杉浦, 1994)의 방법을 참고하여 여러 가지 장르로 50~70장 정도의 사진 조각을 준비하였다. 잡지는 통신 판매·여행 카탈로그 등 여러 권을 준비하였다. 작업은 집단개별법으로 실시하였으며, 붙이고 잘라 내기가 곤란한 노인에게는 그 정도에 따라 작업치료사, 임상심리사가 원조하였다.

1회기에는 '좋아하는 것'을 붙이도록 하였으며, 2회기에는 주제를 '정월'로 정하고 필기도구를 도입하였다. 3회기에는 '겨울'이라는 주제로 작업하였다. 콜라주 작품을 완성한 후에는 자신의 작품을 집단원에게 보여 주면서 설명하고 감상을 말하도록 하였다.

준비물은 8절 도화지, 풀, 가위, 펜, 잡지, 미리 잘라 놓은 사진 조각들이 담겨 있는 콜라주 박스 등이었다.

(6) 기록

각 회기별 집단원, 개인의 참가 상황을 연구자와 작업치료사, 임상심리사가 함께 검토해서 기록하였다.

(7) 평가

내담자에 대한 평가는 ① 치료자에 의한 관찰, ② 콜라주 미술치료 도입 전후의 HDS-R 점수 측정, ③ 형식 분석, 내용 분석을 지표로 한 작품의 검토 등으로 이루어졌으며, 이를 통해 콜라주 적용의 효과성을 검토하였다.

(8) 질문지의 개요: HDS-R

HDS-R(개정 하세가와식 간이지능평가척도)은 일본에서 가장 많이 사용되고 있는 치매 측정을 위한 질문지다. 1974년에 하세가와(長谷川), 이노우에(井上) 등이 개발하였으며 1991년에 개정되었다.

HDS-R은 ① 단시간에 시행한다, ② 회답에 시간제한이 없다, ③ 동작성 검사는 노인에게 적합하지 않다, ④ 시각적 검사는 제외한다, ⑤ 집단검사가 아니고 개별검사다, ⑥ 지능 기능이 정상적인 노인이라면 회답할 수 있지만 치매노인에게는 회답이 곤란한 설문군이다 등 여섯 가지를 치매척도의 조건으로 하고 있다. 이 때문에 HDS 및 HDS-R은 동작검사를 배제하고 언어를 중심으로 지적 기능을 평가하여 치매의 정도를 측정한다. HDS-R의 하위개념은 자신의 연령, 일시, 장소를 알 수 있는가의 '소재식', 새로운 말이나 물품을 기억할 수 있는가의 '기억기명', 기억한 것을 생각해 낼 수 있는가의 '기억상기' '계산문제' '언어의 유창성' 등이다.

전부 11항목으로 구성된 질문지는 정답 시 각 1점을 주는 방법으로 채점을 실시하며 총 30점 만점이다. 카토 등(加藤 외, 1991)은 정상 24.27±3.91, 경도 19.10±5.04, 중등도 15.43±3.68, 약간 심함 10.73±5.40, 매우 심함 4.04±2.62로 경중에 대한 평균득점을 나타내고 있다.

(9) 진행 과정 및 결과

사례 1

B씨는 매 회기 사진 조각을 선택하여 풀을 사용하는 것에 대해 도움을 필요로 하였다. 선택한 사진 조각을 잊어버리기 때문에 붙이는 데에 시간이 걸려서 몇 번이나 요양보호사에게 확인을 요구하였다. 사진 조각을 어느 위치에 붙이는 것이 적절한가를 스스로 결정하지 못하고 도화지의 공간에 신경을 쓴다. 또 사진 조각이 겹치지 않게 도화지의 빈 공간에 맞추어서 신경을 쓰며 붙인다.

오른쪽 아래(식물, 감, 매실장아찌 3개의 크기가 같고, 빨간색이라는 점이 공통적으

▲ B씨의 콜라주 작품

로 눈에 띈다)의 표현이 특징적이다. 도화지 전체에 모두 7장의 사진 조각이 붙어 있는데 에너지의 크기가 느껴졌다. 또 따뜻한 옛 대가족이나 시골의 생활, 수확이 중심적인 주제라는 인상을 준다. B씨는 매실장아찌, 소금단지에 대해 "지금도 매실장아찌를 담그고 있다. 하지만 내가 직접 한 적이 없고 전부 가정부가 하였다."라고 설명하였다.

2회기에 화장실에서 좀처럼 돌아오지 않아 요양보호사가 재촉하였다. 20분 이상 경과한 후 집단원이 작업하는 모습을 잠시 보고 나서 작업에 착수하였다. 눈에 띄는 사람에게 "가끔씩 만나기 때문에 오래간만에 이야기를 하고 싶다." 등의 말을 하였다. 집중력, 주의력이 떨어지고 산만해 보였다. 이 회기의 주제가 '정월'이었는데 그에 맞게 작성하는 것이 곤란하였다. 자신이 작성한 작품을 기억하지 못하지만 이름 등의 문자 기입을 잘못한 것에 집착하였는데, 문자는 자신이 쓴 것이라고 이해하고 있었다. 작품 중 눈을 치우고 있는 아동의 사진 조각에

'눈 치우기의 풍경' 이라고 기입하였다. 다만 실패한 것이 자기라는 인식이 없었다. 3회기에도 지난 회기와 마찬가지로 '겨울' 이라는 주제에 적절하게 작업하지 못하였다.

고찰 – 치매노인에 대한 콜라주 적용

이 사례는 모든 작업에서 요양보호사의 도움이 필요하였다. 작업에 전부 시간을 소비하였으며 스스로 선택한 사진 조각을 붙였는지 아닌지를 기억하지 못하고 하나하나 요양보호사에게 확인을 요구하였다. "무엇을 위해서 이것을 하고 있는 것인가?" "이것(사진 조각)은 어디에서 왔는가? 누가 모았는가?" 또 콜라주 박스에 준비된 사진 조각의 의미에 집착하여 "(이불의 사진 조각을 보고) 이불은 왜 2인용인가?" 등의 질문을 여러 번 반복하였다. 집중하는 것이 곤란하여 작업을 촉진하는 요양보호사에게 "당신이 하면 돼요." "잘하는 사람이 하면 돼요." 라는 반응도 빈번히 하였다.

확인하는 행동은 뇌혈관성 치매증상의 하나로 독자적인 태도나 언동을 나타내는 자기 통제가 곤란한 증상(室伏, 2000)이다. 한편 본래 강박적이고 꼼꼼한 성격으로 어떤 일에도 진지하게 임하며, 할 수 없는 것을 하고 싶지 않다고 하는 B씨의 완벽을 요구하는 기질이라고도 이해할 수 있다. 작업을 하고 있다는 인식이 있고 그것을 잊지 않기 위해서 반복 확인을 필요로 했을 것이다. 또한 작업의 목적이나 의도, 순서에 대한 거듭되는 질문은 정확하게 상황을 파악해서 작업에 임하려는 마음에서 일어난 행동이라고 느껴졌다. 작업에 불안감이 있는 내담자에 대한 이러한 활동의 도입에 대해 의견이 다양하지만, 내담자 상태에 따라서는 혼란을 초래하는 것으로 추측되었다.

B씨는 주위의 작품에 영향을 받는 일은 없었지만, 다른 사람의 작품을 "예쁘다." 라고 칭찬하였다. 집단에서의 실시는 콜라주를 매개로서 '칭찬한다' '칭찬받는다' 라는 양호한 인간관계를 구축해서 의사소통을 활성화하는 것 같았다(그 의사소통이 조화가 잘 안 된 것이었다고 해도). 다만 본인의 부담이나 긴장감 혹은 불안의 경감을 고려하면, 집단원은 양호한 인간관계를 구축할 수 있는 가능성이

높은 친한 사람이 바람직하다. 만일 작품 완성에 집중이 곤란해도 주위의 작업 상태를 보고, 그것을 흉내 내고, 집단원과 함께 잡담하고, 작성하지 않아도 그 자리에 함께하며, 평소에 '친한' 집단원에게 도움을 받음으로써 계속 작업에 참여할 수 있다.

노인의 콜라주에서 풍경 사진 조각을 많이 볼 수 있는 것은 내담자의 현실생활에 대한 거리감을 나타내는 것이라고 이해된다(石崎, 2001). 한편 풍경이나 자연 사진은 자극이 적은 쾌적한 재료로서 누구라도 사용하기 쉽다는 특징도 있다.

B씨는 콜라주 박스에 준비된 사진 조각에서 코멘트나 캡션(잡지나 광고 등에 따라서는 자신이 원하는 사진을 잘라 내려고 해도, 그 사진에 첨가된 코멘트나 물건의 가격 등이 섞여 있는 경우가 있었다. 그것들을 없애려고 세심하게 잘라 내도 부분적으로 남아 있는 경우가 많았다)을 발견하였을 때, 그것이 부분적이든지 간에 반드시 그 문자를 읽고 사진 조각의 뒤를 확인하는 행동을 보였다. 이 행동은 치매에 특징적인 장애 속에서 그 사진 조각이 나타내는 것이 구체적으로 무엇이며 어떠한 목적으로 사용되는지를 주어진 정보(여기에서는 코멘트나 캡션)로부터 이해하려고 노력하는 결과로 보인다. 풍경이나 식물 사진 조각을 보면 '그것이 무엇인가'를 단순하게 이해할 수 있지만, 콜라주 박스에 담긴 전후 배경이나 이야기가 없는 '가구'나 '이불' 등의 사진 조각은 이해하기 어려운 것이다. 이는 기이하게도 콜라주의 발견자 막스 에른스트(Max Ernst)가 목표로 한 "기존의 것을 파괴해서 재구축한다.", 즉 재통합(青木, 2002)이 고도의 지적 작업임을 나타내는 것이라고도 할 수 있다. 관계가 없는 이야기의 기억, 이미지 형성 등에 관련된 장애가 작업 과정에서 드러나는 경우도 있어서, 콜라주 작성이 내담자가 가지는 장애의 상태를 파악할 수 있도록 도움을 준다고 할 수 있다.

사례 2

C씨는 언제나 명랑하고 즐거운 모습으로 콜라주 작업을 즐기고 있지만 영화나 낡은 사진 등 흥미가 있는 것에 치우쳐 주제에 따라 작업하는 것은 곤란하였다. 인물 사진 조각을 주로 선택하였고 콜라주 작성보다도 옛날 영화 장면의 사진 조각 등 특정의 사진 조각에만 흥미를 나타내며 그에 대해 이야기하는 것을 즐겼다. 콜라주 박스 내에 다른 사진 조각을 보거나 음미하는 것이 곤란하였고, 선택한 사진 조각은 과거의 기억을 자극하는(회사원 시절에 보았던 영화) 것이 많았다. 특히 몇 번이나 여배우의 이름을 반복하여 말하였지만 이름은 쓰지 못하였다. 또 자신이 선택한 사진 조각이나 그것을 붙인 것도 잊어버렸다. 그러나 "할 수 없어요." "이런 것은 서툴러요."라고 반복하는 집단원의 작품을 보고, "사진책같이 예쁘다."라고 얘기하거나 칭찬하는 모습을 볼 수 있었다. 모든 회기에서 영화에 관한 주제는 계속되었다.

1회기에 C씨는 사진 조각에 자극을 받아서 "도쿄에서 은행원을 할 때 퇴근 후에 여러 사람과 함께 영화를 보러 갔다. 그 당시는 영화 정도밖에 없었다."(모든 회기에 걸쳐 이 말을 되뇌었다.) "OO(남자배우 이름)이 매우 인기 있었다. 자신은 아이였지만 매우 멋지다고 생각했다."라고 말하였다. 또 영화의 사진 조각으로부터 상황을 추측해서 "이것은 술 마시고 있는 것이군요. 많이 마시고 싶네요." "더 많은 사진이 있으면 여러 가지 영화를 생각해 내는데……."라고 요양보호사에게 활기 차게 말하였다. 작업하는 그 자체를 즐기고 사진 조각으로부터 추억을 더듬는 것 같았다. 첫 회기 작품에는 중앙의 식물에서 시작하여 도화지 왼쪽에서부터 꼼꼼하게 왼

▲ C씨의 콜라주 작품 1

쪽 위-중앙-아래의 순서로 붙였지만, 도화지의 공간 사용법에 특별히 신경 쓰는 것 같지는 않았다.

2회기 이후 지정된 주제는 무시하였다. 맨 먼저 이름을 아는 배우의 사진 조각을 붙이고 이름을 모르는 것은 임시 고정하는 정도로 붙였다. "배우의 이름을 몰라 자신이 없어서 붙일 수 없기 때문이다."라고 말하였다. 그때 관심을 보이던 사진 조각의 배우 이름이 떠올라 사진 조각 옆에 기입하였다. 몇 번이나 확인하는 일이 없어졌으며 본인 스스로 쓴 글자라는 것도 이해하였다. 자신의 작품을 보고 매우 만족해하는 모습이 인상적이었다.

3회기에는 자신의 작업에 몰두하는 모습을 보였다. 집단원의 존재를 잊었는지, 다른 사람의 발표를 듣지 않았다. 자신의 작품에 대하여 이야기를 시작하지만 주위에서 관심을 가지면 다른 사람을 의식하였다. 또 준비된 사진 조각에 대하여 "(모든 사진 조각이)내가 좋아하는 것으로, 무엇인가를 위해서 준비해 두었어요."라고 꾸며서 말하는 행동을 보였다.

▲ C씨의 콜라주 작품 2

고찰 – 치매노인에 대한 콜라주 적용

C씨는 사진 조각을 선택하며 "어머나 이게 누구였지?"라는 말을 반복하였다. 사진 조각이 상기자극이 되었던 것으로 보인다. 사진 조각으로부터 옛 회사원 시절의 기억을 더듬어서 집단원과의 의사소통이나 그들의 존재를 잊을 만큼 과거의 기억에 빠져 있었던 것 같다.

콜라주 박스에 준비된 잡지 사진 조각은 실시자가 충분히 주의해도 최근의 풍경이나 사물에 치우쳐, 노인에게 친밀감을 줄 수 없는 경우가 많다. 그것을 보충하기 위해서 회상법을 힌트로 옛 도구나 가구, 옷(기모노), 영화배우 등의 사진 조각도 준비하였다. 그러한 사진 조각에 특히 흥미를 나타낸 사람이 C씨였다. 이러한 사진 조각이 준비되지 않았다면 C씨가 콜라주 작업에 흥미를 가지고 집중해서 몰두하는 것은 어려웠을 것이다.

회상법은 선행연구를 통하여 주위의 자극이 적은 노인에게 좋은 자극이 되는 것으로 보고되고 있다. 나아가 과거 회상은 회상자의 현재의 심리적 안정이나, 때로는 적응을 촉진하여(野村, 1993) 정신적인 보살핌에 유익한 것으로 밝혀지고 있다. C씨는 매회 반복적으로 영화배우 사진을 선택하였는데 이는 즐거웠던 은행원 시절을 회상시키는 것이었고, 그에게 그 밖의 이야기는 들을 수 없었다. 그러나 추억을 회상하며 이야기하는 C씨의 표정이 밝고 만족스러워 보여 인상적이었다. 요양보호사는 C씨의 회상을 지지해서 "이 배우는 젊었을 때 멋졌습니까?" "현대적인 얼굴을 지닌 여배우군요." 등 C씨가 영화에 대한 지식을 표출할 수 있도록 질문을 하였다.

치매노인과의 일상 대화는 "노인 자신에게 그 내면을 말하게 하는 것, 노인에게 귀를 기울이는 것이 필수적이다. 여기에서 내담자는 실수를 해도 새로운 현실이 된 세계를 그대로 알고, 구체적으로 나타나고 있는 현상 그 자체의 의미를 묻고 말하는, 마음에 의한 삶의 방법을 안다."(室伏, 1998) 인지장애가 있는 자신의 세계나 현실을 아는 것으로 문제행동이나 언동의 이해가 보다 깊어질 수도 있다. 많은 경우 시설에서는 한정된 요양보호사가 여러 명의 노인을 양호하고 보살피기 때문에 한 사람 한 사람에게 귀를 기울이기가 사실 매우 어렵다. 또 노인이 스스로 이야기하거나 쓰고 표현할 기회가 적으며, 그들이 어떠한 세계에 살고 있는지를 아는 것도 어렵다. 이러한 상황 하에서 콜라주 작업은 노인의 심리 상태 및 행동에 대한 원인을 이해하는 기회를 제공할 수 있었다.

콜라주 미술치료의 임상실천에서 콜라주 작성 후에 왜 특정의 사진 조각을 선택했는지, 작업을 하면서 어떤 느낌이었는지 등을 질문함으로써 의사소통을 나누는 것은 중요한 역할을 한다. 그러나 치매노인의 경우에는 회상이나 추억, 사진 조각에 관련된 이미지나 감상 외에 꾸며 내는 이야기나 망상이 혼재되기 쉽다. 따라서 치매노인에게 말하게 하는 것이 본인에게 의미를 가지는지 아닌지도 검토해야 할 것이다. C씨는 3회기에 이야기를 꾸며서 하는 행동을 나타냈는데, 무로후시(室伏, 1999)는 이러한 꾸며 낸 이야기에 대해서 "자기를 어떻게든 유지하려고 하는 태도나 적극성과 생각이 아직 남아 있으며, 또한 아직 기억하고 있는 과거의 소재가 있어 직관적인 판단으로 결합시키기도 하고 치매 때문에 모순이 없어져 나타나게 되는 현상이다."라고 설명하고 있다. 또한 이야기를 만들어서라도 곤란한 사태를 벗어날 수 있는 활력이나 재치가 있는 것으로서 긍정적인 행동으로 파악하고 있다. C씨의 경우도 주어진 상황을 적극적으로 이해하는 시도의 하나로 꾸며 낸 이야기와 결합되었다고 생각할 수 있다. 이러한 시점에서 꾸며 낸 이야기가 출현했을 경우 부정하지도 긍정하지도 말고 그대로 받아들여 경청하는 것이 중요하다.

C씨의 경우 콜라주 작업에 관해서는 이해하고 있었지만 전체의 개요를 잡는 것은 곤란하였다. 그러나 과거의 기억에 있는 익숙한 영화배우의 사진을 보고서 작업하는 것이 가능하였다.

사례 3

D씨는 정해진 주제에 맞게 콜라주 작업을 하였다. 사진 조각을 전부 선택하고 도화지에 위치를 결정해서 붙였다. 콜라주 박스에서 선택한 사진 조각을 자신의 기호에 맞게 잘라 냈다.

첫 회기에는 사진 조각 중에서 기모노 차림의 여성을 재빠르게 선택하였다. 기모노를 입은 여성의 사진 조각을 갖고 싶어 하여 기모노가 게재되어 있는 팸플릿을 건네주었다. "이것이 좋아요." 라고 말하여 요양보호사가 기모노를 입은 여성 사진을 잘라 주었다(작품 1). 도화지의 공간을 적절히 사용하며 구성하였다. 능숙하게 먼저 사진 조각을 도화지에 배열해 보고 나서 4개의 사진 조각을 붙였다. 오른쪽에서부터 순서대로 "기모노를 입은 젊은 여성이 점점 나이를 들면 이런 옷이 된다." 라고 설명하였다. "여기에서는 멋을 낼 수 없기 때문에 이런 것을 보면 기뻐진다. 지금까지 그다지 기모노를 입었던 적은 없는데……." 라고 말하고는 잠시 후 "핑크색 기모노는 젊을 때밖에 입을 수 없다." 라고 이야기하였다. 기모노를 나이별로 분류해서 배치할 수 있는 것에 놀랐다. 친가가 포목점을 했던 적이 있어서 기모노에 대한 지식이 매우 풍부하였다. 또한 치장하는 것에 관심이 많아서 매니큐어를 칠한 손가락에 반지를 끼고 있었다.

▲ D씨의 콜라주 작품 1

20분 동안 콜라주 작품을 완성한 후 여러 가지 사진 조각을 집어서 하나하나 바라보며 시간을 보냈다. 음식 사진에 "배가 고파요." "보면 눈에 독이 되니까 숨겨 버리자." 라고 장난기 있는 말을 하며 음식 사진을 숨기는 행위를 하였다. 옛날 흑백 영화 사진을 보면서 "이것이 컬러면 좋은데. 어떤 옷의 색인지 알 수 있는데."라고 말하고, 자신의 작품을 감상하였다. 시설에서는 기모노를 착용할 수 없다. 그러나 내담자의 회상에서 중요한 위치를 차지하고 있는 것으로 보인다. 상호 교류 중에 치매의 언동은 전혀 찾아볼 수 없었다.

2회기, 3회기 모두 스스로 사진 조각을 자유롭게 선택하고 작품을 완성시켰다. 또 가위를 사용해서 사진 조각을 액자와 같이 자를 수도 있었다. 능숙하게 자른 사진 조각을 도화지에 놓고 위치를 확인하고 나서 붙였다. 각 사진 조각에 스스로 설명을 부가하였다. 작품은 '정월' '겨울'의 주제에 맞게 작성되었다. 또 주제에 맞게 작품을 설명하였으며 내용도 앞뒤가 맞았다(작품 2의 글씨는 본인이 직접 기술한 것이다.).

▲ D씨의 콜라주 작품 2

집단으로 3회기를 실시한 후에 D씨와 개별적으로 10회기를 더 실시하였다. 첫 회기는 자유 주제로, 2회기에는 '겨울' 이라는 주제로 작성하였다. 주제를 한정하여 기억연상을 좁히는 것이 내담자가 말하기 쉽고 작업하기 쉬워 보였다. 또 주제에 맞는 사진 조각을 찾는 것이 보다 용이하고, 적절한 사진을 찾으면서 연상하여 생각해 내는 것이 많아지는 것 같았다. 4회기에는 '회상법으로의 초대' 라는 12장의 사진에서 좋아하는 사진을 선택하도록 하고 질문하였다. 이것은 콜라주 박스의 사진 조각에 개인의 기호를 반영시키는 등의 목적으로 하는 언어면접과 동일하다. 이를 통하여 내담자의 언어 능력에 대한 정보를 얻을 수 있다.

8회기에는 동료들이 D씨가 하는 콜라주 작업에 관심을 가지고 말을 걸어왔고 D씨는 동료들에게 "여기서 여러분과 함께 해 보고 싶어요." 라고 말하였다. 동시에 친한 동료들이 지켜보는 가운데 '꽃놀이' 를 주제로 콜라주를 작성하였다. 작업을 처음 본 동료는 D씨의 모습을 지켜보고만 있었다. D씨는 동료들에게 "당신들도 함께 합시다." "여기서 좋아하는 것을 선택하고 도화지에 붙여요." "나도 처음에는 곤란했지만 점점 할 수 있게 되었어요." 등의 말을 하며 콜라주 작업 순서를 설명하였다. 임상심리사를 "근처의 사무소에서 와 있는 분이에요." 라고 모두에게 솔선수범하여 소개하는 등 리더십을 발휘하였다. 동료가 D씨의 작품을 칭찬하며 콜라주 작품 내용에 대해 묻고 서로 이야기를 나누었다. 꽃놀이에 가져갈 도시락으로 어떤 것이 좋을지, 꽃놀이에 간다면 어디가 좋은지, 꽃놀이에 대한 추억 이야기를 나누었다. 또 HDS-R 0점으로 전혀 대화가 곤란한 동료에게 "당신도 함께 꽃구경 갑시다. 꽃놀이에서는 무엇을 먹고 싶어요?" 등 몇 번이나 말을 거는 모습을 볼 수 있었다. '예쁘다' 라는 캡션을 붙인 작품이 매우 인상적이다.

▲ D씨의 콜라주 작품 3

고찰 - 치매노인에 대한 콜라주 적용

콜라주 작업 과정과 작품 모두 치매라고 생각되지 않을 만큼 솜씨가 좋았다. 발언도 집단원의 역동성에 방해되지 않게 적절하게 하였다. 시설에서 일상적으로 관계하는 작업치료사도 작품의 완성도에 놀랐을 정도였다. 그러나 2회기에는 시작 전의 대화에서 "옷이 전부 없어져 버렸다. 누군가가 가지고 가 버린 것 같다. 여기도 매우 위험하구나."라고 말하여 치매의 일면이 의심되는 장면도 있었다.

'정월' '겨울' 이라는 주제에 따른 완성도 높은 작품은 D씨의 문자 표현이나 주제에 맞는 연상, 이미지, 기억 수준의 잔존 능력을 알 수 있는 하나의 지표가 되었다. 콜라주 박스의 사진 조각은 자극으로 인지 반응에 도움을 주었다. 때로는 계절의 구분도 곤란한 D씨이지만, 각각의 계절감을 반영한 스토리가 있는 작품을 완성하였고, 작품 설명도 충분하였다. 또 콜라주 박스에서 사진 조각을 선택해 스스로 임의의 형태로 자르기도 하였다. 그러나 잡지를 보고 좋아하는 것, 신경이 쓰이는 것을 선택할 수 있으면서도 주저하는 행동도 나타났다. 이것은 알츠하이머의 특징적인 시공간적인 능력 저하에 의한 것이라고 추측된다(石崎, 2001).

계속된 개별법 회기에서는 우연히 보게 된 '1921년도 졸업식'이라는 문구가 있는 사진 조각을 손에 들고 "나는 1921년생이니까 이것은 태어나기 전이에요." 라고 말하였다. HDS-R에서는 정확하게 회답할 수 없었던 생년월일이나 연령도 사진 조각에 의한 비언어적 자극으로 상기할 수 있게 된 것을 시사하는 것이다. 또한 다른 사람과의 의사소통이 감정이나 언어의 활성화에 영향을 미치는 것으로 추측되었다.

D씨의 HDS-R 점수가 콜라주 작업(집단법 3회, 개별법 10회) 이후 10점에서 13점으로 변화한 것도 주목해야 한다.

D씨 수준의 치매의 경우 작업뿐 아니라 집단에서의 의사소통에도 그다지 문제없이 적응할 수 있다. D씨의 작업 및 의사소통 능력은 다른 집단원에 비해 크게 상회하고 있어, 콜라주 미술치료의 집단 실시에서 리더로서 집단의 역동성에

영향을 주는 역할도 가능했을 것이다. 다만 D씨의 진료기록카드에 있는 '대인관계로 인해 침체되기 쉽다.'라는 기술을 보면 집단 안에서 개인을 표현할 수 있고, 그것을 지지받을 수 있는 장소에 있는 것이 중요하다고 생각되었다. D씨는 집단원 중에서도 유일하게 3회 실시된 콜라주 작업을 '이야기 모임'이라고 즐거워하고, 작업 내용도 기억하고 있었다. 이를 통해 D씨에게 콜라주 미술치료가 어떤 충실감이나 자기 효력감을 가져왔다고 생각할 수 있다.

심리임상에서의 콜라주 미술치료는 개인치료를 중심으로 작품을 해석해 나가는 것이 주류이며, 표현된 것에는 무의식이 투영된다고 생각할 수 있다. 정신분석학, 융심리학, 고흐(Gogh)에 의한 공간상징, 모래놀이치료에서의 내용·형식 분석 등이 그 이론적 기반이다. 그러나 선행연구로 명백해진 것처럼, 집단에서의 콜라주 미술치료는 틀, 장소 설정의 고안과 함께 주로 의사소통의 역할을 한다. 동시에 긍정적인 기분 변화나 스트레스 경감, 불안 저하 등의 치료적 의의도 지닌다. 이러한 점은 치매노인에게 적용한 콜라주 작업, 즉 치유활동의 도입에도 적용된다. 콜라주 표현을 통한 만족 체험을 시작으로 여러 가지 효과를 가져온 것은 C씨, D씨의 사례에서도 분명하다.

집단에서 콜라주 실시의 이점은 타인의 이야기를 듣고, 자신의 이야기를 하고, 이야기하고 싶지 않은 것은 이야기하지 않아도 된다는 보호받는 테두리 안에서의 의사소통의 활성화, 대화의 공유에 있다. 이번 집단에서의 실천은 D씨에게 실시한 10회의 개별법 콜라주 미술치료와 비교해도, 다른 사람과의 의사소통이 발어나 기억 기명을 촉진한다는 점에서 보다 유익하다고 사료된다.

치매노인 집단 콜라주 미술치료는 심리임상전문가뿐만 아니라 직접적인 양호를 실천하는 누구나 시행 가능한 치료기법으로서, 회상법, 음악치료 등과 함께 적용할 수 있다. 또 작성된 작품은 앨범과 같이 구성해서 개인사로서 보관하고 시설 내에 게시하는 등 여러 가지 활용이 가능할 것이다.

향후 ① 치매의 진행에 콜라주 미술치료가 어느 정도 유효한가라는 콜라주 실시 전후의 HDS-R, MMSE 등을 이용한 조사, ② 집단에서 실천이 적절한 인원 수와 역동성의 관계, ③ 콜라주 미술치료가 내담자에게 주는 변화를 확인하기 위한 요양보호사에 의한 작업수행능력의 체크, 일상생활에 대한 객관적인 평가, ④ 콜라주 미술치료라는 치료활동이 효과를 가져왔는지, 요양보호사와의 관계가 효과를 가져왔는지에 관한 검토, ⑤ 치매 수준에 따라 어떠한 프로그램이 요구되는지 등에 대한 연구가 필요할 것이다.

병적인 느낌이나 조화가 안 된 느낌, 자신의 본연의 자세에 불안을 지닌 치매노인이 시설 내의 일상생활이나 치료활동으로 자기를 개방하려면 '지켜지는' '안심할 수 있는' 장소의 제공이 중요하다. 미술치료, 집단치료, 심리치료 등을 적용하는 경우, 특히 공간의 편안함과 안심감이 내담자의 적극적인 표현을 가능하도록 한다. 그러기 위해서는 치료활동 이전의 일상적인 보살핌으로 그들을 지지하는 요양보호사의 역할이 크다. 요양보호사가 자신을 통제할 수 있는 행동태도를 보여야만 서로 안심할 수 있고, 개인의 심리라는 섬세한 부분까지 파고드는 치료활동이 가능하기 때문이다.

(10) 결론

① 치매노인 집단에 콜라주 도입의 문제점

치매노인 집단에 콜라주 미술치료를 시도한 결과, 작업에서 생길 수 있는 문제들은 다음과 같다. 잡지에서 사진 조각을 선택하고, 자르고, 붙일 위치를 결정하고, 사진 조각을 붙이는 작업은 치매노인에게 매우 복잡한 공정으로, 작업 그 자체를 이해할 수 없는 경우가 많다. 내담자 자신이 지금 하고 있는 작업 그 자체를 잊어버리는 경우가 있기 때문에 작업 과정을 모르는 부분이 있는 경우에는 그때마다 개별적으로 알기 쉽게 설명해야 한다. 또 일반인에게 콜라주 작업을 실시하면 작업에 몰두해서 작품 완성까지 거의 말을 하지 않는 경우가 많다. 그러나 치매노인의 경우는 작업 중에도 혼잣말을 하거나 소리를 지르고 계속 질문을 하는 경우가 많아서 그 모든 행동에 대처해야 한다.

콜라주 박스법을 주로 하고 보조적으로 잡지그림 콜라주법을 이용하는 것이 바람직하다. 콜라주 박스법은 스기우라(杉浦, 1994)의 방법을 참고로 해서 여러 장르의 사진, 잡지, 통신판매용 카탈로그, 여행 카탈로그 등을 준비한다. 회상법의 견해로부터 낡은 영화 잡지, 생활용품에 관한 사진 조각도 충분히 준비하고, 필기도구도 준비한다. 필기도구는 붙인 조각을 기억하지 못하는 경우에 사진 조각 아래에 그 뜻을 기술하도록 하는 데 사용한다. 스스로 쓴 글자는 인식할 수 있는 경우가 많다. 그것을 단서로 자신이 선택해서 붙인 사진 조각이라고 이해하도록 촉진시킬 수 있다.

ADL(일상생활동작)에 문제가 없더라도 가위를 사용하는 데 곤란을 겪거나 세세하게 자르는 작업 등은 절취 그 자체가 귀찮기 때문에 작업에 집중할 수 없는 경우가 있다. 이와 같이 붙이기, 잘라 내기가 곤란한 노인에 대해서는 그 정도에 따라 도와준다.

집단에서 '이야기를 하고 싶어 하는 사람'에 대한 대처, 역동성 전반에 대한 대처가 필요하다.

치매노인의 콜라주 작업에서 유의할 점을 제시하면 다음과 같다.

- 인지 능력의 정도, 잔존 능력 등 내담자의 상태에 따라서 콜라주 작업이 혼란을 초래할 수 있다. 콜라주 미술치료에 적당하다고 여겨지는 치매노인의 HDS-R 수준은 경도에서 중도 정도로 추측된다.
- 치매노인의 상태나 기호, 성격 경향을 배려한 미술치료의 선택이 중요하다. 여러 가지 이유로 저항을 나타내는 내담자에게는 실시하지 않는다.
- 콜라주 박스 내에 '난로' '이불' '꽃' '건물' '풍경' 등의 사진들이 있을 때 그에 대한 전후 배경이나 이야기를 알 수 없기 때문에 그것을 이해하는 것이 곤란할 수 있다.
- 꾸며 낸 이야기, 망상에 대한 대처가 필요하다.

② 치매노인 집단에 콜라주 도입의 이점 및 효과

콜라주 미술치료의 집단 실시는 콜라주를 매개로 칭찬하고 칭찬받는 과정을 통해 양호한 인간관계가 쌓여 의사소통을 활성화하는 데 도움을 준다(의사소통이 잘 조화가 되지 않았다고 해도). 다만 본인의 부담이나 긴장감, 불안의 경감을 고려하면 집단원은 양호한 인간관계를 형성할 가능성이 높은 친한 사람으로 구성한다. 만일 작품 완성에 집중하는 것이 곤란해도 주위의 작업 상태를 보고, 그것을 흉내 내고, 집단원과 함께 잡담하고, 작성하지 않아도 그 자리에 있고, 평소에 '친한' 집단원으로부터 도움을 받음으로써 계속 작업에 참가하는 것이 가능하다.

치매노인의 콜라주 작업을 통한 효과를 요약해 보면 다음과 같다.

- 콜라주를 매개로 추억을 회상하고 그것을 이야기하는 것, 들어 주는 것은 심리적 안정이나 만족감을 가져온다. 또한 치료자가 내담자의 세계나 현실을 아는 것으로 문제행동이나 언동에 대한 이해가 깊어진다.
- HDS-R 하에서는 회답할 수 없었던 자기에 관한 정보를 사진 조각을 통한 비언어적 자극으로 상기하는 경우가 있다. 또 콜라주를 매개로 이루어지는 작업치료사나 다른 사람과의 의사소통이 감정이나 언어의 활성화에 관계하는 것으로 추측된다.
- 대상자가 집단 속에서 개인을 표현할 수 있고, 그것을 지지받을 수 있는 장소에 있는 것으로 자기 효력감을 얻고, 보다 좋은 대인관계를 구축하는 데 유효하다.

참고문헌

강경래(2005). 꼴라쥬 집단미술치료가 저소득층 아동의 자아개념과 문제행동에 미치는 효과. 대전대학교 보건스포츠대학원 석사학위 논문.

공정이, 권선진, 이근매(2008). 꼴라쥬 집단미술치료가 생활재활교사 직무스트레스로 인한 분노표현양식에 미치는 효과. 예술치료연구, 4(1), 1-25.

박상근(2003). 꼴라쥬 기법이 ADHD 아동의 주의집중과 충동성에 미치는 효과. 대구대학교 교육대학원 석사학위 논문.

박인숙(2004). '꼴라쥬' 협동학습을 통한 정신지체아의 표현력 신장. 단국대학교 특수교육대학원 석사학위 논문.

백재영(2002). 꼴라쥬활동이 뇌성마비아동의 상지기능과 행동변화에 미치는 영향. 우석대학교 교육대학원 석사학위 논문.

월간미술 편(1999). 세계미술용어사전. 월간미술.

유옥현(2008). 우울성향이 있는 부-자 가정 아버지의 자아존중감 향상을 위한 꼴라쥬 미술치료사례연구. 미술치료연구, 15(3), 513-532.

윤현주(2002). 꼴라쥬에 의한 미술치료가 정신지체아동 어머니의 양육스트레스에 미치는 효과. 대구대학교 재활과학대학원 석사학위 논문.

이근매(2007). 꼴라쥬 미술치료 워크숍 자료집. 한국꼴라쥬미술치료연구회.

이근매(2008a). 꼴라쥬 미술치료. 제4회 예술심리치료사 양성 예술심리치료연수회 자료집. 한국예술심리치료학회.

이근매(2008b). 미술치료 이론과 실제. 양서원.

이근매(2009). 초등학생의 꼴라쥬 표현특성에 관한 연구. 미술치료연구, 16(2), 171-188.

이근매, 최인혁(2008). 매체경험을 통한 미술치료의 실제. 시그마프레스.

정진숙(2008). 집단꼴라쥬 미술치료가 요양시설 치매노인의 문제행동에 미치는 효과. 평택대학교 사회복지대학원 석사학위 논문.

주성미(2006). 미술치료에서 꼴라쥬가 정신지체아동에게 미치는 영향: 11~13세 아동을 중심으로. 이화여자대학교 대학원 석사학위 논문.

최미숙(2002). 꼴라쥬가 자폐성 아동의 어머니, 형제, 또래와의 관계에 미치는 효과. 대구대학교 재활과학대학원 석사학위 논문.

홍순이(2008). 초등학생의 성격유형별 꼴라쥬 반응특성의 상관연구. 평택대학교 사회복지대학원 석사학위 논문.

加藤伸司, 下垣光, 小野寺敦志, 植田宏樹, 老川賢三, 池田一彦, 小坂敦二, 今井幸充, 長谷川和夫(1991). 改訂長谷川式簡易知能評価スケール(HDS-R)の作成. 老年精神医學雜誌, 2(11), 1339-1347.

岡田康伸(1984). 箱庭療法の基礎. 誠信書房.

岡田康伸(2002). 箱庭療法の歴史ーカルフを中心に. 岡田康伸 編, 箱庭療法シリーズ 1 · 箱庭療法の現代的意義(pp. 52-61). 至文社.

岡田敦(1994). コラージュ療法におけるキャプションの使用の試みー「大コラージュボックス法」を用いて. 日本心理臨床心理學會 第13回大會 · 自主シンポジウム.

岡田敦(1999). 「大コラージュ · ボックス法」の實際. 森谷寬之, 杉浦京子 共編, 現代のエスプリ コラージュ療法(pp. 78-83). 至文堂.

岡田敦(2001). コラージュ療法 精神分裂症のコラージュ療法. 臨床精神医學(2001年增刊号), 97, 102.

岡田敦, 河野莊子(1997a). うつ病者のコラージュ表現について. 日本臨床心理學會 第16回大會發表論文集.

岡田敦, 河野莊子(1997b). コラージュ表現とその治療的意義について. 名古屋造形芸術大學紀要, 3, 61-72.

桂ゆき(1979). インタヴュー · 桂 ゆきの40年 コラージュと調刺的な繪畫の間で. みずゑ, 893(8), 44-51. 美術出版社.

高江洲義英, 入江茂 共編(2004). コラージュ療法 · 造形療法. 岩崎學術出版社.

古賀愛人(1980). 狀態不安と特性不安の問題. 心理學評論, 23(3), 269-292.

谷口敏代, 原野かおり(2004). 介護技術教育におけるコラージュ作成の効果(1) コミュニケーション技法を高める. 岡山縣立短期大學部硏究紀要, 11, 18.

關則雄(2000). 集団繪畫療法. こころの科學, 92(7-2000), 43-49.

國分康孝(2000). 育てるカウンセリングとしての構成的グループ・エンカウンター. 國分康孝 編, 續構成的グループ・エンカウンター(pp. 5-13). 誠信書房.
堀範子(1994). アートセラピーグループの中で「見られる」ことについて－「見ろ－見るな」の葛藤から「見る－見られる」の葛藤へ. 日本芸術療法學會誌, 25, 32-38.
宮下美香(1998). アルコール依存症の作業療法～コラージュにおける"間"の意味. 作業療法, 17(1), 45-50.
近喰ふじ子(1994). 氣管支喘息男子へのコラージュ療法の経驗. 小兒の精神と神経, 34(4), 227-237.
近喰ふじ子(1999). (新)家族コラージュ法の相互作用. 森谷寛之, 杉浦京子 共編, 現代のエスプリ コラージュ療法(pp. 96-101). 至文堂.
近喰ふじ子(2000a). コラージュ制作が精神・身体に与える影響と効果－日本版POMSとエゴグラムからの検討. 日本芸術療法學會誌, 31(2), 66-75.
近喰ふじ子(2000b). 集団芸術療法とコラージュ表現(2)－喘息サマースクールでの「裏コラージュ」表現と表現分析との關係. 東京家政大學研究紀要, 40, 211-217.
近喰ふじ子, 杉浦京子(1994). 不登校兒へ試みたコラージュ療法－母親のコラージュ作品からの内的変化の検討. 小兒の精神と神経, 33(3-4), 311-326.
近喰ふじ子, 杉浦京子, 服部令子(1993). 家族コラージュ法による相互作用の効果. 日本芸術療法學會誌, 24(1), 70-83.
今村友木子(2004). 印象評定を用いた統合失調症子のコラージュ表現 分析. *Journal of Clinical Psychology, 22*(3), 217-227.
今村友木子(2006). コラージュ表現. 創元社.
今村由紀子(2001). 分裂病者のコラージュ表現枠の効果に關する検討. 日本芸術療法學會誌, 32(2), 14-25.
今村有木子(2001). 分裂病のコラージュ表現: 統一材料を用いた量的比較. 名古屋大學大學院教育發達科學研究科紀要. 心理發達科學, 48, 185-195.
吉村雅世(1994). 登校拒否と引きこもりを主訴とした少女にとっての「食」の意味. 日本心理臨床學會 第13回大會發表論文集, 234-235.
金田幸子, 大久保明子, 加固正子(2003). 入院している子どもの母親へのコラージュ作成効果. 小兒看護, 34, 31-32.
金助柄のぞみ(2005). コラージュ アクテイビテイに伴う内的體驗の變化. *Journal of Clinical Psychology, 23*(4), 492-497.
大島清次(1982). 私たちにとってシュールレアリズムとは シュールレアリズムの世界展. 毎日新聞社.

大田哲子(1998). コラージュ技法による氣分変化に關する考察. 平成10年度學位請求修士論文立正大學(未發表).

大澤久及, 宮本正一(2000). コラージュ制作により兒童の自己認識を深め自己表現力を高める試み. 岐阜大學教育學部研究報告. 教育實踐研究, 2, 161-171.

大和義史, 丸山富永, 大和田康子(2001). 教育相談におけるコラージュの試みと活用. 信州大學教育學部付屬教育實踐總合センタ紀要, 教育實踐研究, 2, 103-112.

德永佳子(1999). 連想コラージュ法. 森谷寛之, 杉浦京子 共編, 現代のエスプリ コラージュ療法(pp. 75-77). 至文堂.

德田明仁(1986). 芸術を創造する力. 紀伊國屋書店.

渡辺朋子, 西村喜文(2006). コラージュからみた乳幼兒の發達的基礎研究. 西九州大學・佐賀短期大學紀要, 36, 47-58.

藤掛明, 小島賢一, 中村尙義, 上野雅宏(1994). 非行少年のコラージュ(1). 日本犯罪心理學會 32回大會論文集, 18-19.

藤掛明(1996). コラージュ技法と非行臨床. 犯罪と非行, 110, 128-146.

藤掛明(2005). 刑務所における集団コラージュ療法の試み－犯罪臨床における描畵の意味. 臨床描畵研究, 20, 26-39.

藤掛明(2007). ハガキサイズの台紙を使ったコラージュ療法について. 聖學院大學總合研究所紀要, 41, 327-353.

藤田晶子(1997). 慢性分裂病者にみられたコラージュ表現. 日本芸術療法學會誌, 28(1), 77-81.

鈴木康明(1999). 異文化カウンセリングにおける「サラダボール・コラージュ」. 森谷寛之, 杉浦京子 共編, 現代のエスプリ コラージュ療法(pp. 211-218). 至文堂.

鈴木惠美子, 葛西浩史, 桂戴作(1992). コラージュ療法. 心身医療, 4(4), 435-441.

瀧口修造(1962). 近代芸術. 美術出版社.

瀧口修造(1974). シュルレアリスムのために. みすず書房.

牧田浩一, 田中雄三(2001). 被虐待兒に對するコラージュ療法の試み. 心理臨床學研究, 32(1), 21-29.

木村晴子(1993). 表現技法としてのコラージュ技法の意味. 森谷, 杉浦, 入江, 山中 共編, コラージュ療法入門(pp. 115-120). 創元社.

木村晴子(1997). 箱庭療法. 創元社.

武野俊(1994). 分裂症の神話. 新曜社.

飯田眞, 長谷川まこと, 森田昌宏, 佐藤新, 川勝康弘, 荒川育子(1991). 老年期之痴呆に對する心理的アプローチ. 老年精神医學雜誌, 2(6), 746-753.

白石裕子, 則包和也(2001). 精神臨床看護論演習におけるコラージュ療法の活用 學生の自己理解・他者理解の促進を目指して. 香川縣立医療短期大學紀要, 3, 141-147.

服部令子(1992). 心理治療としてのコラージュ療法. こころの健康, 17(2), 60-69.

服部令子(1993). 自己不全感を訴えた一女性～箱庭メルヘンとコラージュ. 箱庭療法學研究, 6(1), 37-48.

服部令子, 杉浦京子(1992). 對人恐怖に對するコラージュ療法. 日本芸術療法學會誌, 13(1), 76-83.

北山修(2001). 文化の深層心理學(下). NHK出版.

寺西佐稚代(2000). コラージュ作品の分析に關する試論ーコラージュ作品とロールシャッハ・テストの結果の比較. 情報文化研究, 12, 115-124.

山本悦子(1987). 老人ホームにおけるソーシャルワークへの一考察ー老人の語る思い出話を通して. 老年問題研究, 10(1), 56-68.

山本映子(1996). 精神科看護におけるコラージュ療法. 臨床看護研究の進歩, 8, 69-79.

山本映子, 木島ほづみ, 吉岡由美子, 宮本奈美子(2007). 慢性統合失調症患者における音樂療法とコラージュ療法の併用効果. 縣立廣島大學保健福祉學部誌, 7(1), 155-168.

山田公子(2001). コラージュ技法による感情の変化ー實施形態の差異を中心に. 平成13年度學位請求修士論文(未發表).

山中康裕(1986). 系統的精神療法(方法別にみた精神療法)「分析心理療法(ユング派)〈精神療法による自己實現〉」. 精神科 Mook, 15, 23-33.

山中康裕(1990). 描畫および箱庭表現に見られる不安. 臨床看護, 16(9).

山中康裕(1993). コラージュ療法の發展的利用ーMSSM+C療法の紹介. 森谷, 杉浦, 入江, 山中 共編, コラージュ療法入門(pp. 123-136). 創元社.

山中康裕(1999). 心理臨床と表現療法. 金剛出版.

山中散生(1971). シュルレアリスム資料と回想. 美術出版社.

森谷寛之(1990a). 抑うつ神経症のコラージュ療法. 愛知医科大學基礎科學紀要, 16, 1-14.

森谷寛之(1990b). 心理療法におけるコラージュ(切り貼り遊び)の利用. 芸術療法學會誌, 21(1), 27-37.

森谷寛之(1993). 臨床場面でのコラージュ技法の歴史. 森谷, 杉浦, 入江, 山中 共編, コラージュ療法入門(pp. 26-34). 創元社.

森谷寛之(1999). コラージュ療法におけるアセスメント. 森谷寛之, 杉浦京子 共編, 現代のエスプリ コラージュ療法(pp. 51-58). 至文堂.

森谷寬之(2002). 箱庭療法とコラージュ療法ーコラージュ療法の成立のいきさつ. 岡田康伸 編, 箱庭療法シリーズ２・箱庭療法の本質と周辺(pp.142-155). 至文社.

森谷寬之, 堀口久美子, 藤本孟男(1990). 思春期やせ症のコラージュ療法. 愛知医科大學基礎科學紀要, 17, 1-23.

森谷寬之, 藤本孟男(1992). 登校拒否女子中學生のコラージュ療法. 愛知医科大學基礎科學紀要, 19, 1-24.

三輪小百合, 宮下久子, 高木靜香(2002). 高齢者のコラージュ表現 形式分析・內容分析. 下呂溫泉年報, 29, 61-67.

杉原紗千子(2000). 更正保護施設でコラージュ療法を試みて. 更正保護, 51, 33-36.

杉浦京子(1990a). 學生相談におけるコラージュ療法の試み 早稻田大學學生相談センター・學生相談センター報告書(平成元年度), 33-41.

杉浦京子(1990b). コラージュ療法の事例とその精神分析的解釋の試み. 日本医科大學基礎科學紀要, 11, 47-55.

杉浦京子(1991). コラージュ療法の治療的要因と特徵について. 日本医科大學基礎科學紀要, 12, 21-28.

杉浦京子(1992). コラージュ療法の基礎的研究Ⅰ. 日本医科大學基礎科學紀要, 13, 13-38.

杉浦京子(1993). コラージュ療法の基礎的研究Ⅱ. 日本医科大學基礎科學紀要, 14, 11-34.

杉浦京子(1994). コラージュ療法. 川島書店.

杉浦京子(1997). 集団コラージュの自己開發的意義について. 日本心理臨床學會 第16回大會發表論文集, 400-401.

杉浦京子(1999). コラージュにおける様々な工夫・グループでの使用. 森谷寬之, 杉浦京子 共編, 現代のエスプリ コラージュ療法(pp. 102-104). 至文堂.

杉浦京子, 鈴木康明, 金丸隆太(1996). 集団コラージュの自己開發的意義についてー高齢者問題に關わる對人援助者の自己理解に用いた集団コラージュ. 安田生命研究助成論文集, 32, 174-180.

杉浦京子, 鈴木康明, 金丸隆太(1997). 集団コラージュ制作の効果ー社會心理學的, 臨床心理學的考察. 日本医科大學基礎科學紀要, 23, 1-15.

杉浦京子, 小川邦治(1996). 不登校兒の親の會における自主コラージュ制作とその意義ーコラージュ作品からみた母親の変化. 日本医科大學基礎科學紀要, 21, 7-24.

杉浦京子, 入江茂(1990). コラージュ療法の試み. 芸術療法學會誌, 21(1), 38-44.

澁澤龍彥(1967). 幻想の畵廊から. 美術出版社.

澁澤龍彥著, 金子國義畵(1988). 城＝カステロフィリア. 白水社.

上別府圭子(1999). 臨床場面におけるコラージュの安全性の再檢討ー主に精神分裂病

者の「貼る過程」について. 森谷寛之, 杉浦京子 共編, 現代のエスプリ コラージュ療法(pp. 164-174). 至文堂.

上別府圭子, 海老澤左知江(1996). 臨床場面におけるコラージュ使用上の留意点一學會ワークショップおよび精神分裂病者のコラージュの檢討. 臨床描畵研究, XI, 60-82.

上野雅宏(1997). 成人受刑者のコラージュ. 日本犯罪心理學會 35回大會論文集, 82-83.

緒方一子(1999). コラージュ制作を企業研修に導入した意義と効果についての檢討. 日本心理臨床學會 第18回大會自主シンポジウム發表.

緒方一子, 楡木满生(2008). 完全主義パーソナリティが中年期のうつ病に与える影響コラージュ療法とSCTの適用事例について. 産業カウンセリング研究, 10(1), 1-11.

鋤柄のぞみ(2005). コラージュ・アクティビティに伴う内的体驗の変化 孤獨感を制作テ マにして. 心理臨床學研究, 23(4), 492-497.

西山喜文(2000a). 重症心身障害者へのコラージュ療法の試み一コラージュ療法の意義について. 心理臨床學研究, 18(5), 476-487.

西山喜文(2000b). コラージュ療法における自己イメージの変化と意義. 日本心理臨床學會 第19回大會研究發表集, 228.

西村則昭(1997). コラージュ療法と外界への想像的な適応. 心理臨床學研究, 15(3), 258-269.

石口貴子, 島谷まき子(2006). コラージュ制作 驗と氣分変容. 昭和女子大學生活心理研究所紀要, 9, 89-98.

石崎淳一(2000). アルツハイマー病患者のコラージュ表現一形式・内容分析の結果. 心理臨床學研究, 18(2), 191-196.

石崎洋一(2001). コラージュに見る痴呆性高齢者の内的世界. 心理臨床學研究, 19(3), 278-289.

石崎洋一, 杉浦京子(2000). 痴呆のコラージュ療法 一アルツハイマー病患者のコラージュ表現. 臨床精神医學, 2001年增刊号, 103-109.

小島賢一(1995). 非行少年のコラージュ一事例を通してII. 日本犯罪心理學會 33回大會論文集, 82-83.

小島賢一, 藤掛明, 中村尙義, 上野雅宏(1994). 非行少年のコラージュ(3). 日本犯罪心理學會 32回大會論文集, 22-23.

小林昌(1999). 臨床する芸術學. 昭和堂.

水口公信, 下仲順子, 中里克治(1991). 日本版STAI狀態・特性不安檢査使用手引き. 三京房.

水島惠一, 上杉喬 共編(1986). イメージの人格心理學. 誠信書房.

水野文雄(2007). 岡崎自啓會における少年處遇ーコラージュ療法(通所) の取組を中心として. 更生保護と犯罪予防, 148, 29-36.

矢谷令子(1985). 作業療法と作業 日本作業療法士協會(代表者 矢谷令子) 作業ーその治療的応用(pp. 3-27). 協同医學出版社.

矢谷令子, 福田恵美子(2001). 作業療法實践の仕組み. 協同医學出版社, 2.

矢部久美子(1998). 回想法. 河出書房新書.

市井眞知子(1996). 放火を繰り返した少年へのコラージュ療法. 日本犯罪心理學會 34回大會論文集, 2-3.

市井眞知子(1997). コラージュ表現に見られる一特徵. 日本犯罪心理學會 35回大會論文集, 10-11.

市井眞知子(1999). コラージュ技法の實際. 刑政, 110(4), 56-64.

新名理惠, 坂田成輝, 矢富直美, 本間昭(1990). 心理的ストレス反応尺度の開發. 心身医學, 30(1), 30-38.

新福尙武(1997). 老年期の精神療法ーその特殊性と基本的問題. 精神療法, 23(6), 35-541.

神澤創, 木屯眞美(2000). 高齢者施設におけるコラージュ作品の檢討.

室伏君士(1998). 痴呆老人への對応と介護. 金剛出版.

室伏君士(1999). 痴呆老人の精神世界(1). 老年精神医學雜誌, 10(10), 1173-1184.

室伏君士(2000). 痴呆性老人との交流を通してー作業療法的接近の基本について. OTジャーナル, 34, 395-399.

巖谷國士(1975).「解説にかえて」繪畵の彼岸 Ernst, Max. 河出書房新社.

岩本憲兒(2000).「譯者あとがき」Ades, Dawn 1986 フォトモンタージューー操作と創造. フィルムアート社.

野村豊子(1993). 痴呆性老人への心理・社會的アプローチ. OTジャーナル, 27, 685-693.

野村豊子(1998). 回想法とライフレビュー: その理論と技法. 中央法規規出版.

若桑みどり 編(1997).「評伝ダダ・ロプロプ・アリアス・エルンスト」エルンスト(pp. 71-74). 講談社.

原洋治, 荻原ゆかり, 山崎宗廣, 塚田昌滋(2002). 慢性頭痛を訴えた不登校中學生男児のコラージュ療法. 子どもの心とからだ, 10(2), 134-139.

遠藤公久(2000). 構成的グループ・エンカウンターにおける自己開示の意義と條件. 國分康孝 編, 續構成的グループ・エンカウンター(pp. 21-29). 誠信書房.

越晴香(1997). コラジュにみられる精神分裂病者の精神病理. 茨城大學人文科學研究科年度修士論文(未公刊).

越晴香, 黒田浩司(1998). コラージュにみられる精神分裂病者の精神病理. 日本心理臨床學會 第17回大會發表論文集, 490-491.

伊原幸枝(1985). 精神障害領域における作業研究の歷史 日本作業療法士協會(代表者 矢谷令子) 作業ーその治療的応用(pp. 132-141). 協同医學出版社.

伊集院清一(1995). 繪畵療法の理論と實際. 日本芸術療法學會誌, 26, 172-173.

日下部康弘, 加藤敏, 大澤卓郎, 山下晃弘(1999). 躁うつ病患者のコラージュ表現ー回復期における表現の変化とその治療的意義. 森谷寛之, 杉浦京子 共編, 現代のエスプリ コラージュ療法(pp. 132-143). 至文堂.

入江茂(1993). コラージュ療法と他の諸技法との關連. 森谷, 杉浦, 入江, 山中 共編, コラージュ療法入門(pp. 175-167). 創元社.

入江茂(1999). 自宅制作法. 杉浦京子, 森谷寛之 共編, 現代のエスプリ コラージュ療法(pp. 93-95). 至文堂.

入江茂, 高江洲義英, 大森健一(1992). コラージュ的發想と芸術療法ー芸術家のコラージュ作品を中心に. 日本芸術療法學會誌, 23, 85-92.

入江茂, 服部令子, 近喰ふじ子, 杉浦京子, 森谷寛之(1999). 座談會・コラージュ療法の起源と發展. 森谷寛之, 杉浦京子 共編, 現代のエスプリ コラージュ療法(pp. 5-28). 至文堂.

長谷川早苗 (2003). 統合失調症のコラージュ過程. 箱庭療法研究, 16, 43-56.

齋藤眞(1993). コラージュ・イメージについて. 森谷, 杉浦, 入江, 山中 共編, コラージュ療法入門(pp. 183-194). 創元社.

赤瀬川原平(1991). 學術小說 外骨という人がいた!. 筑摩書房.

荻野正廣(1999). 自己啓發・自己理解としてのコラージュ体験授業. 兵庫縣立教育研修所心の教育總合センター心の教育授業實踐研究, 1, 101-111.

赤塚繪里(2004). 自己コラージュ制作による自己受容度の変化 およびその表現 大學生女子を對象として. 臨床心理學研究, 3, 13-25.

種村季弘(1976). エルンストの擬挽ーコラージュとフロッタージュの發見 ユリイカ臨時增刊 8-7 シュルレアリスム. 青土社.

佐藤善久, 青木智子, 土井勝幸, 小野咲子, 三浦安祐子, 稻垣英里, 池田正人, 堀江明子, 大西敬子(2001). 痴呆性高齢者の生活習慣と活動狀況の關連性 その2ー痴呆性高齢者へのコラージュ療法の試み. 高齢者痴呆介護研究・研修仙台センター研究年報, 2, 123-136.

佐藤仁美(1994). さまざまな表現技法を用いた登校拒否兒の心理療法過程. 箱庭療法學研究, 7(2), 45-56.

佐藤仁美(1999). 交換コラージュ療法. 杉浦京子, 森谷寛之 共編, 現代のエスプリ コラージュ療法(pp. 72-74). 至文堂.

佐藤仁美(2003). 看護教育におけるコラージュ活用の試み. 心理臨床學研究, 21(2), 167-178.

佐藤仁美(2005). 教育場面における「グループ・コラージュと連句」導入の試み. 日本芸術療法學會誌, 35, 43-51.

佐藤仁美(2006). スクールカウンセラーと教師の協同 合同面接から見えてきたもの. 心理臨床研究, 242, 201-211.

佐藤靜(1996a). コラージュ療法の基礎的研究－行動解釋的アプローチの試み. 日本心理臨床學會 第15回大會發表論文集, 340-341.

佐藤靜(1996b). コラージュ療法の基礎的研究. 日本心理臨床學會 第15回大會發表論文集, 62-63.

佐藤靜(1997). コラージュ療法の基礎的研究(2)－行動解釋的アプローチの試み. 日本心理臨床學會 第16回大會發表論文集, 58-59.

佐藤靜(1998a). コラージュ制作過程のプロトコル分析. 日本心理臨床學會 第17回大會發表論文集, 418-419.

佐藤靜(1998b). コラージュ療法の基礎的研究－コラージュ制作過程の分析. 心理學研究, 69(4), 287-294.

佐藤靜(1999). コラージュ作品構造と素材図版の推移連鎖構造の分析. 心理學研究, 70(2), 120-127.

佐藤靜(2000a). 繪の印象評価とパーソナリティ特性－コラージュ療法の基礎研究として. 日本心理學會 第65回大會發表論文集, 10-37.

佐藤靜(2000b). コラージュ作品特性とYG性格特性. 日本イメージ心理學 第1回大會發表論文集, 28-29.

佐藤靜(2000c). コラージュ制作におけるプランニング特性. 日本心理學會 第64回大會發表論文集, 248.

佐藤靜(2001). コラージュ制作過程の研究. 風間書房.

佐野友泰(2000). コラージュ作品の貼付形式と性格特性の關連. 明星大學心理學年報, 18, 47-55.

佐野友泰, 關口洋美, 井上理沙, 土田昌司(2000). コラージュ作品の素材內容と性格特性の關連. 日本教育心理學會總會發表論文集, 42, 309.

佐佐木由利子(1995). クラブ活動の試練で落ち込んだ女子大學生へのコラージュ療法. 學生相談研究, 16(1), 11-22.

佐佐木一也, 下山壽子(1998). コラージュ療法の解釋學的基礎づけへ向けての一構想. 立教大學教育學科研究年報, 41, 17-36.

竹下美惠子, 吉本弥須子(2008). 看護短期大學生のコラージュからみるストレス傾向の分析. 愛知きわみ看護短期大學紀要, 4, 91-99.

仲律子(2006)「四分割統合法」の導入について－小學校3年生女兒の不登校のケースから. 心理臨床學研究, 23(6), 705-715.

中島美穗, 岡本祐子(2006). コラージュ統制制作におけろ內的體驗過程の 檢討. *Journal of Clinical Psychology, 24*(5), 548-558.

中山俊昭(2000). コラージュ療法を取り入れたカウンセリング事例. 月刊生徒指導, 30(9), 74-77.

中井久夫(1976). 芸術療法の有益性と要注意点. 芸術療法誌, 7, 55-61.

中井久夫(1986). 系統的精神療法（方法別にみた精神療法）芸術療法. 精神科Mook, 15, 74-80.

中井久夫(1993). コラージュ私見. 森谷, 杉浦, 入江, 山中 共編, コラージュ療法入門(pp. 137-146). 創元社.

中村尙義, 小島賢一, 藤掛明, 上野雅宏(1994). 非行少年のコラージュ(2). 日本犯罪心理學會 32回大會論文集, 20-21.

中村勝治(1999). コラージュ療法の獨自性. 森谷寬之, 杉浦京子 共編, 現代のエスプリ コラージュ療法(pp. 42-60). 至文堂.

增田美香, 小山充道(2006). コラージュ制作過程における內的変化に關する臨床心理研究. 信州心理臨床紀要, 5, 11-22.

芝三知世(1999). 新入學兒童の學校適応過程におけるコラージュ活動の試み. 森谷寬之, 杉浦京子 共編, 現代のエスプリ コラージュ療法(pp. 186-193). 至文堂.

池田滿壽夫(1987). コラージュ論. 白水社.

川端康雄, 寺嶋繁典(2007). 統合失調病患者に對する共同コラージュ療法導入の試み（第 2 報）對人スキル訓練としての視点から. 精神科治療學, 22(16), 707-714.

川端康雄, 淺羽エリック, 寺嶋繁典(2000). 精神分裂病者に對する共同コラージュ療法導入の試み－ 6 ケ月間の陰性症狀の推移. 精神科治療學, 15(8), 859-863.

川原律子, 細谷紀江, 三木治, 吉田敏郎, 鴨下一郎, 桂載作(2000). 攝食行動に問題をもつ幼兒にコラージュ療法(合同法) を導入し, 主訴改善を得た 1 症例. 心身医學, 40(5), 378-383.

青木智子(1996). 自己と深層心理. 齋藤勇 編著, 對人心理學重要研究集, 5(pp. 213-256). 誠信書房.

青木智子(1998). 「山姥」と神話にみるグレートマザー像. 宗教と社會生活の諸相・沼義昭博士古希記念論文集(pp. 367-385). 隆文館.

青木智子(2000a). 學生相談におけるコラージュ療法. 第40回東北學校保健學會大會發表論文集, 31-32.

青木智子(2000b). コラージュ技法・療法の現狀と課題. カウンセリング研究, 33, 323-333.

青木智子(2000c). 自己開發を目的としたコラージュ作成(1)－集団集団法・職業訓練校の場合. 日本産業カウンセリング學會 第5回大會發表論文集, 110-113.

青木智子(2001a). 適応の機制と不適応. 小林芳郎 編著, 心の發達と教育の心理學(pp. 139-142). 保育出版.

青木智子(2001b). 社內研修におけるコラージュ療法導入の試み. 日本産業カウンセリング學會 第6回大會發表論文集, 63-65.

青木智子(2001c). コラージュ技法－ストレス尺度の視点から. 立正大學哲學・心理學會紀要, 27, 142-145.

青木智子(2001d). 自己開發を目的としたコラージュ作成－集団集団法・集団個人法の比較検討. 産業カウンセリング研究, 4(12), 17-36.

青木智子(2001e). グループにおけるコラージュ技法導入の試み－コラージュエクササイズを用いたグループエンカウンターと氣分変容についての検討. 日本芸術療法學會, 32(2), 26-33.

青木智子(2001f). コラージュ制作における基礎的研究(YG). 日本心理學會 第65回大會發表論文集, 10-38.

青木智子(2002a). コラージュ療法. 楡木満生 編, スクールカウンセリングの. 基礎知識(pp. 179-184). 新書館.

青木智子(2002b). コラージュを用いた痴呆性高齢者への心理的アプローチ－個人法實踐の試み. 日本カウンセリング學會 第35回大會發表論文集, 269.

青木智子(2002c). 作業療法. 松原達哉 編著, 図解臨床心理學(pp. 172-173). ナツメ社.

青木智子(2002d). 痴呆高齢者へのコラージュの施行－グループ實踐の試み. 日本心理臨床學會 第21回大會發表論文集, 390.

青木智子(2002e). 個人療法としてのコラージュ～話せないと訴える學生との面接～コラージュ療法導入によって展開した事例. 學生相談研究(投稿中).

青木智子(2002f). エルンストをめぐるコラージュ的發想. 立正大學臨床心理研究, 1(掲載予定).

青木智子(2005). コラージュ療法の發展的活用. 風間書房.

青木智子(2007). 台紙の工夫によるグループコラージューコミュニケーション・エクササイズとしての集団集団法コラージュ. 日本カウンセリング學會 第40回大會發表論文集, 131.

青木智子(2008). 現在・未來の自畵像を明らかにするためのマンダラコラージュ. 日本カウンセリング學會 第41回大會發表論文集, 100.

清水孝則(2000). コラージュにおける円枠利用の試み. 作業療法, 19, 137-144.

村山久美子(1995). コラージュ構成法について. 女子美術大學紀要, 26, 227-242.

秋山さと子(1972). 第16回箱庭療法講習會(テキスト) 千葉テストセンター.

湯淺孝男(2000). コラージュを用いた回想法. OTジャーナル, 34(5), 500-501.

匹田幸余(1999). 末期癌患者のコラージュ表現. 森谷寛之, 杉浦京子 共編, 現代のエスプリ コラージュ療法(pp. 153-163). 至文堂.

下山壽子(1992). 訪問面接にコラージュ療法を試みて. 立教大學教育學科研究年報, 36, 53-64.

下山壽子(1999). コラージュ療法におけるカウンセラーの表現. 立教大學教育學科研究年報, 42, 181-190.

河合集雄(1982). 序論 箱庭療法の發展. 箱庭療法研究, 第1巻(pp. vii-xvii). 誠信書房.

弘中正美(2000). 遊びの治療的機能について. 日本遊戲療法研究會 編, 遊戲療法の研究(pp. 17-31). 誠信書房.

丸山香(1998). 高齢者心理療法の實際「コラージュ法」. 黑川由紀子 編, 老いの臨床心理學. 日本評論社.

横山博(1991). 元型イメージの治癒力と危険. 精神療法, 17(3), 191-198.

横山和仁, 荒記俊一(1997). 日本版POMS手引き. 金子書房.

横山和仁, 荒記俊一, 川上憲人, 竹下達也(1990). POMS(感情プロフィール検査) 日本語版の作成と信頼性および妥当性の検討. 日本公衆誌, 11(37), 913-918.

黑川由起子(1995). 痴呆老人に對する心理的アプローチ～老人病院における回想法グループ. 心理臨床學研究, 13(2), 169-179.

Adelstein, L. A., & Nelson, D. L. (1985). Effects of sharing versus non-sharing on affective meaning in collage activities. *Occupational Therapy in Mental Health, 5*(2), 29-45.

Ades, D. (1986). フォトモンタージュ操作と創造 ダダ, 構成主義, シュルレアリスムの図像(岩本憲兒 譯[2000]). フィルムアート社.

Bradway, K. (2000). 第1部 世界14カ國・地域からの報告 アメリカ合衆國. 山中康

裕ら 編著, 世界の箱庭療法~現在と未來(pp. 50-62). 新曜社.

Buck, R. E., & Provancher, M. A. (1972). Magazine picture collage as an evaluative technique. *American Journal of Occupational Therapy, 26*(1), 36-39.

Carter, B. A., Nelson, D. L., & Duncombe, L. W. (1983). The effect of psychological type on the mood and meaning of two collage activities. *American Journal of Occupational Therapy, 37*(10), 688-693.

Dell'arco, M. F. (2000).「ショルショ・デ・キリコ1888-1978」終わりなき記憶の旅 デ・キリコ展カタログ(金山弘昌 譯[2000]). 日本経濟新聞社.

Ernst, M. (1936). 繪畫の彼岸(巖谷國士 譯[1975]). 河出書房新社.

Foster, M. T. (1993). Collage program stimulates creativity, problem-solving skills. *Provider, 19*(3), 65.

Freud, S. (1910). レオナルド・ダヴィンチの幼年期のある思い出. フロイト著作集 第3巻 文化・芸術論(高橋義孝 譯[1969]). 人文書院.

Hemphill, B. J. (Ed.). (1982). 精神系作業療法の評価過程-實施技法と開發原理(富岡詔子 監譯[1996]). 協同医書出版社.

Jaffe, A. (1964). 美術における象徵性(C. G. ユング他). 人間と象徵(河合隼雄 監譯[1972], pp. 253-304). 河出書房新社.

Kalff, M. D. (1966). カルフ箱庭療法-新版(山中康弘 他譯[1999]). 誠信書房.

Landgarten, H. B. (1994). Magazine photo collage as a multicultural treatment and assessment technique. *Art Therapy, 11*, 218-219.

Lerner, C., & Ross, G. (1977). The magazine picture collage: Development of an objective scoring system. *American Journals of Occupational Therapy, 31*(3), 156-161.

Lerner, C., & Ross, G. (1979). The magazine picture collage: Its clinical use and validity as an assessment device. *American Journal of Occupational Therapy, 33*(8), 500-504.

Levin, J. (1986). The creative process 'Looking backwards': A biographic narrative collage. *Dissertation Abstracts International, 47*(5-B), 2141-2142.

Lipkin, S. (1970). The imaginary collage and its use in psychotherapy. *Psychotherapy: Theory, Research and Practice, 7*(4), 238-242.

Moriarty, J. (1973). Collage group therapy with female schizophrenic inpatients. *Psychotherapy: Theory, Research and Practice, 10*(2), 153-154.

Neumann, E. (1954). レオナルド・ダ・ヴィンチと母元型. 芸術と創造的無意識(氏原寛, 野村美紀子 共譯[1984]). 創元社.

Olson, E. W. (1976). The mind's collage: Psychic composition in adult life. *Dissertation Abstracts International, 38*(3B), 1412-1413.

Ratdcliffe, E. R. (1977). The old masters art collage: An art therapy technique for heuristic self-discovery. *Art Psychotherapy, 4*, 29-32.

Riley, S. (1987). The advantages of art therapy in an outpatient clinic. *American Journal of Art Therapy, 26*, 21-29.

Seymour, R. J. (1995). Creating a collage: A meaningful interactive classroom strategy. *Nurse Educator, 20*(3), 19-21.

Spies, W. (1977). エルンスト展によせて エルンスト展～西武美術館(坂崎乙郎 譯[1977]). 朝日新聞東京本社企畵部.

Sturgess, J. (1983). The magazine picture collage: A suitable basis for a pre-fieldwork teaching clinic. *Occupational Therapy in Mental Health, 3*(1), 43-53.

Williams, B. (2000). Collage work as a medium for guided reflection in the clinical supervision relationship. *Nurse Education Today, 20*, 273-278.

Williams, B. (2002). Using collage art work as a common medium for communication in interprofessional workshops. *Journal of Interprofessional Care, 16*(1), 53-58.

Winnicott, D. W. (1971). 遊ぶことと現實(橋本雅雄 譯[1979]). 岩崎學術出版.

Yanaff, A., & Kater, J. (1973). Therapeutic art programs around the world S: Collage in the treatment of distuerved adolescents. *American Journal of Art Therapy, 13*(1), 59-62.

www.nanet.go.kr.

찾아보기

《인 명》

《내 용》

〈저자 소개〉

이근매

일본 筑波大學 대학원 교육학 석사
대구대학교 대학원 문학박사(정서장애아교육전공)
전) 대전발달장애연구소 소장
(사)한국아동발달지원연구소 소장
현) 평택대학교 재활복지학과 교수 및 동 대학원 재활치료학과 주임교수
한국미술치료학회 회장
한국꼴라쥬미술치료연구회 회장/슈퍼바이저
수련감독미술치료전문가(SATR)
수련감독예술심리치료전문가(SAPR)

〈저서 및 논문〉
『매체경험을 통한 미술치료의 실제』(공저, 시그마프레스, 2008)
『미술치료 이론과 실제』(양서원, 2008)
『마음을 나누는 미술치료』(공저, 학지사, 2006)
「초등학생의 꼴라쥬 표현특성에 관한 연구」(2009) 외 다수

아오키 도모코

일본 立正大學 대학원 문학연구과 사회학 및 심리학 박사
전) 일본 東北文化學園大學 의료복지학부 작업치료학전공 교수
우송대학교 의료사회복지학과 교수
현) 일본 文京學院大學 보건의료기술학부 작업치료학과 교수
아트세라피연구소 연구원/슈퍼바이저
한국꼴라쥬미술치료연구회 슈퍼바이저
일본 임상심리사/일본 카운슬링학회 인정 카운슬러
일본 꼴라쥬 심리치료 관련 첫 박사학위 취득

〈저서 및 논문〉
『コラージュ療法の發展的活用』(風間書房, 2005)
「グループにおけるコラージュ技法導入の試み－コラージュエクササイズを用いたグループエンカウンターと氣分変容についての検討」(2001) 외 다수

상담자, 심리치료사, 사회복지사, 교사를 위한
콜라주 미술치료

2010년 1월 16일 1판 1쇄 발행
2019년 6월 20일 1판 4쇄 발행

지은이 • 이근매 · 아오키 도모코
펴낸이 • 김 진 환
펴낸곳 • (주) 학지사
04031 서울특별시 마포구 양화로 15길 20 마인드월드빌딩 5층
대표전화 • 02) 330-5114 팩스 • 02) 324-2345
등록번호 • 제313-2006-000265호
홈페이지 • http://www.hakjisa.co.kr
페이스북 • https://www.facebook.com/hakjisabook

ISBN 978-89-6330-178-5 93180

정가 17,000원